高职教育技术技能人才培养质量提升路径研究
——基于产业链的集群式人才培养模式探索与实践

柯 玲◎编著

西南交通大学出版社
·成都·

图书在版编目（CIP）数据

高职教育技术技能人才培养质量提升路径研究：基于产业链的集群式人才培养模式探索与实践 / 柯玲编著. —成都：西南交通大学出版社，2016.9
ISBN 978-7-5643-5075-8

Ⅰ. ①高… Ⅱ. ①柯… Ⅲ. ①高等职业教育－技术人才－人才培养－研究－中国 Ⅳ. ①G718.5

中国版本图书馆 CIP 数据核字（2016）第 239776 号

高职教育技术技能人才培养质量提升路径研究
—— 基于产业链的集群式人才培养模式探索与实践

柯 玲 编著

责 任 编 辑	李 伟
特 邀 编 辑	张芬红
封 面 设 计	原谋书装
出 版 发 行	西南交通大学出版社 （四川省成都市二环路北一段 111 号 西南交通大学创新大厦 21 楼）
发行部电话	028-87600564　028-87600533
邮 政 编 码	610031
网　　　址	http://www.xnjdcbs.com
印　　　刷	成都勤德印务有限公司
成 品 尺 寸	170 mm×230 mm
印　　　张	19.25
字　　　数	304 千
版　　　次	2016 年 9 月第 1 版
印　　　次	2016 年 9 月第 1 次
书　　　号	ISBN 978-7-5643-5075-8
定　　　价	56.00 元

图书如有印装质量问题　本社负责退换
版权所有　盗版必究　举报电话：028-87600562

前　言

　　高职教育是伴随着经济社会发展与变革而出现的一种特殊的教育类型，它是高等教育的重要组成部分，受高等教育人才培养目标及培养规范的约束；同时又是职业教育的高级形式，以培养高端应用型技术技能人才为根本要务。随着"十二五"期间我国经济社会的快速发展，高职教育得到快速发展，为我国社会转型和经济腾飞培养了大批高端技术技能人才。目前，高职教育已经成为经济社会发展的中流砥柱、高等教育大众化推向纵深的主路径、提高劳动力素质的主阵地，是区域经济社会发展的秘密武器，在社会经济发展中具有不可或缺的地位和作用。

　　当前，我国经济社会发展进入"新常态"，产业转型升级速度不断加快，质量要求不断提升，产业链及其在小区域内的产业集群发展形式已然成为产业发展的重要组织形式，日益崭露头角，并不断获得大发展和大优化。同时，企业、产业和区域的发展实践表明，区域之间的竞争已经进入以主导产业为重心的产业链竞争时代。在这种竞争形势下，产业链发展对高职院校技术技能人才培养的期许拔高，不仅要求高职院校培养的技术技能人才具备精湛的专门岗位技术技能，而且要对产业链有整体认知，能解决相关技术技能问题，同时具备良好的职业道德素养、人文艺术气质、创新创造能力。可以说，产业链发展所需要的是一种综合素质高的复合型技术技能人才。然而，高职院校传统的"专才"培养定位及其"专才式"人才培养模式已不能适应产业链发展的高期望，其人才培养与产业链人才需求的匹配度、耦合度都不高，难以满足"新常态"背景下产业链及其区域产业集群发展的人才诉求。因此，创新高职院校人才培养模式，提升技术技能人才培养质量迫在眉睫。对人才培养模式进行系统研究，将之应用到人才培养实践，并不断在人才培养实践中对其进行打磨和完善，有利于解决这一问题，有利于助推高职教育的改革与发展。

为此，在四川省及成都市相关部门和成都工业职业技术学院师生员工的鼎力支持下，我们从人才培养模式改革与创新着手，提出了"基于产业链的集群式人才培养模式"，并将其应用到成都工业职业技术学院的高职教育人才培养中，加以检验与完善，以此探索高职教育技术技能人才培养质量提升的可行路径。历时两年多的研究与实践，取得了较好的成果。基于此，我们成立编委会，将相关研究与实践成果编撰成书。编委会主任由成都工业职业技术学院院长柯玲教授担任，成员有丁天霞、张全、程奋元、奉友勤、周春平、敖永红、刘霞。

本书旨在研究和探索适应、促进产业链及其区域产业集群发展需要的有实效的高职教育技术技能人才培养模式，使高职院校真正培养出生产、建设、服务、管理第一线的综合素质较高的复合型技术技能人才。本书采用理论建构和实践论证相结合的手段，从分析我国产业（尤其是产业链和产业集群）发展现状与趋势及其技术技能人才需求和高职教育人才培养现状与问题入手，深入剖析其特征和问题产生的原因，在此基础上引介国际高职教育人才培养的典型经验，进而提出基于产业链的集群式人才培养模式，并通过成都工业职业技术学院的实践进行实践检验与论证，对高职教育技术技能人才培养质量提升路径——基于产业链的集群式人才培养模式进行了较为透彻的研究。

本书共分为四章：第一章分析了产业发展及其对技术技能人才的需求，着重探索了产业链和产业集群的相互关系、发展现状、人才需求特征和面临的人才困境。第二章分析了高职教育技术技能人才培养的现状及问题，着重论述了高职教育与经济社会发展的关系，介绍了高职教育人才培养模式，总结了我国高职教育人才培养的主要成就，剖析了高职教育人才培养模式存在的主要问题。第三章分析了高职教育技术技能人才培养质量提升的路径，首先以英国、美国、德国、澳大利亚、瑞士、荷兰、印度等国为例引介了国际高职教育人才培养的先进经验，再结合前两章的研究内容与结论，提出基于产业链的集群式人才培养模式，并从内涵与目标、运作机理、结构要素等方面全方位、深层次解读该人才培养模式。第四章基于成都工业职业技术学院的人才培养改革与实践，践行、论证了基于产业链的集群式人才培养模式。成都工业职业技术学院从分析四川省及成都市技术技能人才供求现状入手，搭建产业集群与技术技能人才培养动态调整机制，对接产业集群组建专业集群，健全课程与教学体系，完善支持与保障体系，创新办学体制，探索建立了一个人文社科学院和轨道交通、装备制造、汽车工程、信息工程、物流工程、建筑工程、财经管理等七大专业集群，以此深度对接区域经济社会和产业转型升级发展。

  本书直面当前高职院校技术技能人才培养模式面临的真实困境，在现状分析、理论研究、比较研究的基础上，探索提出了基于产业链的集群式人才培养模式建构的必要性、理论基础、内涵与目标、运作机制及结构要素，用于指导成都工业职业技术学院的人才培养改革，并在实践中不断得到论证和完善。研究问题来源于实践、解决于实践、服务于实践，将技术技能人才培养改革真正落到实处。同时，本书提出的基于产业链的集群式人才培养模式充分考量了产业链本身的特征，充分考虑了产业链的技术技能人才需求状况及特点，在人才培养定位、专业设置、课程体系建设、教学组织形式和教学质量评价等关切人才培养质量的关键方面都展现出了服务产业链、适应并推动产业链发展的价值追求。因此，在这种培养模式下，产教融合更加深入，所培养的人才更加具有适切性，人才可用性显著提升。此外，本书全面记录、呈现了研究与实践过程中出现的基础性事实、过程性数据和材料，不断总结典型经验，以此为同类高职院校进一步深化技术技能人才培养模式改革与实践提供参考和借鉴样板，具有一定的指导意义和借鉴价值。

  在本书编撰任务分配上，柯玲教授负责全书的策划、组织、编撰计划、书稿提纲等工作；第一章由周春平编写；第二章由敖永红编写；第三章由柯玲、丁天霞、刘霞编写；第四章的第一节、第三节由张全、程奋元编写，第二节由奉友勤、刘霞编写。全书的统稿、修改完善工作由柯玲、丁天霞、刘霞完成。

本书的出版得到了西南交通大学出版社的支持和帮助，参考了许多同仁和专家的研究成果；同时，本书实践部分（即第四章）素材来源于成都工业职业技术学院原机电工程系、车辆工程系、物流工程系、经济管理系、信息工程系、土木工程系、交通运输系、艺术与设计系的专业集群规划。在此，一并表示衷心感谢！

由于作者水平有限，书中难免有不妥之处，敬请广大读者不吝赐教。

作者

2016 年 9 月

目 录

第一章 产业发展及其对技术技能人才的需求 1

第一节 产业发展现状及趋势 -1-
 一、产业发展现状 -1-
 二、产业发展趋势 -18-

第二节 产业集群对技术技能人才的需求 -20-
 一、技术技能人才需求与人才结构 -20-
 二、产业集群对技术技能人才的需求特征 -23-
 三、产业集群面临的技术技能人才困境 -25-

第二章 高职教育技术技能人才培养的现状及问题 -27-

第一节 高职教育与经济社会发展的关系 -27-
 一、职业教育与经济社会发展的相互关系 -28-
 二、高职教育在我国经济社会发展中的地位 -35-

第二节 高职教育人才培养模式分析 -38-
 一、高职教育人才培养模式的内涵、构成要素及特征 -38-
 二、高职教育人才培养模式的发展 -51-
 三、高职教育典型人才培养模式 -58-

第三节 高职教育技术技能人才培养的主要成就 -61-
 一、主要成就 -61-
 二、基本经验 -63-

第四节 高职教育人才培养模式存在的主要问题 -64-
 一、高职教育人才培养质量要求 -64-

二、高职教育人才培养面临的问题 -67-

第三章　高职教育技术技能人才培养质量提升路径探索 -70-

第一节　国际高职教育人才培养的先进经验及启示 -70-

一、德国高职教育人才培养的先进经验 -70-

二、荷兰高职教育人才培养的先进经验 -78-

三、瑞士高职教育人才培养的先进经验 -85-

四、其他国家高职教育人才培养的先进经验 -91-

五、国际高职教育人才培养的启示 -101-

第二节　高职教育技术技能人才培养质量提升路径
　　　　——基于产业链的集群式人才培养模式 -108-

一、内涵解读：集群思想下的技术技能人才培养模式 -109-

二、目标追求：培养高素质复合型技术技能人才 -112-

三、运作机理：技术技能人才培养随产业集群发展动态调整 -117-

四、结构要素："专业—课程—教学—评价"链 -123-

**第四章　高职教育技术技能人才培养质量提升实践
　　　　——基于成都工业职业技术学院的分析 -143-**

第一节　四川省及成都市技术技能人才供求现状分析 -143-

一、四川省及成都市产业发展及其人才需求 -144-

二、四川省高职教育人才培养现状及问题 -162-

第二节　成都工业职业技术学院对基于产业链的
　　　　集群式人才培养模式的践行 -167-

一、搭建技术技能人才培养随产业集群发展动态调整机制 -167-

二、对接产业集群组建专业集群 -172-

三、健全课程与教学体系 -177-

四、完善支持与保障体系 -187-

五、创新办学体制 -195-

第三节　成都工业职业技术学院人文社科学院及
　　　　七大专业集群建设 -196-

一、人文社科学院建设 -197-

二、轨道交通专业集群建设 -203-
三、装备制造专业集群建设 -212-
四、汽车工程专业集群建设 -225-
五、信息工程专业集群建设 -237-
六、物流工程专业集群建设 -249-
七、建筑工程专业集群建设 -264-
八、财经管理专业集群建设 -276-

参考文献 -292-

第一章
产业发展及其对技术技能人才的需求

从 2012 年开始，我国经济增长开始回落，增速保持在 7%~8%，经济发展进入"新常态"。2014 年 5 月，习近平总书记在河南考察时指出，"中国发展处于重要战略机遇期，从当前中国经济发展的阶段性特征出发，适应新常态，保持战略上的平常心态。"2014 年 11 月，习近平总书记在亚太经济合作组织（APEC）工商领导人峰会上首次系统阐述了我国经济新常态的三大特征——速度、结构和动力，提出我国经济增长的速度正在从高速增长转为中高速增长，经济结构正在不断优化升级，经济增长动力正在从要素驱动、投资驱动转向创新驱动。2014 年 12 月 5 日，中央政治局会议公报中指出，"我国已经进入经济发展新常态，在经济社会发展过程中将面临很多困难和挑战，要主动适应经济发展新常态，保持经济运行在合理区间。"可见，经济新常态已经成为指引中国经济增长的重要标尺，拉动国民经济增长的"三驾马车"——投资、消费和出口的增长率都呈现出整体平稳发展的趋势，与之相关的产业也发生着深刻的变革，对技术技能人才的需求也呈现出量的增加和质的拔高。本章将系统分析我国产业发展的现状及趋势，并着重剖析"产业集群"这一产业链的小区域集聚形式和新型区域经济与产业组织形式对技术技能人才的需求，旨在洞悉高职教育技术技能人才培养质量提升的必要经济背景和产业背景。

第一节 产业发展现状及趋势

一、产业发展现状

产业是宏观经济的中观构成，产业发展与经济增长的关系极为密切，经济增长促进产业发展，产业发展对经济增长又具有十分重要的推动作用。本节将从三次产业、主要大类产业、区域产业以及产业的主要组织形式四个方面分析我国产业发展的现状。

（一）三次产业发展现状

根据我国国家质检总局和国家标准委颁布的《国民经济行业分类》（GB/T 4754—2011），我国三次产业的范围如下：第一产业指的是农、林、牧、渔业（不含农、林、牧、渔服务业）；第二产业指的是采矿业（不含开采辅助活动）、制造业（不含金属制品、机械和设备修理业）以及电力、热力、燃气、水生产和供应业等工业类产业和建筑业；第三产业指的是服务业，也即除第一产业、第二产业以外的其他行业。

1．三次产业的总体情况

（1）第一产业

我国农业基础薄弱，农业生产技术落后，在实际的生产中现代化程度较低，没有形成高效、节能的生产体系，没有形成标准化的生产方式。同时，农、林、牧、渔等各产业发展不均衡，2015年前三季度第一产业累计增加值为 39 195 亿元，农业所占比重超过 50%（其次是畜牧业），而且农业企业利润率持续较低，收入同比增长率基本维持在 0% 左右，这导致我国第一产业整体发展缓慢。此外，区域农业发展很不平衡，没有充分发挥地区比较优势，尚未形成特色鲜明的第一产业区域布局结构。

（2）第二产业

当前，我国第二产业中的工业持续低迷，2014 年第四季度以来，工业增加值同比增长率持续下降。同时，工业"大而不强"，长期处于全球价值链低端，在国际市场上具有竞争优势和形成一定发展规模的大多数是劳动密集型产业或者高能耗产业，工业产品的附加值低、能耗大，不利于我国经济的长期稳定发展。值得欣慰的是，工业结构性改善得到进一步深化，根据 2015 年统计数据，我国高能耗产业月平均增长率低于 4%，而技术密集型产业月平均增长率高于 9%，表现出良好的发展态势。同时，高技术产业整体呈现出比工业总体更高的增长率。然而，也必须清楚地认识到，传统高能耗和低附加值产业仍占我国工业的主导部分,工业结构优化空间巨大。①

(3) 第三产业

第三产业整体略升,在国民经济中比重提高。相比于第一产业与第二产业,第三产业 2015 年总体维持较高的增长速度,同比增长率在 8% 以上,到第三季度末,第三产业累计对国民经济贡献超过 50%。但是,从内部结构看,发达国家主要以信息、咨询、科技、金融等新兴产业为主;我国则主要以商业、餐饮、交通运输等传统服务业为主,所占比重达到 40% 以上。总体来看,我国生产性服务业落后,生活性服务业有效供给不足,尤其是旅游服务业和医疗服务业。

2. 三次产业的主要特征②

(1) 传统产业是我国经济构成中的重要部分

2014 年,在三次产业的各大类产业中,工业增加值比例最大,占 36%;批发零售、交通运输、农林牧渔等非技术密集型传统行业合占 32%;在房地产和工业中,传统劳动密集型和资源依赖型行业也占很大比例,而技术密集型和知识密集型的高科技行业所占比例较低。

(2) 产业结构有所优化,产业调整加速

一方面,第三产业在国民经济中的比例不断上升;另一方面,工业产业结构不断优化,资源密集型高耗能产业比例不断下滑,技术密集型维持较高增速,高技术行业增长率高于工业总体增长率,尤其在 2015 年工业整体下滑形势的影响下,工业行业加速自身结构的调整,加速淘汰附加值低、资源消耗大的企业。

(3) 三次产业结构仍存在突出问题

农业基础依然薄弱,部分农产品对外依存度较高,国内外农产品差价加大,农业现代化水平较低,粮食和食品安全问题突出。工业方面,虽然制造业发展取得了一定成果,但与世界先进水平相比还存在明显差距,劳动力成本优势丧失,高技术产业支撑力尚显不足,工业总体增长率和企业

---

① 芮明杰,王小沙. 2015 中国产业发展年度分析报告——供给改革的视角[M]. 上海:上海财经大学出版社,2016.
② 芮明杰,王小沙. 2015 中国产业发展年度分析报告——供给改革的视角[M]. 上海:上海财经大学出版社,2016.

利润率不断下滑。服务业成为推动国民经济增长的主要动力，但生产性服务与生活性服务发展不均衡，生产性服务业水平不高，对产业结构优化升级的支撑作用有限。

（4）供需矛盾依然突出，产业失衡在短期内难以消除

从经济发展总量来看，工业总体呈现出投资与需求增长速度"双降"的趋势，到2015年年底，工业固定资产投资增速总体仍在8%以上，需求却低迷，投资增长大于需求增长，产能过剩压力将长期存在。服务业方面，部分生活性服务有效供给不足，难以满足日益增长的服务需求，如当前旅游市场异常火爆，但旅游业发展极不规范，服务水平低，相关政策的制定也落后于产业发展。

（二）主要大类产业发展现状

1. 传统基础性产业发展现状

传统基础性产业主要是指在中国工业化发展进程中发挥重要作用的能源产业和原材料工业。传统基础性产业曾一度在整个经济贡献中占很大的比重，2010年以来，传统基础性产业市场供大于求，产品价格总体水平持续走低，企业盈利空间逐步收窄，产业增速在波动中逐渐趋缓，已从快速增长过渡到低速增长甚至负增长。从供给层面看，在中央政府前些年过度刺激、地方政府全力助推之下，传统基础性产业过度扩张；从需求层面看，我国经济发展步入"新常态"，经济发展由高速向中高速过渡，国内市场对传统基础性产业的总体需求逐步萎缩。这导致我国产能绝对过剩现象日趋凸显，由于生产结构不合理而造成的结构性产能过剩现象也十分突出，进而产生中低端产品产能严重过剩、高端产品产能不足的现象。

然而，尽管目前传统基础性产业正逐步进入成熟期或衰退期，相关行业企业面临着巨大的转型压力，但是其在国民经济发展中的作用依然举足轻重。

2. 新兴产业发展现状

新兴产业主要是指随着新的科技成果和新兴技术的发明、应用而新建立或重新形成的产业，如节能环保、新能源汽车、高端装备制造、新材料等国家战略新兴产业及高技术产业。新兴产业是"创新驱动型"产业，其

迅速发展依赖于创新能力的激活与释放。近年来，在"大众创业、万众创新"的带动下，企业、科研院所、高校、高技术产业集群的创新能力不断增强，创新活力进一步提升，推动了新兴产业的快速发展。同时，受国家政策的强力扶持，在经济增速由高速转向中高速的背景下，新兴产业作为引领未来经济社会发展的重要力量，保持了良好的发展态势，整体增速较快，生产规模迅速扩张，市场效益良好。

然而，尽管我国新兴产业发展势头强劲，但是其在快速发展的同时仍然存在着核心技术相对滞后、高端人才缺失、市场环境需进一步规范与完善、企业融资难、市场开拓面临较大阻力等一系列问题，并且将随着新一轮全球产业变革而面临更大的挑战。

3．互联网产业发展现状

互联网产业主要是指以现代新兴互联网技术为基础，专门从事网络资源搜集和互联网信息技术的研究、开发、利用、生产、储存、传递和营销信息商品，可为经济发展提供有效服务的综合性生产活动的产业集合体，是当前经济结构转型升级的驱动力之一。新一代信息技术的发展，华为等一批优秀企业的发展壮大，成为促进互联网经济发展的重要力量，互联网产业呈现高速增长的态势。在新一轮全球产业变革大环境中，3D打印、移动互联、云计算、大数据等领域持续突破创新，正在引领全行业乃至全社会的创新浪潮。同时，"互联网＋"给传统产业以强烈的震撼，推动传统产业的转型与升级，促进产业由价值链低端逐步向高端攀升，推动中国经济不断迈向全球化。

目前，我国互联网产业的发展主要集中在消费领域，其所融合的行业所产生的经济效益主要集中在零售和金融业，更多的是对传统经济的替代与转化，所创造的新需求和经济增长有限，产业带动效应不够强。

（三）区域产业发展现状

为科学反映我国不同区域的社会经济发展状况，国务院将我国划分为东部、中部、西部和东北部四大经济区域，并提出"中部崛起""东北振兴""西部开发"和"东部新跨越"的战略决策。目前，我国四大经济区域的规模总量呈现"东部领先，中西部追赶，东北衰退"的态势，发展速度逐步由"东高西低"向"西高东低"转换。

1. 东部地区产业发展现状

东部地区现在已基本形成了较好的传统产业和新兴产业发展基础。因资源禀赋条件等优势，东部地区产业集群的形成期和成长期要快于中、西部地区，共有64个国家级高新区，产业集群优势明显。

尽管东部地区综合实力高于中、西部地区，但是由于国家政策倾斜，中、西部地区的后发优势，生产成本和土地等因素的制约，东部地区经济增速趋缓，经济总量占比开始小幅回落，第二产业增速下降，第三产业增速相对较快，但低于全国平均水平。同时，面临产业转型升级与创新驱动乏力的困境，具体表现在：产业集群增速趋缓，且集群内企业向中、西部转移趋向明显；工业发展动力不足，规模以上工业企业增长压力较大，整体呈现"保稳提质"的趋势；制造业企业面临转型升级困境，自主创新转型动力不足；以国有企业为主导的产业经济缺乏创新活力，以民营经济为主导的产业经济的创新活力受到制约；固定资产投资趋缓，社会消费需求疲软，对经济拉动不足；新兴产业对整体经济拉升作用不明显。

2. 中部地区产业发展现状

中部地区作为重要的农产品、能源原材料、现代装备制造、高技术产业基地和综合交通运输枢纽，产业结构以第二产业为主，第一产业比重相较于东部地区偏高；共有28个国家级高新区，主要聚集了煤炭、有色金属、工程机械和农副食品加工等产业集群。近年来，中部地区经济发展保持平稳增长，GDP增速整体高于全国平均水平，固定资产投资增长较快，消费需求稳中显旺。但是，中部地区的发展程度比不上东部，发展速度比不上西部，产业结构调整任务重大，产能过剩问题突出。

3. 西部地区产业发展现状

西部地区大多数省份以资源型工业为主，共有32个国家级高新区，产业集群化程度已初见成效。近年来，随着西部大开发战略的进一步推进及相应政策的倾斜，制度改革不断深化、创新要素投入加大、人口红利逐步释放，后发优势明显，体现在：经济总量在国民经济发展中的比重不断上升；产业结构不断优化，第一产业比重下降，第三产业比重上升；固定资产投资保持平稳，消费市场需求增长稳定；承接产业转移的比较优势明显，承接能力不断提升,从而推动经济的持续发展及工业化水平的持续升高。

目前,西部地区经济发展增速呈现出较为明显的两极分化趋势,即以第三产业为主导的省市经济增速相对提升,以第二产业为主导的省市经济增速相对下降;能源产业所占比重较高的省市经济增速放缓,高新技术产业、新兴产业所占比重较高的省市经济增速相对加快。可见,要提升整体的经济增长速度、推动经济健康协调发展,西部地区的产业结构还有待进一步优化。

4. 东北地区产业发展现状

东北地区以资源型工业和重型工业为主,具有雄厚的工业基础,整体上处于工业化后期阶段和城镇化加速阶段,共有 16 个国家级高新区,主要为资源型产业集群、重工业产业集群和农副食品加工特色产业集群。近年来,东北地区经济发展整体呈下行态势。与长三角地区相比,东北地区第一产业比重偏高,第三产业比重偏低;工业经济运行及固定资产投资增长压力较大,消费需求低于全国平均水平;东北三省的产业结构趋同问题明显,面临市场需求总量和结构的双重约束,老工业基地改造提升乏力。

(四)主要产业组织形式

当前正是我国产业结构调整和经济发展方式转型的关键时期,产业链、产业集群作为新时代背景下产生的一种应对市场激烈竞争的新型组织模式,在产业结构调整中扮演着重要的角色,正成为当前获得竞争优势的主要组织形式。

1. 产业链

产业链是比较具有中国特色的经济学概念,其思想最早来自于西方古典经济学家亚当·斯密(Adam Smith)有关分工的论断,著名的"制针"和"毛纺"例子就是对产业链功能的生动描述,这种产业链主要局限于企业的内部操作,关注企业自身资源的利用,仅仅把产业链看作是一个产品链。后来,马歇尔(A. Marshall)把分工扩展到企业与企业之间,强调企业间分工协作的重要性,这可以称为产业链理论的真正起源[1]。然而,产业链真正引起人们的关注并得到进一步分析和研究是在 20 世纪 80 年代以

---

[1] MARSHALL A. Principles of Economics[M].London:Macmillan,1920.

来中国对农业发展的研究。据蒋国俊考证,姚齐源、宋武生于1985年提出"产业链"一词①;据李心芹等考证,"产业链"一词是由傅国华于1990年至1993年在立题研究海南热带农业发展的过程中,受到海南热带农业发展成功经验的启迪提出来的。②目前,产业链的研究已经由农业扩展到能源、移动通信、文化等多个产业,具有一定的应用基础。

(1) 产业链的基本内涵

有关产业链的理论研究很少,且现有研究多从不同的研究视角论述产业链的内涵与定义,尚未达成统一认识。总结各类产业链定义,大致可以将其分为三种观点:第一种观点是基于价值链和供应链角度的定义,如李万立认为产业链也叫价值链,是指围绕一个关键的最终产品,从形成到最终消费所涉及的各个不同产业部门之间的动态关系③;芮明杰等指出产业链表达的是厂商内部和厂商之间为生产最终交易的产品或服务所经历的增加价值的活动过程,它涵盖了商品或服务在创造过程中所经历的从原材料到最终消费品的所有阶段。④第二种观点是基于战略联盟角度的定义,如李心芹等提出产业链是在一定的地理区域内,以某一个产业中具有竞争力或竞争潜力的企业为链核,与相关产业的企业以产品、技术、资本等为纽带结成的一种具有价值增值功能的战略关系链。⑤第三种观点是基于产业关联角度的定义,如赵绪福认为产业链是指从初始资源直到最终消费的路径上,由若干相关产业部门基于经济活动内在的技术经济联系,客观形成的前后顺序关联的、有序的经济活动的集合⑥;卢明华等指出产业链是具有某种内在联系的产业集合,这种产业集合是由围绕服务于某种特定需求或进行特定产品生产所涉及的一系列互为基础、相互依存的产业所构成。⑦

---

① 蒋国俊. 产业链理论及稳定机制研究[D]. 成都:西南财经大学,2004.
② 李心芹,李仕明,兰永. 产业链结构类型研究[J]. 电子科技大学学报,2004 (4).
③ 李万立. 旅游产业链与中国旅游产业竞争力[J]. 经济师,2005 (3).
④ 芮明杰,刘明宇. 产业链整合理论述评[J]. 产业经济研究,2006 (3).
⑤ 李心芹,李仕明,兰永. 产业链结构类型研究[J]. 电子科技大学学报,2004 (4).
⑥ 赵绪福. 产业链视角下中国农业纺织原料发展研究[M]. 武汉:武汉大学出版社,2006.
⑦ 卢明华,李国平,杨小兵. 从产业链角度论中国电子信息产业发展[J]. 中国科技论坛,2004 (4).

这三种观点分别从微观层面、中观层面和宏观层面阐释了产业链的内涵。

刘贵富通过分析现有产业链的结构组成，结合对产业链组织性质的研究，综合分析各位学者给产业链下的定义，找出其中的相同点和不同点，并对这些相同点与不同点进行比较，给产业链下了如此定义：产业链是同一产业或不同产业的企业，以产品为对象，以投入产出为纽带，以价值增值为导向，以满足用户需求为目标，依据特定的逻辑联系和时空布局形成的上下关联的、动态的链式中间组织。①

（2）产业链的基本特性

刘贵富在厘清产业链基本概念与定义的基础上，借鉴机械学原理，根据系统科学原理，将产业链的基本特性归纳为静态特性、运动特性、动力特性、系统特性、生态特性五大基本特性。②

产业链的静态特性是指产业链运动处于静止或平衡状态时所表现出的性质，包括产业链的结构特性、跨组织特性、地域特性等。其中，结构特性指的是产业链是以产品为对象，以企业为节点，以企业之间的物流、信息流、资金流等为联系构成的"链""体""链主"三者相统一的空间链，链内有占据支配地位的核心企业，为其他企业提供信息服务，履行链内管理者的职能；跨组织特性指的是产业链跨越组织边界，在不同业务领域、不同组织结构和不同文化的企业间进行管理，是一种介于市场和企业之间，按一定逻辑关系和时空关系组成的具有价值增值功能的链网式中间组织，并在优势互补、平等互利、密切协作、相互信任的动态环境下共同发展、共同进步，合作的目标是为各方带来收益，实现多赢；地域特性指的是组成产业链的诸产业部门，必定分属于某一特定经济区域，特定经济区域可能具有一条或若干条完整产业链条，也可能只有一条或几条完整链条中的大部分链环，甚至一两个链环。③

产业链的运动特性是指产业链运行过程中所表现出的性质，若不考虑引起产业链运动的原因，产业链的运动特性包括时间特性、稳定性、优区位指向性、拓展延伸性和学习创新性等。其中，时间特性是指产业链上下链环之间有时间先后之分，产业链环之间的接续时间越短越好，如果产业

---

① 刘贵富．产业链基本理论研究[D]．长春：吉林大学，2006．
② 刘贵富．产业链基本理论研究[D]．长春：吉林大学，2006．
③ 龚勤林．论产业链延伸与统筹区域发展[J]．理论探讨，2004（3）．

链环之间地理位置相距较远,产业链环供需时间势必加长,从而造成运费、储存费增大,增加交易费用;稳定性是指产业链中的企业是一种长期的战略联盟关系,是一种利益共享、风险共担的新型合作方式,产业链企业间战略联盟能否在不断适应市场竞争的过程中保持长期稳定,关键取决于合作企业之间的竞争定价机制、利益调节机制和沟通信任机制;优区位指向性是指经济活动都有明显经济优区位偏好,这在劳动密集型、技术密集型、资金密集型等产业领域十分明显,且市场经济条件下的区位条件动态可变,不同产业链环基于对特定区位偏好的追求必然不断地进行搜索,从而动态地确定其优势区位①;拓展延伸性是指产业链在运行过程中,由于利益诱惑、市场导向等各种因素的影响不断会有节点企业的加盟或退出,同时还将在合适的经济区内接通孤环、断环,并适时向上游拓展、向下游延伸,形成一条粗壮有力且长度适当的产业链条,这对区域经济发展提供了新的经济增长点,对提高区域产业竞争力、增加就业岗位也是极其有利的;学习创新性是指产业链具有学习功能,产业链在运动过程中,不断从自身和别人的经验中学习,在产业链内部各企业之间实现知识共享和文化传播,提高产业链的整体运作效率及整体创新能力,提高竞争优势,同时保证产业链稳定运转,不断发展壮大。

  产业链的动力特性是指产业链的运动与外界作用因素之间的关系,它包括产业链的内生动力特性和外源动力特性等,而外源动力特性又分为市场导向性和政策诱导性。内生动力特性是产业链形成并稳定发展的一个重要因素,而自组织特性正是产业链发展的内生动力。自组织就是在没有其他外力(如政府干预)的作用下,系统按照相互默契的某种规则,各尽其责而又协调地自动形成有序结构,具有协同性、自转移性和自调节性;产业链自组织特性是指产业链对环境进行自适应,并在一定条件下通过自身的选择,改变环境,从而达到新的、有序状态。市场导向性是指在市场经济条件下,市场需求的多变性决定了作为市场主体的产业链上各个企业必须具有较强的自适应性,并不断调整自身经济行为,这种调整包括三个方面的内容:一是产业链中某链环的增粗壮大,即某链环节点企业变多或产品品种增加;二是产业链环的增删调整,即产业链向上游延伸或向下游拓

---

① 龚勤林. 论产业链构建与城乡统筹发展[J]. 经济学家,2004(3).

展；三是产业链的空间布局调整。政府的政策诱导性对产业链的发展具有十分重要的作用，在国家政策引导下发展的产业链必将不断完善，其断环、孤环很快被接通，并通过产业链整合不断向上游延伸、向下游拓展，每条产业链的链环都有大量企业集群，逐渐形成一个纵横交错、经纬交织的产业链网，产生较强的产业集群效应，从而促进区域经济全面、快速发展。

产业链的系统特性是指产业链作为一个介于企业和市场之间的中间性组织所表现出的整体性、复杂性、层次性和动态性。整体性是指产业链不是企业间的简单链接，而是以企业为节点，以投入产出为纽带连接而成的复杂系统，其形成过程，实质是各个节点企业平等互利、优势互补、超越个体属性的系统特性和功能逐步涌现的过程。复杂性是指产业链是一个复杂的社会经济系统，链中各企业、各要素之间存在复杂的非线性关系，这种非线性关系既存在正反馈过程，又有负反馈过程，或是两者缠绕复合作用的过程。为此，不能片面地强调某一种因素或某一个部分对于产业链的重要性，否则无法正确认识和把握产业链的演化机制和实际运行规律。层次性是指按照产业链作用的层次不同，产业链分宏观产业链、中观产业链、微观产业链；按照产业链作用的范围不同，产业链分全球产业链、全国产业链、区际产业链、区域产业链。层次性使产业链的整体与部分之间既相似，又差异，同时各个层次的子系统，节点企业之间的经济利益、发展方向也存在差异。动态性是指产业链的结构和状态是处于不断变化之中的，受科技进步、市场变化等因素影响，节点企业的数量、规模、能力等处于不断变化中，整体结构不断调整优化，产业链的功能和行为也相应发生变化。

产业链的生态特性是指产业链系统在运行过程中所表现出的生态学特性，它包含产业链的一般生态学特性、食物链特性、生态位特性和企业的互利共生特性。一般生态学特性是指产业链是由若干个分工协作的上下游企业组成，链内各个节点企业不是孤立的，而是通过复杂的链内关系组成的一个有机统一体。食物链特性是指产业链的每个环节也如同食物链中的各级消费者一样，一旦原材料、零部件或其产品的供应商出现异常变动，则链条有可能处于瘫痪状态。在产业链内部，如果为生产提供服务的辅助活动不能正常进行或销售渠道出现滞阻，那么产业链作为一个系统，其功能将无法实现，严重时可导致解体。生态位特性是指产业链可被利用的自然因素（气候、资源、能源、地形等）和社会因素（劳动条件、生活条件、技术条件、社会关系等)的总和,产业链的生态位确定后,有利于系统的稳定,有利于吸纳并留住可盈利的企业,并使这些企业在不同层面扩大潜在的或已有的市场份额,避免由于产业链的定位雷同而造成恶性竞争。同时,同一产业链中的不同企业的生态位不同,产业链中的企业通过错位策略,形成企业的比较优势和竞争优势,建立自己的生态位,提高企业的竞争能力。企业的互利共生特性是指不同的企业通过合作,从合作对方获益,共同提高企业的生存能力和获利能力。

2．产业集群

产业集群,作为产业的一种主流组织形式,指的是在一个特定区域的一个特别领域,集聚着一组相互关联的公司、供应商、关联产业和专门化的制度及协会,通过这种区域集聚形成有效的市场竞争,构建出专业化生产要素、优化集聚洼地,使企业共享区域公共设施、市场环境和外部经济,降低信息交流和物流成本,从而形成区域集聚效应、规模效应、外部效应和区域竞争力。

(1) 产业集群的相关理论

关于产业集群的讨论和研究源自国外,且不同时期的研究重点有所区别,形成了不同的产业集群理论,比较典型的有马歇尔的集聚理论、韦伯的工业区位理论、科斯的交易费用理论、波特的产业集群理论和克鲁格曼的新经济地理学理论。

马歇尔的集聚理论——阿尔弗雷德·马歇尔认为,产业集群是由外部规模经济所致。产业集群提供了一个专业技术工人共享的劳动市场,产业区内集聚了许多潜在的劳动力供应和潜在的劳动力需求,企业家往往愿意到有他们所需要的专门技能工人的地方去办厂,相关技术工人也愿意到需要像他们那样技能的地方去找工作。同时,产业集群提供共享的中间投入品,还可以支持该产业专用的多种类、低成本的投入品的生产。企业在特定地区形成集群之后,有利于新知识、新技术、新创意在企业之间传播和应用,这样就营造了一种协同创新的环境,知识、信息的扩散是创新不断发展的源泉,不断地创新促进这些产业集聚区的经济持续增长,也激励着相关产业的新企业加盟。

韦伯的工业区位理论——阿尔弗雷德·韦伯把产业的市场集中和空间

集中作为产业集聚必须经历的两个阶段。其中，第一阶段是创业自身的简单规模扩张，从而引起产业集中化，这是产业集聚的低级阶段；第二阶段主要是靠大企业以完善的组织方式集中于某一地方，并引发更多同类企业的出现。韦伯认为，产业之所以出现集聚，是因为多个工厂集中在一起与各自分散时相比，能给各工厂带来更多的收益和节省更多的成本，所以工厂有集中的愿望。

科斯的交易费用理论——科斯认为，企业作为市场的替代物而产生，并形成一个组织来管理资源，从而节约市场运行成本。他进一步提出，在企业外部，主要靠市场价格机制协调控制生产；而在企业内部，由于交易被取消，市场交易的复杂过程和结构将由企业内部的管理者来代替控制生产，这些都是协调生产过程的不同方式，本质上是一样的。科斯提出交易费用理论并用它来分析了组织的界限问题，其目的是说明企业或其他组织作为一种参与市场交易的单位，其经济作用在于把若干要素所有者组织成一个单位参加市场交换，这样就减少了市场交易者单位数，从而减少信息不对称，有利于降低交易费用。同时，科斯运用交易费用理论较好地解释了产业聚集的成因，认为由于产业集群内企业众多，可以增加交易频率，降低区位成本，使交易的空间范围和交易对象相对稳定，而且聚集区内企业的地理接近，有利于提高信息的对称性，克服交易中的机会主义行为，并节省企业搜寻市场信息的时间和成本，有助于大大降低交易费用。

波特的产业集群理论——迈克尔·波特1990年出版的《国家竞争优势》一书中使用产业集群一词对集群现象的分析，从组织变革、价值链、经济效益和柔性方面所创造的竞争优势角度重新审视产业集群的形成机理和价值。在《国家竞争优势》一书中，波特对国家竞争优势作了具体的比较分析，他认为，国家只是企业的外在环境，政府的目标是为国内企业创造一个适宜的环境，评价一个国家产业竞争力的关键是该国能否有效地形成竞争性环境和创新。波特强调，地理集中是必要条件，地理集中形成的竞争力可以提高国内其他竞争者的创新力，更重要的是，地理集中形成的产业集群将使各要素整合成一个整体，从而更容易相互作用和协调提高，形成产业国家竞争优势。

克鲁格曼的新经济地理学理论——保罗·克鲁格曼以规模报酬递增、不完全竞争的市场结构为假设前提，指出产业集聚是由企业的规模报酬递增、运输成本和生产要素移动通过市场传导相互作用而产生的，并通过一个简单的模型说明一个国家或区域为实现规模经济而使运输成本最小化，从而使得制造业企业倾向于将区位选择在市场需求大的地方，而大的市场需求则又取决于制造业的分布。以克鲁格曼为代表的规模报酬递增的产业集群观点基本上是以垄断竞争为基础的，从理论上证明了制造业活动倾向于空间集聚的一般性趋势，并阐明由于外在环境的限制，如贸易保护、地理分割等原因，产业区集聚的空间格局可以是多样的。

（2）产业集群的特征

有关产业集群的基本特征，最早来自于马歇尔对产业区的认识，马歇尔将产业区定义为一种由历史与自然共同限定的区域。他认为产业区具有六个特征：一是与当地社区同源的价值观念系统和协同创新的环境；二是生产垂直联系的企业群；三是最优的人力资源配置；四是不完全竞争市场是产业区理想的市场；五是竞争与协作并存；六是富有特色的本地信用系统。随着经济和技术的不断发展，对产业集群特征的认识也在不断深入，如热贝罗蒂（Rabellotti）认为产业集群具有四个主要特征：一是主要由中小企业构成，并在空间上集聚，产业上具有专业化特征；二是各个关联的经济参与者具有浓厚的、趋同的文化和社会背景，由此产生了共同的、能被普遍接受的行为准则；三是基于市场交换或非市场行为，能促进商品、服务、信息和人员等生产要素流动；四是本地公共、私营机构网络对集群内部经济实体的行为起支撑作用。

总结、归纳各学者对产业集群的相关研究，结合产业集群的内涵与定义，可知产业集群具有以下几个基本特征：

地理空间集聚性——产业集群是对应于一定地理区域而言的，它是经济活动的一种空间集聚现象。企业在地理上的集聚是产生集群经济的基础，也是集群作为一种地域经济现象存在的基础。地理上的邻近不仅可以节约运输成本，还可以实现企业间直接的交流、竞争以及实时信息的传递，如德国的钢铁生产集中在多特蒙德，刀具生产集中在佐林根，工具车床则集中在雷姆萨伊德。

关联共生性——产业集群不等同于"开发区"或"工业园区"，它强调集群内企业之间的紧密联系，其实质是依靠内力发展，集群区域内相互协作，不仅共同利用区域内资源，外在资源也共享。同时，不同的企业通过合作，共同提高企业的生存能力和获利能力。不能把相关企业在特定地域"扎堆"称为产业集群，单纯的地理"扎堆"只是产业集聚或地理集中，而并非一定就是产业集群。

弹性专精性——产业集群是以生产灵活和专业化为特征的"弹性专精"区域。每个地理区域内的大部分企业基本围绕同一产业、相关产业或者有限的几个产业从事产品开发、生产和销售等经营活动，形成专业化的特点。同时，产业集群中的生产常常采取"量体裁衣""量身定做"的方式，弹性生产、小批量生产代替了刚性生产、大批量生产，使得企业面对市场变化能够实现产品的快速转换，并在短时间内调节产量。

合作网络性——企业间的关系网络是集群的一个主要特征。产业集群内的各企业常常通过生产系统形成本地网络，网络中的各行为主体之间以正式或非正式的关系，频繁地进行商品、服务、信息、劳动力等贸易性或非贸易性的交易、交流和互动，相互学习，密切合作，共同促进区域的经济发展和企业的持续创新。

社会根植性——根植性的概念来源于经济社会学，是指经济行为深深嵌入社会关系中。产业集群内的行为主体具有很强的地方联系，这种联系不仅是经济的，还包括社会的、文化的、政治的等各方面，集群与当地的社会网络密切联系在一起。企业发展需要根植在本地，因为企业的竞争力不仅取决于国家环境，更重要的是来自于它所在的区域和地方环境。

区域创新性——创新不是一个企业的孤立行为，研究创新过程必须将企业与企业所处的环境放在同一系统中进行考虑。根据已有的研究成果和实证资料可以看出，创新效应是产业集群的一个最主要优势，产业集群实际上就是一个特殊的创新系统。由于产业集群内的企业和其他机构集聚在某一特定区域内，而且具有创新的条件和环境，各行为主体间的创新活动以网络或系统的方式出现，产业集群和区域创新体系就构成必然的联系。产业集群是区域创新体系建设的基础和有效途径，其多样性和特色正是区域创新体系的活力所在。

3．产业链与产业集群的互动关系

（1）产业链与产业集群的异同

从内涵、特征来看，产业链强调的是链内企业间的产业关联和配套关系，如果企业之间的产业关联和配套比较紧密和完善，则这些企业就构成了完整的产业链，所有的企业在链中都发挥了应有的作用，只是地位和作用不尽相同，有的企业起着核心主导作用，有的企业则扮演配套的角色[①]；而产业集群是集中在一定区域内、具有分工合作关系的不同规模等级的企业与其发展相关的各种机构、组织等行为主体，通过纵横交错的网络关系紧密联系在一起，形成区域内柔性专业化分工，并根植于不断创新的社会文化环境中的空间组织体系。因此，可以明确的是，产业链并不就是产业集群，但产业集群内一定含有一条或几条完整的产业链或产业链片断，同时产业集群内企业既要在纵向构成一条完整的产业链或产业链片断，还要在横向构成竞争合作链。一般而言，产业链上的企业，可以是地理邻近的，也可以是空间离散的；而产业集群则要求集群内企业尽可能在地理上靠近。必须指出的是，一个开发区内可以有很多企业扎堆，但这些企业既不一定构成产业链，也不一定能构成产业集群；一个工业园区内有若干企业扎堆，这些企业一般都形成一条或几条产业链，但不一定能构成产业集群。

（2）产业链与产业集群的耦合关系[②]

产业链与产业集群的耦合关系主要体现在以下两个方面：

其一，产业链是产业集群中的主导关系。波特指出，"产业集群是某一特定领域内相互联系的企业及机构在地理上的聚集体，集群包括一系列相关的产业和其他一些与竞争有关的实体，如零部件、机器设备和服务的供应商，专业性基础设施的供应商等。集群也往往向下游拓展到销售渠道和客户，横向拓展到互补产品的制造商和在技术、技能上相关或有着共同投入品的企业。另外，许多集群也包括政府和其他机构，如大学、标准化机构、智库、职业培训机构以及商会等，这些机构提供专门化的培训、教育、信息、研究和技术支持"。这说明产业集群是基于价值链的企业聚集。同时，由于产业集群的地域临近和产业关联，且集群企业具有弹性专精和信任合作的特点，企业之间不仅在供应链内部相互合作，而且存在着跨链间的竞争和协调，说明产业集群也是基于供应链的企业聚集。也就是说，产业集群内的各主体之间不是杂乱无章地集聚，而是以产业链关系作为主导关系而集聚的。

---

① 刘贵富. 产业链与供应链、产业集群的区别与联系[J]. 学术交流，2010（12）.
② 冉庆国. 产业集群与产业链的关系研究[J]. 学术与探索，2009（3）.

其二，产业集群是产业链空间分布的载体。产业链的空间分布具有"大区域离散、小区域集聚"的特性。产业集群是产业链中的集聚体，大量的集群间、集群与区域外经济行为主体的生产、贸易、技术、信息、文化交流，把基于同一产业、不同区域的产业集群整合起来，就形成了产业链，这也是区域协作和产业分工的必然结果。产业集群作为产业链的空间载体，集群内各企业、经济组织之间存在产业链关系，内部运行符合产业链的特征和要求。所以，产业链的优化和管理是产业集群的有效管理方式，为产业集群提供了新的研究基础。

(3) 产业链与产业集群的相互作用①

产业链与产业集群的相互作用主要体现在以下两个方面：

其一，产业链推动产业集群发展，并提升集群竞争力。产业链的不断延伸和完善是产业集群从成立到成长、发展的核心。产业链通过上、中、下游的产业关联，形成原材料、产品设计、生产制造、深加工、销售的完整链条，加速了产业集聚的进程，增强了产业集群的整体竞争力。可以说，产业链的形成乃至延伸是产业集群竞争优势的来源之一，具体体现在：一是产业链的形成乃至完善，促进了不同范围及不同企业之间的合作，缩短了产品开发周期，降低了生产成本、交易成本，提高了企业的经济效益；二是随着市场经济的发展，产业配套的完整程度成为吸引投资的一个重要因素，完整的产业链可以改善投资环境，增加企业投资；三是产业链的培育，不仅有"龙头"企业的带动，也为产业集群的打造奠定了基础，产业链的形成和完善不仅使上、中、下游的产业得以配套，各环节得以科学分工，还吸引更多企业加入，扩大有限地理空间范围内的企业密集度，提高区域行业影响力和知名度，帮助企业降低生产成本和经营风险，凸显比较优势，提升竞争能力；四是产业链使大量企业集聚在一起，技术上相互学习，文化上相互影响和借鉴，既竞争又结盟，相互共享基础设施，相互创造需求并不断推动市场的扩展，实现资源互补、功能互补，形成了整体合力，促进区域经济稳定、科学发展。

其二，产业集群的发展有利于产业链的形成和完善。产业集群的核心是企业之间及企业与其他组织、机构之间的联系以及互补性。产业集群对

---

① 杨水根.产业链、产业集群与产业集群竞争力内在机理探讨——以湖南省工程机械产业集群为例[J].改革与战略，2011 (3).

产业链的作用主要体现在：一是构建，产业集群使关联企业之间的专业化分工获得空前发展，并在此基础上逐步建立与之配套的体系，而围绕某个"龙头"企业形成配套体系是产业链形成的方式之一，随着"龙头"企业的不断壮大，产业链逐渐形成，并不断完善；二是延伸和完善，随着某个产业在某个区域的发展，在"吸附效应"作用下，对上、中、下游产业和相关金融、中介等组织与机构产生强大的拉动力，逐渐发展为一条更为完整的产业链。同时，集聚在同一区域内的企业、机构之间的经常交流，能有效地加强相互之间的信任和学习，及时获取市场信息和新技术动向，在此过程中，产业链既进行了延伸，也得到了完善。

二、产业发展趋势

当前时期，我国产业发展处于世界经济周期更替的特殊时期和关键时刻，新一轮的产业革命悄然发生，产业发展面临重大的技术变革，生产方式和消费方式将会发生根本性改变。经济周期和技术变革既为我国产业发展提供了"弯道超车"的赶超机遇，同时也对产业能级提升提出了严峻的挑战。① 未来，我国产业发展将有望出现下列趋势性变化：

（一）产业结构持续调整升级②

通过对我国产业现状的分析发现，我国产业结构既有不合理化现象，也有不够高度化的问题，固有的产业结构模式已不适应经济"新常态"的发展要求，加上国际产业结构加速调整和世界科学技术快速发展，我国产业结构调整优化迫在眉睫。未来几年是经济社会转型的新起点，也是改革发展实现历史性转变的关键时期，针对我国产业结构的发展现状和问题，通过优化和调整产业结构，加快现代农业建设，确保农业的基础地位；优化第二产业内部结构，提升核心竞争力；加快发展现代服务业，抢占未来发展先机。同时，大力发展区域特色产业集群，促进产业结构调整。

---

① 芮明杰，王小沙. 2015中国产业发展年度分析报告——供给改革的视角[M]. 上海：上海财经大学出版社，2016.
② 刘瑞娜. 中国产业结构的现状考察和优化思路[J]. 改革研究，2016（3）.

（二）产业融合发展态势明显[①]

未来，融合发展将成为我国产业实现大发展、高效益的一条主要路径。一是制造业与服务业融合发展趋势加快，服务在制造企业经营活动中的地位不断提升，企业利润越来越多地来源于加工制造之外的其他环节。据德勤公司研究报告《基于全球服务业和零件管理调研》表明，在其调查的80家著名的制造企业中，服务收入占销售收入的平均值超过25%，有19%的制造业公司的服务收入超过总收入的50%。二是信息化和工业化融合发展不断加深，越来越多的企业应用信息化技术，发展"互联网+制造业"，制造业技术范式正在发生深刻变革，从以机器化、标准化、规模化为主要特征的传统制造时代向以智能化、信息化、柔性化为主要特征的先进制造时代迈进。三是农村第一、二、三产业融合发展程度将显著提升，种养结合型、链条延伸型、农业功能拓展型、技术渗透型等多种融合模式将呈现竞相发展格局。

（三）高新技术产业快速发展

在经济全球化的大背景下，我国高新技术产业迎来了发展的最佳时机。近年来，高新技术产业发展迅速，带动了其他产业的共同发展。高新技术产业代表着未来产业的发展趋势，产业竞争力的水平代表了我国的整体经济实力和科研实力。高新技术产业效率水平的高低直接影响我国经济的转型与产业结构升级，对实现创新型国家目标起着关键作用。"中国制造2025"和"互联网＋"等政策的提出，为产业创新融合和转型发展提供了明确的方向和清晰的路径，以新一代信息技术、高端装备、新能源、新材料、生物医药等为代表的高新技术、战略重点产业将步入快速发展通道。

（四）产业布局进一步优化[②]

未来，我国的产业布局将由被纳入全球产业分工体系向主动重构产业链和价值链转变。一方面，在全球产业分工体系中提升产业分工地位，提

---

① 和讯新闻.我国产业发展趋势判断与对策建议[EB/OL]. http://news.hexun.com/2016-02-04/182184888.html.
② 王忠宏."十三五"我国产业发展的五大变化[EB/OL]. http://views.ce.cn/view/ent/201411/03/t20141103_3832194.shtml.

高对全球的资源配置能力和产业布局调整能力。另一方面,基于非均衡发展现状和超大规模市场的优势,结合产业特色、区域条件和资源优势,发展一批具有区域特色的产业链,引导发达地区和欠发达地区错位发展、互补共赢,形成产业链和价值链各环节协同发展的格局。

在产业一体化、全球化势不可挡的形势下,产业的发展及其竞争力的提升已成为一个地区能否在竞争中获得优势的关键。产业链作为产业发展的重要纽带,是区域经济发展中可充分挖掘的有利因素。产业集群是以产业链为纽带的地方生产系统,是区域经济发展的重要基础。一个区域的产业能否形成竞争优势,不仅是依靠一个或几个企业大集团,而且还要视其产业链体系如何。在全球(以及区域)经济一体化进程中,无论是对于一个国家,还是一个企业,能否利用全球(或者区域)经济一体化的历史机遇,建造自己的产业(或企业)链,或成功地成为全球产业链的重要一环,直接关系着未来的前途,否则就面临着被边缘化的危险。

第二节　产业集群对技术技能人才的需求

产业集群作为产业链的小区域集聚现象,作为我国区域经济和产业发展的一种新型组织形式,已经成为国民经济发展的一个亮点,对我国国民经济发展起着重要的推动作用。任何经济发展形式、产业组织形式都需要与其需求相匹配的人力资源作支撑才能够实现其功能,产业集群这一新型的区域经济和产业发展组织形式亦不例外,对技术技能人才具有独特的要求。

一、技术技能人才需求与人才结构[①]

(一)技术技能人才需求的一般特征

在市场经济条件下,技术技能人才作为一种具有特殊人力资本的劳动力,服从市场运行规律和需求供给关系。在市场经济中,竞争促使企业采取人力资源发展战略,企业要想在市场竞争中赢得先机,必须通过加强内部管理、降低消耗、取得技术进步和创新来获得更多的市场份额,而这些目标的实现必须要有技术技能人才的支持。不同的企业由于所处的市场环

---

① 刘卉.湖北省产业结构调整对人才需求的研究[D].武汉:武汉理工大学,2007.

境不同，对技术技能人才的需求也不同。但总体来看，均具有以下特征：

效用性——效用是经济学中最常用的概念之一。一般而言，效用是指对于消费者通过消费或者享受闲暇等使自己的需求、欲望等得到满足的一个度量。人才需求的效用性即人才的使用价值，指企业在生产过程中为追求某种效益而产生的人才需求，这种需求要求人才具有专业技术岗位的熟练性和经验性。

复合性——人才需求的复合性指的是企业需要复合型技术技能人才。当今社会的重大特征是学科交叉、知识融合、技术集成，这就决定了企业需要基础扎实、操作技能全面、知识面广、竞争能力强、素质全面、创新意识好、具备适应复杂任务的知识背景和实践能力，在企业生产加工一线中掌握一门以上操作技能，能够在生产中从事多工种、多岗位的复杂劳动，解决生产操作难题的人员，即一专多能人才。

发展性——从我国经济发展和产业结构调整的角度来看，我国经济近30几年的持续高速发展带来了一个显著变化，那就是产业结构的升级换代比以往任何一个历史时期都更加剧烈和彻底。与此相应的是，职业结构变化的速度也更加迅速和巨大。因此，如何适应这种变化就成为未来技术技能人才至关重要的能力。可以说，劳动者的职业生涯总是处在不断地变化之中，总是会有岗位之间、职业之间甚至行业之间的变化，即使岗位不变，岗位本身也会面临着技术更新或工作职能的变化，因此从静态的角度来说，员工需要胜任现有岗位的要求，从动态的角度来说，就必须要能够适应工作状况或必将发生的一切变化。

市场性——市场性指的是在市场经济条件下技术技能人才需求的市场属性。市场的基本属性是商品性，在等价交换的流通过程中起着中介的作用。技术技能人才作为特殊的商品也要通过市场来确定其价格，市场的需求决定技术技能人才的规格、类型和层次，因此技术技能人才的需求受供求关系的调节和影响，当某一类别的技术技能人才供大于求或供不应求时，市场就会及时做出反应，为技术技能人才的培养及其调整提供参考。

结构性——结构性指的是各类技术技能人才需求层次的比例关系。一定时期的产业结构和技术结构决定所需技术技能人才的总量和结构，不同产业间的人才配比和不同技术结构下人才的能级结构存在着匹配的关系，这是技术技能人才需求的客观规律。

（二）技术技能人才结构及其调整

1. 技术技能人才结构

技术技能人才结构即在一个组织系统内，构成技术技能人才群体的各类人才比例及其组合方式，它包括三个方面的内容：一是技术技能人才的种类和性质；二是各类技术技能人才的规模分布或规模比例；三是各类技术技能人才的相互连接形式。不同产业和企业由于其技术、经济特征不同，形成了不同的技术技能人才结构。不同的组织从其战略发展目标与任务出发，认识和把握技术技能人才群体结构的变化规律，建立一个较为理想的技术技能人才群体结构，更好地发挥技术技能人才群体的作用，使技术技能人才群体内各种有关因素形成最佳组合，即对其结构进行优化，形成一个多维的最佳组合，这种结构优化应该符合三条标准：一是适应组织发展战略的需要，有利于形成组织的核心竞争能力；二是能够充分发挥群体内各因素的作用，充分调动组织内各类人才的积极性；三是能够发挥整体效能，使人才群体共同发展。

2. 技术技能人才结构调整

技术技能人才结构调整，是指根据经济社会发展的客观要求，科学合理地分配人才到不同的产业和部门，使其实现与生产资料的合理结合，充分发挥技术技能人才作用的过程。从社会经济与管理的角度来说，技术技能人才结构调整就是将社会中的所有技术技能人才充分合理地运用到社会生产及其经济活动之中，达到充分就业与合理分布，保证社会经济发展对技术技能人才的需要，以取得最大的社会生产力，实现人才作用的充分发挥与社会的和谐稳定。技术技能人才结构调整的主要内容包括：一是产业之间的调整，由于社会分工的产生与发展，形成了不同的部门，进而产生了不同的行业，形成了不同的职业群体。为了满足行业发展的需要，便要求把社会技术技能人才合理分配到行业中去。目前，我国将产业分为第一产业、第二产业和第三产业，因此，从大的方面讲，就是人才在三次产业之间的配置。二是地区之间的调整，这里的配置是与经济社会发展中的地区关系相适应的。一般来讲，一个国家的不同地区之间必须协调发展，由此就产生了技术技能人才地区之间的配置问题。三是城乡之间的调整，城乡之间的划分是一种最概括的地区关系划分。随着国家经济的发展和城市化水平的提高，技术技能人才在城乡之间的配置必然会相应变化。

二、产业集群对技术技能人才的需求特征

（一）区域性人才需求集中

在我国，产业集群主要分布在以环渤海湾、长江三角洲、珠江三角洲为中心的东部沿海地区，尤其在浙江省和广东省，产业集群分布最为密集，特点最鲜明，发展速度和水平也高于其他地区。产业集群的高度集中导致人才需求呈现明显的集中性。2003年，在产业集群发达的城市中，东莞流动人口440.45万人，深圳406.48万人，广州276.86万人，佛山206.62万人，杭州142.32万人，温州136.67万人，中山102.52万人，宁波93.2万人，苏州89.84万人；而人口基数较大的上海流动人口才350万人，北京的流动人口才327.79万人。规模庞大的流动人口的背后是区域产业集群发展对人才的大量需求。

（二）人才需求的岗位结构具有特殊性

产业集群是在某一特定领域内互相联系、在地理位置上集中的公司和机构的集合，虽然在产业集群内各企业存在相互影响、相互依赖的特性，但特定的产业集群需要特定的专业人才，如湖南株洲的轨道交通装备制造产业集群，集群内有电力机车厂、时代集团、广缘科技、湘依电器、南车电机等大中型企业，其人才需求主要是机械、电气控制类等高技术技能型人才。随着产业结构的转型和升级，具有传统优势的劳动密集型和资本密集型产业集群将面临巨大的结构调整和优化，逐步向技术密集型和知识密集型产业转变，企业内部各岗位出现相互融合、交叉现象，这种转变使企业对人才需求的岗位结构和类型结构也作出相应的改变，企业需要大量的技术创新型人才和复合型高技能人才。

（三）企业间的人才流动具有特殊性

产业集群对专业化人力资本具有"拉力"与"推力"效应，同时对人才流动具有双重作用。一方面，产业集群对人才有强大的吸引力，会把大量的优秀人才吸引进来；另一方面，人才可能被更好的产业集群吸引走，

这样就会把人才推出去。当前，人才的发展空间已经扩大到全国甚至全球范围内，为了追求更大的发展，人才往往会向经济和地理位置优越的产业集群集聚。经过反复的"推"和"拉"，市场自动地对人才资源进行优化和配置，从而提高产业集群整体人才的竞争力，激活社会发展的动力。若高职教育培养的技能目标单一，就会造成毕业生的就业岗位过窄，选择出现瓶颈。只有掌握了多种技能，在就业时才能游刃有余，才能顺利地实现高职教育与企业的顺利对接，高职教育培养出来的人才才能在"推"和"拉"的作用下居于主动地位，不断地为产业集群的发展服务。

（四）复合性专业知识结构要求突显

产业结构的升级和转型是产业集群面临的重大课题。集群的转型需要努力提升创新能力，促进区域产业升级，推动产业集群由低技术型向创新型转变。在知识经济背景下，创新决定产业集群的兴衰，决定产业集群竞争力的强弱。在全球生产网络中，产业集群必须依托不断延伸的产业网络，逐渐从以加工制造为主向设计研发和品牌制造为主转变，从工艺升级、产品升级转向功能升级，由"中国制造"走向"中国创造"。由于产业经济的集群化发展，生产中许多相关的工作岗位整合到一起，在生产过程中通过协同创新，从而实现集群创新。因此，产业集群的发展与创新需要更多的知识复合型人才，高职教育必须重视技术技能型人才的专业知识复合性教育，以培养适应产业集群的发展与升级需要的人才。

（五）自主创新型人才需求量加大

人才是自主创新的一个基本要素。改革开放以来，我国教育在普及和公平方面成绩显著，教育发展总体水平得到极大提高。但是，现有的教育模式仍是以获取知识为主，强调创新思维和动手能力的素质教育模式没有从根本上建立起来，教育与科技、经济发展严重脱节，导致人才创新意识不强，创新能力总体偏低。

产业集群发展的关键是要有自主创新能力的人才，产业集群要求劳动主体不仅要有操作技能，而且要掌握相关的专业知识，即他们必须是受过良好职业教育、具有创新意识的知识型劳动者。据我国研究者薄建柱和刘志国的调查研究，100%的企业明确表示非常需要创新型人才；在需求数量方面，90.9%的企业表示每年需要 10 人以上，9.1%的企业表示会引进 3~10 人[①]，这说明我国企业对创新型人才的需求量较大。可见，推进职业教育内涵式发展、加快培养自主创新型人才的任务仍然十分艰巨。

三、产业集群面临的技术技能人才困境

（一）技术技能人才存量不足

根据人社部《2014 年第四季度部分城市公共就业服务机构市场供求状况分析》发布的数据，从需求看，有 59.9%的用人需求对技术等级或职称有明确要求，对技术等级有要求的占 34.3%，对职称有要求的占 25.6%；从供给看，有 59.7%的求职者具有一定技术等级或职称，具有职业资格证书的占 35.9%，具有职称的占 23.8%；从供求对比看，各技术等级的岗位空缺与求职人数的比率均大于 1，劳动力需求大于供给，其中高级专业技术职务（高级工程师）、职业资格一级（高级技师）、职业资格二级（技师）、中级专业技术职务（工程师）岗位空缺与求职人数的比率较大，分别为 2.10、2、1.91、1.81。与 2013 年同期相比，从技术等级看，除对初级技能（-22.9%）的用人需求有所减少外，其余各类技术等级用人需求均有所增长，其中对高级技师的用人需求增长 35.9%。从专业技术职务看，对初、中、高级专业技术职务的用人需求分别增长了 64%、3.2%、38.4%。

以上数据显示，我国中、高级技能人才和专业技术人员的用人需求均有所增长，高级工程师、高级技师、技师、工程师的缺口最大，技术技能型人才紧缺的状况至今没有得到有效缓解，高技术技能人才紧缺问题仍较为突出。

（二）技术技能人才结构与分布不尽合理

根据人社部《2014 年第一季度部分城市公共就业服务机构市场供求状况分析》发布的数据，2014 年第一季度部分城市"岗位空缺大于求职人数缺口最大的前三个职业"主要集中在电子设备装配调试人员，机械工程技术人员，机械冷加工人员，高级车、铣、镗工，软件研发人员以及裁剪缝纫人员等技能型行业；而"岗位空缺小于求职人数缺口最大的前三个职业"

---

① 薄建柱，刘志国. 我国企业创新型人才需求研究[J]. 人民论坛，2011（23）.

则集中在行政业务人员、其他企业管理人员、其他社会服务人员等技能要求相对较低的行业。以上情况说明,在我国总体劳动力供大于求的状况下,求职者中技术技能型人才所占比例偏低,人才结构不合理。

另一方面,我国高职院校目前的专业设置还不能很好地适应经济社会发展的需要,专业设置与产业的现实有效需求脱节,导致技术技能人才就业形势严峻和人才浪费的矛盾,使技术技能人才呈现结构性短缺。总的态势是:传统产业人才多,高新技术人才少;机关事业人才多,企业人才少;承继型人才多,创新性人才少;单功能人才多,复合型人才少。要打破技术技能人才结构及分布不合理的局面,高职院校对接产业开设专业是一条有效的解决途径。

(三)创新型、复合型高层次人才紧缺[①]

首先,创新型、复合型高层次人才是产业集群发展的关键。由于产业集群直接来源于现代科学技术的研究成果,其劳动主体的劳动性质发生了变化,他们不再是机器的附属物,只从事简单的重复劳动,而是利用智能型劳动工具,变革复杂的劳动对象,动用自己的智慧来提高产品的附加值。其次,技术自主创新过程需要创新型、复合型高层次人才。知识经济的支柱是高技术产业,而发展高技术产业的关键是技术自主创新。由于技术自主创新产品的知识含量较高,不仅需要以巨额的资金投入到探索性的基础理论研究、有意向性的应用开发、目的性明确的市场开拓,需要先进的实验仪器、完备的开发手段、精良的生产设备,还需要强烈的创新意识、有力的创新激励机制和良好的创新环境,更需要一流的科学家、一流的工程师和一流的工人。因此,只有培养创新型、复合型人才,使其成为产业集群技术创新的主力军,才能促进产业集群主动、顺利地进行自主创新,进而实现长足发展。

---

① 程琳. 我国产业集群对人才需求的特征及挑战[J]. 税务与经济,2008(4).

第二章
高职教育技术技能人才培养的现状及问题

联合国教科文总干事马约尔先生曾在韩国汉城第二届国际高等职业教育大会上指出:"可以不夸张地说,在未来,对一个国家来说,其社会和经济发展的骨干将是专业技术人员,这应引起政府的关注;重视教育并给予高等职业教育相当的投资,这对于各国适应全球化尤其重要!"可见,高职教育,作为培养高级专业技术人员的主阵地,对于国家发展和经济建设何其重要。因此,面向经济社会建设要求,深入开展人才培养模式改革,加强培养优质技术技能人才是高职教育发挥服务功效的具体体现。本章将立足于职业教育发展的外部因素,厘清职业教育与经济社会发展的相互关系,对职业教育的地位、作用及责任进行说明,对高职教育人才培养模式的内涵作出解析,同时比较分析具有代表性的高职教育人才培养模式,总结得失,获取经验,得出结论。

第一节 高职教育与经济社会发展的关系

职业教育发展的实践表明,经济越发展,社会越进步,越需要大力发展职业教育。经过 30 多年的经济高速增长,我国已经成为世界第二大经济体,转方式、调结构、促升级成为经济工作的关键词。当前,在经济全球化的大背景下,全面建设小康社会和构建社会主义和谐社会,将"中国制造"升级为"中国创造","两个百年"的建设任务以及"中国梦"的伟大使命,均对职业教育提出了新的、更高的要求。加快转变经济发展方式、推动产业结构升级、走新型工业化道路,迫切需要培养大批技能型、应用型人才;统筹城乡发展、加快推进社会主义新农村建设,迫切需要加快培养有文化、懂技术、会经营的新型农民;提升我国参与全球经济合作和竞争能力,迫切需要大力提高劳动者特别是生产、服务和管理一线的劳动者的素质；实施扩大就业的发展战略，促进以创业带动就业，进一步改善民生，迫切需要加快健全覆盖城乡的职业教育培训网络，建立全民学习、终身学习的学习型社会。大力发展职业教育既是长远大计，更是当务之急。①

作为社会的一个子系统，职业教育与社会的其他系统之间有着直接或间接的关系，职业教育一方面作用于其他系统，另一方面受制于其他系统，即职业教育具备社会功能的同时，其发展又需要一定的外部条件。职业教育与经济社会发展相互依存、相互制约、相互协调、密不可分。马克思主义的"社会再生产理论"揭示了职业教育具有社会经济价值：其一，职业教育是劳动力再生产的手段，"教育会生产劳动能力"，改变人的劳动能力的性质和形态，可以使一般劳动力发展成为专门的劳动力，使人更加适应生产变革的需要；其二，职业教育是生产力再生产的重要途径，职业教育使科学技术与社会生产结合起来，实现生产力的扩大再生产；其三，职业教育是实现人的全面发展的实践基础，根据现代大工业的革命本性，人的全面发展需要接受智育、德育、美育、技术教育和体育，职业教育是教育与生产劳动完美结合的教育形式，故而能够最有效地实现人的全面发展。本节将详细阐述职业教育与经济发展的关系，进而分析高职教育在我国经济社会发展中的地位及其面临的形势。

一、职业教育与经济社会发展的相互关系

改革促进了经济社会的发展与进步，开放促进了国内外的融合与交流。随着改革开放的逐步深入，我国的职业教育已获得了高速发展和显著成绩。近年来，学者普遍认为，职业教育在促进经济社会发展的同时也受到经济社会发展的制约，经济社会发展为职业教育奠定基础、提供保障的同时也提出了相应要求。例如，经济体制改革带动职业教育体制的改革，经济结构的调整带动职业教育结构的调整，经济增长速度的加快带动职业教育发展速度的加快。杭永宝在《职业教育的经济发展贡献和成本收益问题研究》一书中的研究印证了此点，即"职业教育与经济发展的相互关系，有的是内在的，有的是外在的，有的是主动的，有的是被动的，有的是制约的，

---

① 黄尧. 职业教育学[M]. 北京：高等教育出版社，2009.

有的是促进的,不一而足"。实践证明,一方面,经济社会发展推动并制约职业教育的发展;另一方面,职业教育对经济社会发展具有反作用。

(一)职业教育与区域经济发展的相互关系

区域经济对职业教育的发展具有绝对的决定作用,职业教育对区域经济发展又具有较大的能动作用。职业教育、区域经济和地方政府,三者之间构成了三螺旋互动的关系。职业教育要从市场经济需求出来,必须做到与区域经济协调发展。

1. 职业教育、区域经济和地方政府三者之间的三螺旋互动关系

美国纽约州立大学的亨利·埃茨科维兹和洛埃特雷达斯多夫提出了职业教育、区域经济和地方政府的三螺旋互动关系,他们认为职业教育同区域经济发展结合得最为紧密和直接,职业教育是由地方(区域)主导并服务于区域经济发展的教育,因此在这一相互作用过程中,职业院校、地方产业、地方政府三方应当相互协调,以推动知识的生产、转化应用、产业化及产业升级,促进系统在三者相互作用的动态过程中不断提升。亨利进一步说明了三螺旋互动模型在职业院校随着产业的创造、扩散、转移而产生和变化的三个步骤:第一,每条螺旋线上的每个角色扮演了不同职能,职业院校在地方(区域)经济和地方产业升级中扮演了新的角色,地方产业(区域经济)是职业院校发展的物质基础和方向,地方政府为职业院校和地方产业的结合进行引导;第二,螺旋线是一个封闭的循环,螺旋线把地方政府、地方产业、职业院校连接成为一个封闭的循环;第三,螺旋线的封闭循环刺激了地方产业、地方政府、职业院校的良性互动。

2. 区域经济对职业教育的影响

第一,直接影响职业教育的投入及其他基本物质保障。经济发展水平是兴办和发展职业教育所必需的基础条件,经济承受能力直接影响到职业教育的规模、速度、质量、效益。也就是说,职业教育的发展和改革都是受经济发展水平制约的,因此区域经济状况对职业教育发展具有直接影响。

第二,推动职业教育体制改革。职业教育发展与经济和社会发展间密切相关,即职业教育发展要与经济体制改革、产业结构调整、就业方式的转变密切相连,体现现代职业教育体制的独特性,即结构合理、灵活开放、

特色鲜明、自主发展。职业教育体制必须适应地方经济及产业结构的变革才能迎来良好的发展。

第三，促进职业教育专业建设。区域经济的发展，已成为职业院校课程体系及专业设置的风向标，促使职业院校在专业设置上适应区域经济发展要求而合理设置专业并形成自己的特色和专业品牌；在课程设置、教学内容上形成根据市场需求及时调整的应对机制。

3. 职业教育对区域经济的影响

第一，直接支撑区域经济发展。工业化进程是分区域、分阶段进行的，产业升级也将必然呈现区域性和渐进性，职业教育人才培养也具有区域特殊性。例如，沿海发达地区的工业、服务业发展已经较为成熟，这一区域的职业教育主要为后工业化、现代服务业发展培养创新应用型高层次技术人才；较发达地区正处于工业化进程中，职业教育主要培养适应工业化要求的加工业、制造业等技能型人才；欠发达地区正处于农业现代化和以重工业为代表的工业化起步时期，职业教育主要培养农业和重工业需求的专门技术人才。同时，职业院校通过人才培养模式、专业设置、教学模式、课程设置、工学结合互动机制等直接与区域经济的产业、行业、企业、岗位群及岗位互动和联系，切实服务于区域经济的产业和行业发展。

第二，满足区域产业升级的人才需要。以培养专业化人力资本为目的的职业教育，可以直接参与经济活动的主动性、能动性，因此职业教育具有直接服务于区域经济发展的特点，减轻企业人才紧缺、缓解就业压力、促进经济增长，对区域经济的发展具有较大的促进作用。

第三，满足区域经济发展紧缺职业需求。随着经济的发展，区域产业结构在不断优化调整，科学技术的进步带来了新兴产业，新兴产业的发展带来了新兴的职业。这种产业结构的调整所带来的职业岗位矛盾，需要职业教育合理地设置、调整专业与课程，作为必要的保障。

（二）职业教育与产业结构的相互关系

产业结构是社会发展的产物，反映了社会分工和各种生产在时空上的分配。产业结构决定了人才需求结构，职业教育是产业发展到一定阶段和程度的产物，其发展又影响着人才供给的变化。职业教育与产业结构的互动关系正是通过人才供需结构得以体现的。

1. 产业结构对职业教育的影响

从某种意义上说，产业结构的调整，实质上是人才结构的调整，这需要劳动力的层次、规模、布局，都要同步跟上、同步调整。"劳动力市场动态和变化的需求，对思维能力越来越多地替代体力技能提出了新要求，因此职业教育计划应该人文化和宽基础化，以提高适应性，拓宽就业机会，提高教育和职业的能动性。"

第一，产业结构决定职业教育发展的规模。产业结构的调整，需要较高知识层次、较强动手能力、较强创新能力的高素质劳动者和技术技能人才，这类人才的培养必须依靠职业教育，而职业教育要培养多少人才又是由产业结构调整决定的，因此职业教育发展的规模始终受到产业结构的制约与支配。

第二，产业结构影响职业教育的层次结构。产业结构影响社会劳动力的素质要求。随着产业结构向高端化发展，相应的人才结构也将向高端化发展，而职业教育作为培养技术技能人才的主战场，也必然随着产业结构的升级而向更高层次发展。

第三，产业结构影响职业教育的专业结构。主导产业带动产业链的发展，进而拉动人才需求，高新技术的应用也急需专业性人才。产业升级造成社会专业分工的多样化，从而促使人才类型规格的多样化，产业结构的调整与升级最终导致职业教育专业结构的变化，要求职业教育的专业结构适应产业结构的调整与升级对技术技能人才的新需求。

2. 职业教育对产业结构的影响

在产业结构对职业教育发展施加影响的同时，职业教育又反作用于产业结构，它们相互制约、相互推动。

第一，职业教育满足产业结构调整的需要。由于职业教育的学制、授课周期等具有灵活性，劳动力在接受职业教育时可以不脱离工作岗位，可在职业教育和工作岗位之间自由流转，确保了对需要接受再教育的劳动力随时进行再教育、再加工，从而实现劳动力的知识和技能更新，以满足产业结构调整的需要。

第二，职业教育满足产业结构升级的需要。职业教育通过专业设置、课程体系改革将个体自然人进化为适应产业结构升级的职业人,将以体力劳动和运用经验技能为主的简单劳动力转化为以运用科技知识为主的复杂劳动力,从而提高劳动力的素质、改变劳动力的形态,为经济发展注入新鲜血液,促进产业升级。

第三,职业教育满足产业发展的超前需求。职业教育根据产业发展需要与自身发展规律,形成主动适应产业发展、与产业发展相互协调的态势,通过超前的设计与建设作出积极回应,不仅仅满足当前产业发展需求,更着眼于未来产业发展,在现有社会资源总量框架下适度超前发展。

(三)职业教育与科学技术发展的关系

邓小平指出,"科学技术是第一生产力"。发展科学技术,基础在教育。

1. 职业教育推动科学技术发展

一方面,职业教育作为科技转化和现实生产力的中间介质,其根本任务是培养掌握运用科学技术的高素质劳动者和技术技能人才,从而通过培养运用科学技术的技术技能人才来推动科学技术发展。另一方面,科学技术构成职业教育的重要内容,职业教育为科学技术的普及与传播开辟道路。任何科学技术都不是某个历史时代的产物,而是一个不断传递、积累、发展和再生产的历史过程,职业教育以产业技术及相关科学技术为主要教学内容,使人类先前积累起来的所有基本科学知识、生产经验和技术得以世代相传,科学技术得以在生产中延续。

2. 职业教育再生产科学技术

职业教育具有再生产科学技术、推动科技革命的功能。职业教育能有效开发劳动者的智慧,使他们具备从事技术创新所需要的素质,为其进行科学研究和技术创新提供可能。事实上,在工业生产的规模化、机械化、电气化发展过程中,已有的科学知识和科学技术通过职业教育的教育教学活动得以传承,许多技术的发明创造正是由受过职业教育或岗位培训的生产一线的技术工人完成的。同时,职业教育又通过生产劳动再生成新的科学技术知识,从而创造出新技术、新工艺、新工具。科技进步是职业教育发展的基础,科技水平决定着职业教育的人才培养目标、课程模式,科技发展丰富、更新职业教育内容,并不断地为职业教育提供新的教学手段。

可以说，职业教育发展史实质上就是一部科技进步史，科技进步促进了职业教育发展，职业教育发展又加快了科技传播与进步，二者相互促进。

3．职业教育通过"合作"助推科技传播与发展

职业院校通过校校合作、校企合作、跨企业职业培训等形式，采取"产学研一体"的方式，一方面通过培养掌握一定科学技术并能够将其运用到生产、生活实践中的高素质劳动者和技术技能人才来助推科学技术的传播与发展；另一方面将自身科研力量和科研成果在实践中加以检验、完善与推广，从而助推科学技术的传播与发展。

（四）职业教育与文化发展的关系

文化是一个宽泛的概念，概括地讲，凡是和人有关系的人化了的一切都可以称作文化，人在世界上的中心地位可以理解为人的文化中心地位。职业教育本身就是一种学问，它与文化有着较为复杂的密切关系。

1．文化发展对职业教育起着永恒性、核心性的作用

第一，文化价值观影响职业教育价值观。不同的政治制度和文化背景，会造就不同的职业教育价值认识。工业革命前，以封建等级制作为社会文化的基础，个体的价值由社会特定阶层决定，这样的文化背景自然忽略谋生的手段，忽略职业教育的价值。工业革命后，文化对个体在职业活动中的价值予以肯定，教育开始与生活、生产相结合，教育价值的取向开始从培养多识者向培养能解决生产实际问题者转变。

第二，文化发展决定职业教育的内容。文化包含着意识形态的内容，如道德观念、习俗风气等，也包含非意识形态领域的内容，如科学技术、语言文学等。职业教育传递的知识、技术、价值观，都是文化的一部分。一定的社会制度决定着一定的文化基础，一定的文化基础决定着职业教育的内容。

第三，文化传统影响职业教育传统。我国传统教育忽视自然科学教育而偏重人伦与社会教育，奉行"文以载道"，强调直觉思维不擅逻辑思维，重群体共性忽略个体个性发展，从而影响到职业教育的传统特色，使得职业教育一方面注重传统教育和伦理教育，另一方面又重知识轻技艺、重理论轻实践、重共性轻个性。

2. 职业教育具有传播、选择、创造文化的功能

在受到文化发展的制约的同时，职业教育也对文化发展产生影响，主要体现在传播文化、选择文化、创造新文化三方面。职业教育是传递和传播文化的重要途径，"教育这种社会现象之所以出现、存在和发展，主要是出于自上而下进行文化传播的需要。"文化传播的实质是文化价值的传播，是文化创造的自然延伸。可以说，传递社会主流文化是职业教育存在的基本价值，职业教育的过程首先是把现有的文化转化为学习者的知识、能力、行为方式和思想观念。原教育部部长袁贵仁曾指出，"所谓教书育人、管理育人、服务育人、环境育人，说到底都是文化育人"。鲁昕副部长也多次提出"让产业文化进教育、工业文化进校园、企业文化进课堂"。一言以蔽之，职业教育对文化的传播，就是通过文化育人，通过熏陶、嵌入、渗透等方式，把科技与文化、认知与情感、做人与做事融为一体，培养既有职业知识技能，又具有符合当代产业发展所需要的文化素养的高素质技能技术人才，使学习者成为文化的承载者和传播者。同时，职业教育具有选择文化的作用，进入职业院校的文化必定是经过筛选的，而一旦被选择就具有一定的导向作用，成为职业教育所选择的文化则更具权威性，传播则更广，影响则更深远。

职业教育在选择文化的同时也是在对文化进行系统化、条理化的过程，并使文化更具规范性。

（五）职业教育与教育发展的关系

职业教育作为教育的一种类型，其发展影响着一个国家教育的整体发展，并对国家的教育公平、全民教育、终身教育的实现具有重要现实意义。

1. 职业教育是实现教育公平的重要途径

教育公平是衡量一个社会公平程度的基本标准，社会公平是实现教育公平的重要前提和基础，教育公平是实现社会公平的根本途径和措施。瑞典著名教育学家胡森认为，教育机会均等，不仅要界定"均等"，还有界定"机会"；我国学者袁振国在《当代教育学》中提出"教育平等是指受教育权利的平等和受教育机会的平等"。职业教育因其本质属性和特征，在推进教育公平、实现社会公平方面发挥着无可替代的作用，它更是改变弱势群

体生存状态的一条有效途径,是促进社会良性运转的基本方式。实践证明,职业教育赋予了中低收入家庭孩子继续读书的愿景,并有利于改善其生活水准和社会地位。

2. 职业教育是实现全民教育的主要形式

与普通教育以青少年为教育对象不同的是,职业教育的目标人群要广泛得多,既可以是职前的学历教育,也可以是在职人员的提高教育;既可以是下岗人员的再就业教育,也可以是行业企业内部职员的专门教育。职业教育和普通教育不是智力和等级的区别,只是分工的不同、教育类型的不同、人才培养规格的不同。职业教育倡导以市场为导向、以能力为本位,所提供的日益丰富的学习内容、日益多样的教育形式,为所有人提供学习的可能性和提高的机会,为不同的人群提供了更多的选择、更广的空间以及获取知识、改变命运的机会。

3. 职业教育是实现终身教育的重要载体

知识经济社会的发展,致使人类社会经济的发展更多地依赖于知识的生产、传播和应用。现代人必须随时更新、深化和进一步充实最初获得的知识,使自己适应不断变革的世界,人的职业生涯发展过程也要有与之相适应的职业教育的支持,职业教育正是在这一意义上担负起终身教育的重要责任,使职业教育成为受教育者在认识与实践方面的一种全面的、终生持续不断的学习经历。

二、高职教育在我国经济社会发展中的地位

自1996年《职业教育法》颁布至今,我国已建成世界上规模最大的职业教育体系。据《2015年全国教育事业发展统计公报》统计,全国共有职业院校12 541所,全日制在校生近3000万人,其中,高职院校1341所,全日制在校生突破1000万人。高职教育作为我国职业教育和高等教育的有机组成部分,在经济社会发展中有着不可替代的战略意义。

(一)高职教育的定位

高职教育既是职业教育的主要组成部分,又是高等教育的重要类型。

作为一个教育类型，高职教育的发展还比较短暂。若从20世纪80年代初期的短期职业大学开始计算，至今才不到40年；若从20世纪末高等教育大众化改革开始计算，至今也才十余年时间。在经历了没有明确目标和定位的徘徊摸索阶段（1980—1990）、有初步目标的小规模探索阶段（1990—1998）、具有明确目标的大规模发展阶段（1999—2005），再到内涵建设和质量建设的新阶段（2006年至今），高职教育正在着力打造类型特色和质量特色，面临着改革与建设任务。

随着经济的高速增长，中国正在向世界制造业中心之一迈进。国家发改委宏观经济研究院原副院长、中国社会科学院刘福垣认为，世界上任何国家在全球经济一体化过程中都在千方百计地发展自己的经济，都在力争提高自己在世界制造业中的份额。世界制造业中心的形成不仅要靠政治、经济等外部条件，而且需要大批技术工人、技师和高级技师，高速增长的中国经济亦需要数以千万计的尖端人才和高技能人才。我国目前技术工人和技师占产业工人的比例与发达国家相比还有较大差距。我国城镇约有1.4亿名职工，其中技术工人只占一半。在技术工人中，初级工占60%，中级工占35%，高级工只占5%。而发达国家技术工人中高级工的比例超过35%，中级工占50%以上，初级工不足15%。据最新数据显示，我国高技能人才缺口约3000万人，这与我国经济社会发展极不相称。

高职教育与经济社会发展的密切性、互动性，使高职教育成为培养高技能人才的主战场，成为推进国家经济增长的动力和降低失业率的最好方式。少数尖端人才一方面可以靠普通高等教育培养，另一方面可以靠引进方式得以解决，然而大批技术人才则必须立足本土，通过高职教育进行培养。高职教育在经济社会发展中占有不可取代的重要地位。教育部《关于推进高等职业教育改革创新引领职业教育科学发展的若干意见》指出："高等职业教育必须准确把握定位和发展方向，自觉承担起服务经济发展方式转变和现代产业体系建设的时代责任，主动适应区域经济社会发展需要"，这明确了高职教育在经济社会发展中的定位，为高职教育的科学发展奠定了基调。

（二）高职教育面临的新形势

1. 经济全球化时代对高职教育提出了新要求

经济全球化对高职教育人才培养带来了深远影响。一是对高职教育提高人才培养层次提出新要求；二是"互联网+"超出了技术层面内涵，加速了信息化建设，利用先进的互联网技术建设数字校园、智慧校园，推动教育现代化进程，已成为高职院校的发展方向；三是带动优质教育资源的全球流动，国际化人才的培养和国际优质职教资源的竞争将成为未来高职教育的显著特征；四是因技术更新和岗位更迭使得培养目标产生更新，对学生的首次就业能力培养也将转向"从学校到生涯"的转变。

2．中国社会发展的趋势对高职教育提出了新要求

中国正处于传统社会向现代社会转型的关键时期，城市化进程加速、产业的转型升级，给高职教育带来广阔发展空间的同时也带来了新的挑战。社会财富的增加、人口结构的变化、老龄化社会的出现，给高职教育发展以强大竞争压力，也赋予了高职教育多元化内涵，社会对优质高职教育和个性化的职业教育培训提出了新的标准。

3．中国经济发展的整体态势对高职教育提出了新要求

中国经济的发展，从产业结构上看，正由传统产业向高科技产业转变；从合作领域上看，正由国内舞台向国际化舞台转变；从企业规模上看，正由单一化向多元化转变；从劳动力的需求上看，正由劳动力的成本优势向劳动力的素质优势转变。这些转变都给高职教育在技术技能人才培养方面提出了新的要求。

4．产业集群竞争对高职教育提出了新要求

产业集群的竞争已成世界性的主要竞争模式。当前我国已进入产业集群与产品竞争力密切关联的阶段，随着国家"十三五"规划的制定，产业结构的调整与转型升级必将进一步深化，我国必将迎来产业集群大发展时代。在这样的时代背景下，高职教育如何满足产业竞争对人才的需求，是一个需要高度重视的问题。

5．高职院校本身的发展对高职教育提出了新要求

目前，我国高职教育呈现出从规模发展转向内涵发展、从模式选择转向制度创新、从供给导向转向需求导向的转变趋势，如何进一步提高教育教学质量、强化办学特色、提升服务师生服务发展的能力，是高职院校不得不面对的重大课题。

综上所述，高职教育是当今中国经济发展的迫切需要。世界各国经济与社会发展的历程表明，一个国家的人才结构及与之相应的教育结构主要取决于该国的经济社会发展。2009年2月，美国颁布《美国经济复苏与再投资法案》；2010年6月，欧盟颁布《欧洲2020战略》；2010年7月，德国颁布《思想·创新·增长——德国2020高技术战略》，意图抓住工业4.0时代发展机遇，促进经济社会发展，增强国家竞争力。2014年，中国经济进入新常态，伴随着"一带一路"建设、京津冀协调发展、长江经济带等一系列重大战略布局的形成，新产业、新业态、新商业模式不断涌现，"互联网+""大众创业、万众创新"，给经济社会发展带来了前所未有的冲击和机会，也给高职教育提出了新的任务。2015年3月，中国颁布《中国制造2025》，抓住经济全球化带来的极佳机遇，将"中国制造"升级为"中国智造""中国速度"升级为"中国质量""中国产品"升级为"中国品牌"，从而将中国打造成为世界制造中心。在这样的大背景、大环境下，高职教育承担着培养数以亿计高素质劳动者和技术技能型人才的历史责任，从而更大程度地充分满足经济发展需求。高职教育为提高教育教学质量、创新人才培养模式、增强服务发展能力提供了动力，成为一个不得不面对且不可替代的时代使命。

第二节 高职教育人才培养模式分析

随着经济社会发展对职业技术人才的素质要求的变化，高职教育思想和理念也在不断地发生变革，高职教育人才培养观亦随之变化，从而推动了高职教育人才培养模式的变革创新与多元化发展。

一、高职教育人才培养模式的内涵、构成要素及特征

（一）内 涵

1. 关于模式

"模式"是目前高职教育改革与发展中出现频率最高的关键词之一，诸如"办学模式""教学模式""人才培养模式""产教融合模式"等。何为"模式"？"模式"一词是从一般科学方法或科学哲学中引用而来的，其英文

名称为 pattern，原意是模型、典型、范式等。《大宋重修广韵·模韵》中对模式的解释为："模，法也；形，规也"；《辞海》解释为："亦译'范型'，一般作为范本、模本、变本的式样"；《汉语大词典》解释为："某种事物的标准形式或使人可以照着做的标准样式"；《汉语字典》解释为："事物的标准样式"；《国际教育百科全书》解释为："对任何一个事物的探究都有一个过程，在鉴别出影响特定结果的变量，或提出与特定问题有关的定义、解释和预示的假设之后，当变量或假设之间的内在联系得到系统的阐述时，就需要把变量或假设之间的内在联系合并成为一个假定的模式"，"模式可以被建立和被检验，并且如果需要的话，还可以根据探究进行重建，它们与理论有关，可以从理论中派生，但从概念上说，它们又不同于理论"；姜大源在《职业教育：模式与范式辨》一文中认为："模式包括两层含义：一是规范性的标准形式，二是参照性的标准形式。""模式是对隐藏在事物之间的客观规律的归纳，是对蕴含在前人实践之中成功经验的概括，是人类把握和认知外界的关键"。① 可见，模式是一种科学认识和思维方式，是连接理论和实践的中介；模式是一种指导，在一个良好的指导下，有助于你完成任务，有助于你作出一个优良的设计方案，达到事半功倍的效果，而且会得到解决问题的最佳办法。

综上所述，模式可以定义为：模式是对某种事物的结构和发展过程以及这些部分之间的相互关系的一种抽象、简约的描述，是对理论与实验检验可以照着做的标准形式。将模式研究引入教育科学的研究之中，主要是为了透过教育现象，撇开教育中非本质、次要的属性和因素，凸现其结构、关系、状态、过程，以便获得对教育更深刻、更本质的认识，以用于指导教育实践。

2．关于人才培养模式

人才培养模式的提出，与我国 20 世纪 80 年代开始的高等教育体制改革有着密切的关联。其时，我国先后颁布了关于经济体制改革、科学技术改革、高等教育体制改革的决定，计划经济向市场经济的过渡，对人才培养提出了新要求，出现了第一波教育改革热潮，当时使用比较多的词汇是"教学模式"。教学模式是指建立在一定的教学理论或教学思想基础上，为

---

① 傅伟．高等职业教育人才培养模式探究[M]．重庆：西南师范大学出版社，2014．

实现特定的教学目的，将教学的诸要素以特定的方式组合成具有相对稳定且简明的教学结构理论框架，并具有可操作性程序的教学模型，它既是教学理论的具体化，又是教学经验的一种系统的概括；它既可以直接从丰富的教学实践经验中概括而形成，也可以在一定的理论指导下提出一种假设，经过多次实验后形成。后随着教育改革的不断深入，研究者发现教学模式已经不能完整地概括人才培养要素及活动过程，人才培养模式应运而生。1983年，文育林在《改革人才培养模式，按学科设置专业》一文中提到，"为开创高等工程教育的新局面，提高人才培养质量，首先必须科学地调整现有专业设置，改革人才培养模式。"人才培养模式首次作为一个学术名词开始进入教育理论研究者的视野，并于20世纪90年代开始逐渐成为我国教育界关注的焦点，同时也被赋予了多种诠释。总体而言，大致有以下几种代表性的看法[①]：

（1）人才培养模式是教育者教育思想和教育概念的集中体现。

（2）人才培养模式是在一定的教育思想指导下，人才培养目标、制度和过程的组合。

（3）人才培养模式是由人才培养的指导思想、目标、内容、方式、质量评价标准等要素所构成的相互协调的系统。它反映了人才培养的目标、规格、过程以及评价之间的规律性关系，是一所大学办学思想、办学水平和办学特色的集中体现。

（4）人才培养模式实际上是人才的培养目标、培养规格和基本培养方式，它决定着高校人才的基本特征，集中体现了高等教育思想和教育观念。

（5）人才培养模式，即培养目标、业务规格、培养过程、培养方法、教育管理等方面的综合特征或主要特点。

（6）人才培养模式是指在一定的教育理论、教育思想指导下，根据特定的培养目标和人才培养规格，以相对稳定的教学内容和课程体系为依托，不同类型的学校人才的教育和教学模式、管理制度、评估方式及其实施过程的总和。

（7）人才培养模式指人才的培养目标、培养规格、培养方案。它集中反映在人才培养计划教学计划上，包括专业培养目标、人才培养规格、学

---

① 叶晓平．高等职业技术教育人才培养模式研究[D]．西安：西安建筑科技大学，2007．

生知识、能力、素质结构、课程体系、教学内容及培养过程等。

（8）人才培养模式是指学校人才培养目标和质量标准，为学生设计的知识、能力和素质结构以及怎样实现这种结构的方式。

（9）人才培养模式是在一定的教育思想指导下，培养目标、教育制度、教育过程诸要素的组合。

（10）人才培养模式，就是人才教育过程的抽象，包括德、智、体等方面全面发展的教育过程和方式。

这些看法归根结底在探讨两个问题：一是培养什么样的人，涉及培养规格、培养层次，属于培养目标的问题；二是怎样培养符合培养目标的人才的问题，涉及培养策略、培养路径、培养保障，属于培养方式方法的问题。围绕这两个问题，在对人才培养模式进行研究的时候，整体上呈现出两种研究逻辑：一是从实践出发，再从实践上升到理论的高度来研究的路径；二是从概念（如"模式"）出发，再渗入结合教育领域与教育实践，从理论层面展开研究的路径。

概括起来，各专家学者对人才培养模式的定义主要是从四个范畴来进行诠释的：

第一，在教学活动的范畴内对其进行诠释。他们认为人才培养模式"是教育思想、教育观念、课程体系、教学方法、教学手段、教学资源、教学管理体制、教学环境等方面按一定规律有机结合的一种整体教学方式，是根据一定的教育理论、教育思想形成的教育本质的反应"。

第二，在整个管理活动的范畴内对其进行诠释。他们认为人才培养模式"是在一定的教育思想指导下，为了实现一定的人才培养目标的整个管理活动的组织方式。它是在一定的教育思想指导下，为完成特定的人才培养目标而构建起来的人才培养结构和策略体系，是对人才培养的一种总体性表现"。

第三，在介于教学活动与整个管理活动之间的范畴内对其进行阐释。他们认为上述两种范畴的确立都有失偏颇，如果仅限定于教学活动的范畴则相对过于狭窄，而如果限定于整个管理活动过程，又因泛化而有失精准，故而认为人才培养模式"是在一定教育思想的教育理论指导下，为实现培养目标而采取的培养过程的某种标准样式和运行方式"。

第四，在"人才培养"和"模式"两个词语本身的范畴内对其进行阐释。他们认为"人才培养"是状态的变化,"模式"是状态中表现出来的特性,因此认为人才培养模式的内涵是在培养人的过程中呈现出的结构状态特征,因而人才培养模式是"在现代大学培养理念和理论指导下建立起来的比较稳定的大学人才培养活动的结构框架和活动程序,其中建立'结构框架'意在指导大学的管理者和教育者从宏观上把握人才培养活动整体及各要素间内部关系的功能,而'活动程序'意在突出人才培养模式的有序性、可控性和可行性。"

综上所述,人才培养模式可以定义为:在一定的教育思想和教育理论的指导下,为实现培养目标、培养规格而采取的教育教学组织样式和运行方式的相互协调的系统。这些组织样式和运行方式在实践中形成固定的风格和特征,具有明显的计划性、系统性和范式性,它反映了人才培养的目标、规格、过程及评价之间的规律性关系,是一所学校办学思想、办学特色、办学水平的集中体现。

3. 关于高职教育人才培养模式

结合前文对职业教育和人才培养模式的认知,所谓职业教育人才培养模式,兼具职业教育和人才培养模式的特点,是在一定的职业教育思想和理论的指导下,以学生的职业能力的形成为目标,以技术知识和工作过程知识为主要内容,以校企合作、知行合一为主要教育方式的教育教学组织样式和运行方式。

高职教育人才培养模式,则是指在适应一定经济社会发展所需的教育思想和教育理论的指导下,以直接满足经济社会发展需要为培养目标,以培养学生社会职业能力为培养内容,以教学和实践结合为培养方式的人才培养模式,是企业、行业与学校共同制定的特定培养目标、培养规格、培养内容、培养方式和保障机制的总和,并在实践中格式化的组织样式和运行方式。高职教育人才培养模式包含四层基本内涵:一是目标体系、二是内容体系、三是方法体系、四是保障体系。

第一,目标体系。《教育部关于加强高职高专教育人才培养工作的意见》(教高〔2000〕2号)明确了高职教育的培养目标,即"培养拥护党的基本路线,适应生产、建设、管理、服务第一线需要的,德、智、体、美等方面全面发展的高等技术应用性专门人才;学生应在具有必备的基础理论知识和专门知识的基础上，重点掌握从事本专业领域实际工作的基本能力和基本技能，具有良好的职业道德和敬业精神。"

第二，内容体系。"培养人才是根本任务，教学工作是中心工作，教学改革是各项改革的核心，提高质量是永恒的主题。""要主动适应社会经济发展对高职高专教育的需要，全面推进素质教育，树立科学的人才观、质量观和教学观。"要把握专业设置、课程和教学内容体系等重点和难点，强调实践教学。

第三，方法体系。创新载体：既包括校内教育教学活动，也包括学校设计和组织的校外教育教学活动。创新手段：加强现代教育技术、手段的研究和应用，加速实现教学技术和手段的现代化。创新方法：校企合作、工学结合等。

第四，保障体系。加强"双师型"教师建设，加强教师的在职培养培训，积极推进"教师下企业"实践，全面提高教师同时驾驭企业和学校"两个课堂"的能力，专兼结合，校企互通；同时从企业、行业及社会中聘请高级技术人才、能工巧匠及专家到高职院校担任兼职教师，改善教师结构。加强实训基地建设，教室和车间对接，学生和工人对接，理实一体化培养。加强教学管理，改进管理方法，建立教学质量监控体系和教学评价制度。

（二）构成要素

高职教育人才培养模式的构成，主要包括教育理念、课程体系、教学策略、质量评价、条件保障五个要素。①

1. 教育理念

教育理念，即关于教育方法的观念，它是人才培养活动中的重要因素，为人才培养提供思想指导、心理基础、精神支柱，它是高职教育人才培养模式的基础和前提，具有先导作用。

终身教育理念——终身教育（lifelong education），是人在一生各阶段当中所受各种教育的总和，是人所受不同类型教育的统一综合，它包括教育体系的各个阶段和各种方式，既有学校教育，又有社会教育；既有正规教育，也有非正规教育。根据终身教育的要求，教育是人生连续不断的过

---

① 黄尧. 职业教育学[M]. 北京：高等教育出版社，2009.

程,"教育和训练的过程并不随学校学习的结束而结束,而是应该贯穿于生命的全过程。"职业教育应当在每一个人需要的时刻以最好的方式提供必要的知识和技能,高职教育的基本任务就是根据经济社会发展的需要和学习者自身的需要,随时提供满足各种需求的培养培训,更好地服务学生、服务发展,因此高职教育成为终身教育最重要的载体,以培养学生的职业发展能力,为学生的职业生涯发展奠定坚实基础。

服务理念——服务产品同其他有形产品一样,也强调产品要能满足不同的消费者需求。根据赫斯凯特(J. Heskett)的观点,任何服务理念都必须能够回答出以下问题:服务企业所提供的服务的重要组成要素是什么;目标分割市场、总体市场、雇员和其他人员如何认知这些要素;服务理念对服务设计、服务递送和服务营销的作用。《国务院关于加快发展现代职业教育的决定》(国发〔2014〕19号)中指出:"培养服务区域发展的技术技能人才,重点服务企业特别是中小微企业的技术研发和产品升级",指明了职业教育服务的内涵。职业教育的"服务",即在满足区域发展需要的时候,高职教育要充分考虑经济界对技术技能人才的素质要求,适时调整培养目标、培养规范、专业设置等内容;在满足学生发展需要的时候,高职教育要充分考虑学生兴趣所在、弹性学分制的设立、职业发展能力的培养等内容,为学生提供最合适的教育。

创新教育理念——创新是指以现有的思维模式提出有别于常规或常人思路的见解为导向,利用现有的知识和物质,在特定的环境中,本着理想化需要或为满足社会需求,而改进或创造新的事物、方法、元素、路径、环境,并能获得一定有益效果的行为。创新的意义在于满足客观存在的需求,并能够有效解决工作生活中碰到的和即将碰到的问题。现代企业的发展,已转向科学管理和知识管理,对企业员工的综合素质和创新能力提出了新的要求。为满足此种需求,高职教育应树立创新教育理念。所谓创新教育,就是以培养人们创新精神和创新能力为基本价值取向的教育,其内涵要义为:一是创新教育是一体化的教育,是人的终身教育过程中都应贯彻的教育思想、教育哲学和教育实践;二是创新教育的目标要培养学生具有从经济、社会、生态的角度参与或共同参与建构世界的能力;三是创新教育关注的中心是学生的创新素质,这种素质在现代和未来人才的各种素质中具有统治作用和最大的时代适宜性;四是创新教育的内容既要有自然科学知识的内容,又要有人文科学知识的内容;五是创新教育的方法要突出方法论,注重普及创造学知识,培养学生综合运用知识去分析问题和解决问题的能力。

2．课程体系

课程体系是指学校课程体系中各种课程类型及具体科目的组织、搭配所形成的合理关系与恰当比例,是由各类课程构成的、有机的、完整的统一体。课程体系是高职教育人才培养模式的关键所在,具有核心作用,要体现职业能力的培养锻造规律。

(1) 课程目标

课程目标是指课程本身要实现的具体目标,是期望一定教育阶段的学生通过课程学习以后,在知识、智能、品德、体质等方面达到的程度。课程目标的意义在于从理论上明晰职业教育的价值取向。职业教育的核心价值,就在于以职业为导向,通过培养培训使人获取技能与技术,使无业者有业、有业者乐业。课程目标有四种类型:一是认知类,包括知识的基本概念、原理和规律及理解思维能力;二是技能类,包括行为、习惯、运动及交际能力;三是情感类,包括思想、观念和信念,如价值观、审美观等;四是应用类,包括应用前三类来解决社会和个人生活问题的能力。课程目标具有六个特点:一是整体性,各级各类的课程目标是相互关联的,而不是彼此孤立的;二是阶段性,课程目标是一个多层次和全方位的系统;三是持续性,高年级课程目标是低年级课程目标的延续和深化;四是层次性,课程目标可以逐步分解为总目标和从属目标;五是递进性,低年级课程目标是高年级课程目标的基础,没有低年级课程目标的实现,就难以达到高年级的课程目标;六是时间性,随着时间的推移,课程目标会有相应的调整。

(2) 课程内容

课程内容是指各门学科中特定的事实、观点、原理和问题及其处理方式,它是学习的对象,它源于社会文化,并随着社会文化的发展而不断发展变化。高职教育课程内容的选择则要注意三点:一是课程内容应按职业活动的内在逻辑顺序进行构建,要注意突出技术知识和工作过程知识,技术知识与活动紧密结合,重在阐述制作方法,注重突出实践性;二是课程内容应贴近社会生活,课程内容应该考虑到让学生了解社会、接触社会,掌握一些解决社会问题的基本技能，以便学生所掌握的知识技能可以较好地发挥社会效用，此外还要注意考虑学生未来职业发展所需的知识；三是课程内容要与学生和学校教育的特点相适应，选择课程内容时要关注学生的兴趣、需要和能力，并尽可能与之相适应，这不仅有助于学生更好地掌握科学文化知识，还有助于他们对学校学习形成良好的态度。

3. 教学策略

教学策略是指以一定的教学观念和教学理论为指导，为实现一定的教学目的，完成特定的教学任务，获得预期教学效果，实现教学目标而制定，并在实施过程中不断调适、优化的教学总体方案。教学策略是高职教育人才培养模式的重点所在，具有导向作用。

(1) 恰当制定教学策略

教学策略具有指向性、灵活性、多样性等特点，要依据教学内容、学生的学习特点、教师自身的准备以及教学环境，适时恰当制定教学策略。第一，依据教学内容制定教学策略，内容决定方式，教学策略就是完成教学内容的方式，教学内容不同决定了要采用不同的教学策略。第二，依据学生的学习特点制定教学策略，课堂教学的对象是学生，不同的学生有着不同的学习特点和风格，要采用符合学生学习特点的教学策略。第三，依据实施者的准备制定教学策略，要采用教师自身能够驾驭的教学策略，要扬长避短，充分准备，不要好高骛远，力所不及。第四，依据教学环境制定教学策略，教学策略的实施要受到客观条件的制约，制定教学策略时，要充分考虑教学环境是否具备相应的条件。

(2) 重点推行行动导向的教学策略

学生的关键能力获得，源于具体的实际职业活动，高职教育应在教学中引入行动导向式学习，使学生形成职业行为能力。行动导向教学是一种教学指导思想和方法，在教学中注重培养学生的专业能力、社会交往能力、伦理道德反应能力、思维能力、学习能力等个体行为能力，旨在将学生培养成为具有自我判断能力、懂行、可持续性学习本领高的应用型劳动者。行动导向教学所追求的目标是以学生的行为表现为标志的，是一种"以学为本、以学论教"的教学观。推进行动导向的教学策略时主要采用的教学方法有：

第一，项目教学法，包括项目创意、项目方案、项目计划、项目实施、项目结束等环节，突出项目的完整性，学习者能够掌握每一环节的基本知识和了解所需的必备能力，能很好地调动学生的主观能动性，培养学生的自我学习能力。

第二，模拟教学法，让学习者在一种虚拟或模拟的情境里学习职业所需的知识。

第三，案例分析教学法，提供现实案例，让学生利用所学知识发现问题，然后寻找解决问题的途径、手段，理论和实践结合，达到为实践行为做准备的目的。

第四，角色扮演教学法，让学生在社会实践中扮演专业职业者从事某项实践活动，使学生在专业能力、方法能力、社会能力和个性方面得到全面发展。

4．质量评价

高职教育质量评价是对高职教育活动满足社会和个体之所需的程度实施判断的一种活动，也是对高职教育活动现实或者潜在的价值加以判断，从而实现教育价值增值的过程，它是高职教育人才培养的重要环节，具有内审作用。

（1）质量评价是人才培养模式的重要组成部分

在我国高等教育进入大众化发展阶段后，走内涵式发展道路成为高职教育发展的必然选择，高职教育人才培养质量评价体系也应进行变革，引入家长、企业、行业等主体，改变以往由政府单一主体评价的方式，实施多样化、个性化、动态化评价。同时，在高职院校内部组建由行政、教师、学生等多维度质量内控队伍，做到高职院校内部评价和社会评价的结合，从而建立多元化的评价体系。

（2）质量评价的一般原则

科学性原则——科学性原则是指人才培养质量评价要科学、合理、可行，集中体现在评价内容的针对性、评价方式的灵活性和评价结果的有效性。评价内容主要针对能够反映和促进人的全面发展和适应社会需要的专门职业能力要素进行考核评价；评价方式的灵活性是指针对基本素质和职业能力不同的特征和表现形式，采用灵活多样的评价方式，能够集中反映评价要素的真实状态；评价结果的有效性指的是评价内容、评价方式与评价目标的一致性，评价结果能够全面准确地反映人才培养质量的水平。

职业性原则——职业性是高职教育的突出特征，也是高职人才培养适应社会需要的集中体现。高职教育"以就业为导向，以服务为宗旨，培养生产、建设、服务、管理第一线的高端技能型专门人才"，其培养目标具有明显的职业性和岗位针对性。因此，高职人才培养质量评价要体现出行业、工种与岗位职业活动的专门职业能力需求，注重学生具体职业岗位活动的职业能力的评价。

全面性原则——高职教育人才培养质量评价除对学生专门职业能力进行评价，还应该包括学生的思想道德素质、人文素质、身体心理素质等体现个体全面发展的要素，只有这样才能对人才培养质量做出全面综合的评价。

可行性原则——人才培养质量评价设计应考虑到实际操作的可行性，以保证评价结果的有效性。一方面要求评价指标体系能在教育实践中获取足够的信息，使评价对象在这些项目上的状态进行量化描述，另一方面要求评价力求简化，对评价信息的统计方法简易，具有可操作性。

5. 条件保障

条件保障，是高职教育人才培养模式得以顺利践行的后盾支撑，主要包括师资队伍保障、实习实训保障、政策保障三个部分。

（1）师资队伍保障

师资队伍，是高职教育人才培养模式的根本所在，具有先决作用。高水平、专业化的师资队伍，是决定高职教育人才培养质量的重要条件。实现高职教育师资队伍的高水平、专业化，关键有三点：一是建立科学的教师专业标准。高职教师的任务是将职业专业知识和专业技术技能传授给学生，并为学生的终身职业发展打下基础。而如何教授，就成为高职教育教师专业标准的标志性基点。具体来讲，高职教育教师具备的专业标准包括基本理论知识、教学设计与组织能力、课程开发的技术方法、专业教学方法等方面内容。二是坚持教师在职培训。完善国外进修、国家省市级培训、校本培训、学历提升、教师下企业等多种培训方式，丰富教师的专业知识，提高教师的实操能力，使教师能够同时驾驭企业和学校"两个课堂"。三是完善师资队伍结构，通过学历提升、在职培养培训等多种手段提升教师的综合素养和能力,同时从企业、行业及社会中聘请具有丰富实践经验的能工巧匠、高级专业技术人才、管理专家到学校担任兼职教师,建立专兼结合、校企互通的师资队伍。

(2) 实习实训保障

实习实训基地建设,是高职教育办学的一个基本保障条件和重要任务,旨在加强学生实践能力的综合训练,培养和提高学生的职业能力,保障人才培养质量提高。① 为此,应做到:一是加强校内实训基地建设,按照产品化、社会化、产业化的要求,高起点、高质量、高标准建设,能够满足学生职业能力训练,与生产一线同步,功能齐全,设施完备,使学生在高度仿真的环境和职业环境中进行职业技能训练和职业素质培养,有效地学习现场作业的实际知识和实际技能;二是加强校外实习实训基地建设,本着工学深度结合、合作共赢的原则,引导企业建立学生工作实习实训,使学生到生产、建设、服务、管理第一线去,在浓厚的职业氛围与真实环境下进行职业规范化训练,培养学生从事和胜任某一职业岗位(群),解决生产实践和工程项目中实际问题的技术与管理能力。

(3) 政策保障

高职教育的举办离不开国家和政府的大力支持,离不开行业、企业的参与,因此国家和政府要为行业、企业参与高职教育人才培养提供强有力的法律依据、政策支持和动力激励。首先,完善法律保障机制,明晰校企合作的法律地位,对校企合作的权利与义务、组织与实施、投入与保障、考核与奖励等方面内容作出具体阐述和规定,为行业、企业参与高职教育人才培养提供法律保障。其次,完善政策保障机制,从实际操作层面制定相关政策,把高职教育与企业教育、高职教育人才培养、企业职工培训有机结合起来,促进行业、企业的参与。最后,完善动力激励机制,本着互惠互利的原则,制定科学合理的激励措施,使行业、企业主动参与高职教育人才培养,并能够从该种行为中获取正当利益,实现双赢。

(三) 主要特征

2000年,教育部发布《教育部关于加强高职高专教育人才培养工作的

---

① 陈光曙,穆晓霞. 论高职教育工学结合人才培养模式的构建要素[J]. 经济研究导刊,2009(30).

意见》（教高〔2000〕2号），明确了高职高专教育人才培养模式的六个基本特征：一是以培养高等技术应用性专门人才为根本任务；二是以适应社会需要为目标、以培养技术应用能力为主线设计学生的知识、能力、素质结构和培养方案，要求毕业生应具有基础理论知识适度、技术应用能力强、知识面较宽、素质高等能力素质；三是以"应用"为主旨和特征构建课程及教学内容体系；四是实践教学的主要目的是培养学生的技术应用能力，并在教学计划中占有较大比重；五是"双师型"（既是教师，又是工程师、会计师等）教师队伍建设是提高高职高专教育教学质量的关键；六是学校与社会用人部门结合、师生与实际劳动者结合、理论与实践结合是人才培养的基本途径。

　　随着高职教育的发展，高职教育人才培养模式特征也在发生演变与进化。除上述六个基本特征以外，高职教育人才培养模式还具有以下特征：一是教育范畴的高等性，高职教育既属于职业教育范畴，又属于高等教育范畴，高职教育人才培养模式的"高"主要体现在高层次的定位、高效率的管理、高水平的师资、高质量的教学、高精尖的设备、高质量的就业等方面。二是参与主体的多样性，由于高职教育的社会性和职业性，高职院校人才培养要充分发挥政府、企业、行业及其他经济实体的作用，使其参与到人才培养过程中来，实现投资主体多元化和管理主体多元化。三是培养目标的针对性，高职教育主要是培养生产、建设、服务、管理第一线的高端技能型专门人才，培养产业转型升级和企业技术创新所需要的发展型、复合型和创新型技术技能人才。四是专业设置的区域性，高职教育是服务区域经济的，故其专业设置必须适应高职院校所在地区社会产业结构发展的需要，同时又要依靠区域优势来打造品牌专业。五是教学内容的实践性，高职教育针对某一职业岗位技术群的需求来设置教学内容，以胜任工作岗位所需要的基础理论知识与专业技术技能来组织教学，具有较强的实践性。六是师资团队的"双师性"，高职教育的人才培养，关键在师资，向学生传授专业知识必然决定高职教师的"专业性"，培养技术技能人才的人才培养目标又决定了高职教师的"实操性"，因此高职教育的师资必须具备扎实的专业知识和娴熟的实践能力，既能胜任理论教学，又能指导学生实践，"双师"特征明显。

二、高职教育人才培养模式的发展

20世纪80年代,我国开始使用"高等职业教育"这一概念,由于传统观念、办学体制、办学条件等系列因素影响,高职教育发展缓慢,既落后于我国经济社会发展,也落后于欧美等发达国家。20世纪80年代初期,我国开始在不同层面上学习借鉴德国、英国、澳大利亚等国家职业教育经验,改革传统职业教育人才培养模式,在政策上、实践上逐渐丰富完善。

(一)政策发展

随着经济社会发展,我国对高职教育提出了更高更新的要求,相应的政策也在不断地发展完善,指导着高职教育技术技能人才培养,推动着高职教育发展。

1. 起步发展阶段(1985—1996)

改革开放以后,随着我国经济的恢复与发展,需要大量的生产一线的技术、管理和服务人才,20世纪80年代初期,职业教育得到迅速恢复。

1985年5月,国家颁布《中共中央关于教育体制改革的决定》(以下简称《决定》),提出党的今后事业成败的一个重要关键在于人才,而教育体制改革的根本目的是提高民族素质,多出人才、出好人才,并倡议要大力发展职业技术教育,要注意借鉴国外发展教育事业的正反两方面的经验。《决定》的颁布大大促进了职业教育的发展,到1990年,各类职业技术学校已发展到16 000多所,在校生超过600万人,同时全国建有就业训练中心2100余所,每年培训待业人员90多万人。[①]然而,此时的职业教育以学科的系统性和完整性为主,忽视职业教育的实践性。

1991年10月,国务院颁布《关于大力发展职业技术教育的决定》,指出"必须高度重视和大力发展职业技术教育","提倡产教结合,工学结合",并且开始注重"制定各类职业技术学校的评估标准,逐步建立职业技术教育的评估制度",强调"各级政府要把职业技术教育纳入当地经济和社会发展的总体规划,使经济建设真正转到依靠科技进步和提高劳动者素质的轨

---

① 国务院《关于大力发展职业技术教育的决定》,1991年10月。

道上来",开始比较全面地考虑经济要素、质量评估、培养模式等关切高职教育人才培养的诸多元素。

1993年2月,中共中央、国务院印发《中国教育改革和发展纲要》(以下简称《纲要》),指出"职业技术教育是现代教育的重要组成部分,是工业化和生产社会化、现代化的重要支柱","提倡联合办学,走产教结合的路子",并在《纲要》的实施意见中提出"改革现有高等专科学校、职业大学和成人高校以及举办灵活多样的高等职业教育班等途径,积极发展高等职业教育"。

1994年,原国家教委制定并实施《高等教育面向21世纪教学内容和课程体系改革计划》,要求"研究未来社会对人才知识、能力和素质结构的要求,转变教育思想,更新教育观念,改革人才培养模式"。

1995年10月,原国家教委颁布《关于推动职业大学改革与建设的几点意见》,指出职业大学作为高职教育的重要组成部分,担负着为地方经济建设和社会发展培养高级(部分中级)实用技术、管理人才的任务,要加强与产业部门的联合,积极实行校企结合;加强师资队伍建设,做到专兼结合;培养应用型人才。

1996年3月17日,第八届全国人民代表大会第四次会议批准颁布的《中华人民共和国国民经济和社会发展"九五"计划和2010年远景目标纲要》,提出要"积极发展高中后的职业教育,使高中毕业生除进入普通高校以外,逐步接受多种形式的学历教育和职业培训。"同年5月,《中华人民共和国职业教育法》(中华人民共和国主席令第69号)颁布,明确规定"职业学校、职业培训机构实施职业教育应当实行产教结合,为本地区经济建设服务,与企业密切联系,培养实用人才和熟练劳动者",从法律上规定了职业教育人才培养模式的基本类型——"产教结合"。

2. 探索发展阶段(1997—2001)

1998年4月,教育部颁布《关于深化教学改革,培养适应21世纪需要的高质量人才的意见》(教高〔1998〕2号)(以下简称《意见》),强调"高等学校的根本任务是培养人才,在新的历史时期,各类高等学校都要不断调整和明确办学思想,真正做到把人才培养放在首要地位,把教学工作作为经常性的中心工作,把教学改革作为高等学校各项改革的核心"。《意见》还用一个大点专章阐述了"深化专科教学改革,继续探索具有中国特色的高等职业教育人才培养模式",指出高等专科教育要根据社会实际需要,以培养面向基层的技术应用、技术管理和服务的各类应用型人才为宗旨;要改革专业设置,要加大课程结构和教学内容的改革,要加强实践教学,积极探索加强专科学校与企事业单位协作办学的道路,以加强人才培养的针对性、应用性、实践性为核心;改革专业设置方向,调整学生的知识能力素质结构,深化课程体系和教学内容改革,建立起具有中国特色的高等专科教育人才培养模式。同年12月,教育部颁布《面向21世纪教育振兴行动计划》,强调高职教育要培养生产、服务、管理第一线的实用人才,"要努力建立符合我国国情特点的职前与职后教育培训相互贯通的体系,使初等、中等和高等职业教育与培训相互衔接"。同时,开始关注职业教育要满足终身学习的需要,指出"建立和完善继续教育制度,适应终身学习和知识更新的需要"。

1999年6月,中共中央、国务院颁布《关于深化教育改革全面推进素质教育的决定》(中发〔1999〕9号),指出面对新的形势,人才培养模式相对滞后,要大力发展高等职业教育,培养一大批具有必要的理论知识和较强实践能力,生产、建设、管理、服务第一线和农村急需的专门人才,改革人才培养模式。

2000年1月,教育部颁布的《关于加强高职高专教育人才培养工作的意见》(教高〔2000〕2号),明确了高职高专教育人才培养模式的六个基本特征(前文已有相关描述,此处不再赘述),其主要贡献是以行政规章形式,对在1999年11月召开的全国第一届高职高专教学工作会议上总结的高职高专教育人才培养模式的基本特征予以确认,从而完成了高职教育从实践到理论的飞跃。[①]

3. 多元发展阶段(2002年至今)

2002年8月,国务院颁布实施《关于大力推进职业教育改革与发展的决定》(国发〔2002〕16号),指出"职业学校和职业培训机构要适应经济结构调整、技术进步和劳动力市场变化,及时调整专业设置,积极发展面向新兴产业和现代服务业的专业,增强专业适应性,努力办出特色",坚持学历教育与职业培训并重,企业要和职业学校加强合作,实行多种形式联

---

① 刘福军,成文章. 高等职业教育人才培养模式[M]. 北京:科学出版社,2007.

合办学，开展"订单"培训。同时，指出要建立起适应社会主义市场经济体制，与市场需求和劳动就业紧密结合，结构合理、灵活开放、特色鲜明、自主发展的现代职业教育体系；要加强中等职业教育与高等职业教育、职业教育与普通教育和成人教育的衔接与沟通，建立人才成长"立交桥"，并"积极引进国（境）外优质职业教育资源"，开始走教育国际化之路。

2004年，国务院批转教育部《2003—2007年教育振兴行动计划》（国发〔2004〕5号），要求实施"职业教育与培训创新工程""制造业和现代服务业技能型紧缺人才培养培训计划"；要求根据区域经济发展和劳动力市场的实际需要，促进产学紧密结合，以就业为导向，大力推动职业教育转变办学模式，加强与行业、企业、科研和技术推广单位的合作，推广"订单式""模块式"培养模式，探索针对岗位群需要的、以能力为本位的教学模式。继"产教结合""订单式"之后，再次提出高职教育人才培养的"模块式""产学结合式"模式。

2005年10月，国务院颁布实施《关于大力发展职业教育的决定》（国发〔2005〕35号），提出构建"与市场需求和劳动就业紧密结合，校企合作、工学结合，结构合理、形式多样、灵活开放、自主发展，有中国特色的现代职业教育体系"，要求"坚持以就业为导向，深化职业教育教学改革，大力推行工学结合、校企合作的培养模式"，并且再次强调"依靠行业企业发展职业教育，推动职业院校与企业的密切结合"。

2006年，教育部《关于全面提高高等职业教育教学质量的若干意见》（教高〔2006〕16号），指出"以服务为宗旨，以就业为导向，走产学结合发展道路，为社会主义现代化建设培养千百万高素质技能型专门人才"，强调"大力推行工学结合，突出实践能力培养，改革人才培养模式"。

2010年5月，《国家中长期教育改革和发展规划纲要（2010—2020）》提出大力发展职业教育，"统筹中等职业教育与高等职业教育发展，以服务为宗旨，以就业为导向，推进教育教学改革；实行工学结合、校企合作、顶岗实习的人才培养模式"。同年9月，《国家高等职业教育发展规划（2010—2015）》（征求意见稿）中再次强调"工学结合、校企合作、顶岗实习的人才培养模式"，要求"继续推行任务驱动、项目导向、订单培养、工学交替等教学做一体的教学模式改革；探索建立'校中厂''厂中校'，系统设计、实施生产性实训和顶岗实习；积极试行多学期、分段式等灵活多样的教学组织模式；实施校企合作示范基地建设计划，探索'双主体'培养高技能人才新机制"。

2011年8月，教育部颁布实施《关于推进中等和高等职业教育协调发展的指导意见》（教职成〔2011〕9号），就"把握方向、协调发展、实施衔接、加强保障"四个方面对中高职教育有机衔接作出了系列指导，以构建终身教育体系和现代职教体系，还强调要发挥职教集团作用，促进校企深度合作。同年9月，教育部颁布实施《关于推进高等职业教育创新引领职业教育科学发展的若干意见》（教职成〔2011〕12号），指出高职教育发展方向是服务经济转型，应"探索充满活力的多元办学模式，以区域产业发展对人才的需求为依据，明晰人才培养目标，深化工学结合、校企合作、顶岗实习的人才培养模式改革，增强学生可持续发展能力"，并提出"各地和各高等职业学校都要建立人才培养质量年度报告发布制度，不断完善人才培养质量监测体系"，同时再次强调"要积极开展中外合作办学，引进优质教育资源，提升办学水平"。

2014年5月，国务院颁布实施《关于加快发展现代职业教育的决定》（国发〔2014〕19号），要求"创新发展高等职业教育，密切产学研合作"，"推进人才培养模式创新，坚持校企合作、工学结合，强化教学、学习、实训相融合的教育教学活动；推行项目教学、案例教学、工作过程导向教学等教学模式；加大实习实训在教学中的比重，创新顶岗实习形式，强化以育人为目标的实习实训考核评价；积极推进学历证书和职业资格证书'双证书'制度；开展校企联合招生、联合培养的现代学徒制试点，完善支持政策，推进校企一体化育人。"同年6月，教育部等六部门印发《现代职业教育体系建设规划（2014—2020）》（教发〔2014〕6号），提出要"牢固确立职业教育在国家人才培养体系中的重要位置，到2020年，形成适应发展需求、产教深度融合、中职高职衔接、职业教育与普通教育相互沟通，体现终身教育理念，具有中国特色、世界水平的现代职业教育体系，建立人才培养立交桥，形成合理教育结构，推动现代教育体系基本建立、教育现代化基本实现"，要求"密切产学研合作，培养服务区域发展的技术技能人才，重点服务中小微企业的技术研发和产品升级，加强服务社区教育和终身学习"。国家开始从宏观视阈及整体架构上思考职业教育的发展，为现代职教体系的建构与人才培养模式的创新奠定了坚实基础。

2015年8月,教育部印发《职业院校管理水平提升行动计划(2015—2018)》(教职成〔2015〕7号),把职业院校治理能力现代化作为重点,以强化教育教学管理为中心,弘扬"劳动光荣、技能宝贵、创造伟大"的时代风尚,营造以文化人的氛围,确立全面质量管理理念,建立教育教学质量监控体系,学校、行业、企业和社会机构等共同参与,全面保证人才培养质量。同年10月,教育部颁布《高等职业教育创新发展行动计划(2015—2018)》(教职成〔2015〕9号),提出"通过三年建设,高等职业教育整体实力显著增强,人才培养的结构更加合理、质量持续提高,服务'中国制造2025'的能力和服务经济社会发展的水平显著提升,促使高等教育结构优化成效更加明显,推动现代职业教育体系日臻完善",并倡导校企共同制订和实施人才培养方案,企业与高等职业院校联合开展"现代学徒制"培养试点。

至此,我国高职教育人才培养模式在经历过近30年的探索、改革、发展、完善之后,形成了"订单式"人才培养模式、"产教学一体化"人才培养模式、具有中国特色的"现代学徒制"人才培养模式等多种人才培养模式并存共荣、多元发展的格局。

(二)对外交流借鉴

从20世纪80年代初期开始,我国在不同层面上学习借鉴德国、英国、澳大利亚等国的职业教育经验,在师资培训交流、职业资格合作、教育模式引进、合作办学、科研合作等方面改革传统职业教育人才培养模式,促进高职教育发展。[1]

1. 师资培训合作

自20世纪80年代以来,我国各级政府、职业院校积极同德国、英国等国家或行业学会开展职业教育师资培训,比较大型的项目有1997年启动的"上海同济大学职教师资培养项目"、1998年"中德政府职业学校校长培训与进修项目"、2004年"中德职教师资进修项目(P300项目)"、2006年"中国高等职业教育联合革新计划——高职教师教育与培训项目"、2013年"中英职业院校影子校长培训项目"、2013年"德国GIZ专业教学法培训项目"等,有力提升了职业教育师资水平。

---

[1] 黄尧. 职业教育学[M]. 北京:高等教育出版社,2009.

2．职业资格认证合作

积极引入国外职业资格认证体系，颁发两国互认的职业资格证书，比较典型的有：1994年，原国家劳动和社会保障部职业技能鉴定"中英职业资格证书合作项目"，引进英国NVQ文秘和行政管理人员的标准体系和考评技术；1999年，与德国开展"中德职业资格证书合作项目"；2005年，与英国苏格兰资格监管局开展职业资格证书合作项目——SQA-HND项目。职业资格证书与项目的国际合作，有力地促进了我国职业教育人才培养及其认证同国际的接轨。

3．职业教育模式引进

引进国外先进的职业教育办学模式和课程模式是我国对外交流借鉴的一种重要方式，如20世纪80年代引进了德国"双元制"、21世纪初引进了澳大利亚"TAFE模式"，极大地更新了我国的职业教育理念，"能力本位""学生中心""工作导向"等一些先进的职业教育理念深入人心。在职业教育模式引进方面比较典型的项目有：1988年，原国家教委在东北和华东地区6座城市引进德国"双元制"模式的试点项目；1991年，中加高中后职业技术教育合作项目（CCCLP项目）；2002年，中澳（重庆）职业教育与培训项目。

4．职业教育办学合作

中外职业教育合作办学肇始于1983年由原教育部牵头，南京市教育局与德国汉斯·赛德尔基金会合作建立的南京建筑职业技术教育中心，这是中德的第一个职业教育合作项目,由此拉开了中德职业教育合作的序幕。此后，中德于1985年在上海合作建立了上海电子工业学校；1988年，原国家教委在苏州、无锡、常州、沈阳、沙市、芜湖6座城市更大规模地开展了具有实验性质的"双元制"试点工作，办学经费、设备设施由德方全套提供，办学模式上基本照搬德国的"双元制"。20世纪90年代以后，中外合作办学呈现出多元化发展趋势，开启了诸如投资式、证书式、课程式等的办学合作。

5．职业教育科研合作

20世纪90年代，我国成立了国家教委职教研究中心、上海职教研究所和辽宁职教研究所，全面开展职业教育研究和职业教育科研合作，迄今为止这三个研究中心（所）仍然是我国影响力最大的职业教育研究机构。除此之外，我国还通过职业教育国际研究会议等形式，加强科研方面的合作与交流，如2001年在北京举行的"2001年职业教育国际周"、2006年北京职业教育国际研讨会、2012年都江堰国际论坛等高规格的职业教育研讨会。通过科研会议及相关合作，增进了我国与世界各国在职业教育方面的研究与实践经验交流，有力提升了我国职业教育人才培养质量。

三、高职教育典型人才培养模式

在借鉴国外先进职业教育经验的基础上，我国立足本土，不断丰富完善政策，推动职业教育快速发展。在纵向架构上，构建现代职教体系，架构中职、高职、职教本科、职教研究生，实现中职高职衔接、职业教育与普通教育相互沟通、产教深度融合，打通"职教天花板"。在高职教育阶段主要架构中高职立交桥，同时鼓励倡导有条件的一般本科实施应用型转型。在横向架构上，倡导学历教育和非学历教育并重，职业教育和职业培训并举。在具体实践中则借鉴德国、荷兰、英国、澳大利亚、美国等发达国家的职业教育经验，积极推行工学结合、校企合作，形成了"订单式"人才培养模式、"2+1"人才培养模式、"产学研一体"人才培养模式等众多具有代表性的高职教育人才培养模式。

（一）"订单式"人才培养模式

1. 内　涵

"订单式"人才培养模式是建立在校企双方相互信任、紧密合作基础上，以企业用人协议（订单）为依据，根据企业的用人要求组织人才培养工作，实施产销链接、对口培养，调动校、企、生的积极性，实现三方共赢的一种具有明显特色的人才培养模式。

2. 前提条件

一是要有合作的企业，企业要有明确的工作岗位，而且岗位数量较多，这是校企合作的基本条件。二是企业的经济效益良好、发展前景广阔是校企合作的坚实基础，企业好，学生才会踊跃报名。三是学生的培养质量、上岗水平素质的高低决定了校企合作的长期性和稳定性。四是只有企业的品牌度和学校的美誉度达到一致，才能真正实现职业教育的根本目的——人才培养。①

3．主要特征

一是校企共同培养人才。职业院校注重把握社会发展趋势、行业发展动态和市场需求变化，瞄准行业或领域，面向社会、面向市场；企业参与教学计划的制订和教学全过程，将订单内容具体化，校企双方共同实施学生的仿真实训、顶岗实习等。

二是体系双向对接。职业院校与企业实现对接，专业与产业、职业岗位对接，专业课程内容与职业标准对接，教学过程与生产过程对接，学历证书与职业资格证书对接，企业用人需要的素质与企业的文化环境对接。

三是严格执行协议。职业院校、企业、学生签订协议之后，严格执行协议，这是"订单式"人才培养模式得以存在的基本保障。

（二）"2+1"人才培养模式

1．内　涵

所谓"2+1"人才培养模式，就是将3年的高职教育分为"2"和"1"两个阶段，前两年由学校组织教学，后一年在企业实践。其中，"2"以理论教学为主，辅以实习实训；"1"以顶岗实习为主，辅以专业学习，同时学生在学校教师、企业指导教师的共同指导下完成毕业设计。

2．目　标

"2+1"人才培养模式的目标有六个，具体包括：一是根据社会对人才的需求和要求，优化人才培养方案；二是针对教学内容、方法、手段、组织形式以及考试等进行深化改革，有效提升教学效率和实际效果；三是积极整合校企资源，实现教学资源的优化配置，提升资源利用效率，使得社会投资能够得到效益回报；四是主动适应社会人才发展需求，大力培养

---

① 曹斌，姚莹，李志方．校企合作订单式人才培养模式的探索和实践[J]．黑龙江畜牧兽医（科技版），2010（11）．

个性化、复合型人才，使其具备良好的创新能力；五是大力培养适合高职教育的"双师"型教师人才队伍；六是构建校企合作的长效机制。

3．主要特征

一是校企共享资源、优势互补。职业院校可解决实践教学不足的问题，使学生通过真实、对口的技能训练提高实操能力，有效保证人才培养质量；企业则可获得较为充足的顶岗实习学生，解决人力不足的问题，降低生产成本和人才培养成本。

二是师资队伍水平得到提升。职业院校教师不仅要在"2"的时段内加强课程建设和教学实践，而且还要在"1"的环节中通过下企业等形式，直接接触新技术和新工艺，提升自己的动手实践能力和实际操作能力，使自己能够胜任学校和企业"两个课堂"。同时，企业的专家、高级技师、一流工人在"2"的环节里担任兼职教师，在"1"的环节里既当师傅又当教师，师资队伍实力大大提升。

三是促进专业建设。职业院校中"2"的专业建设与课程设计，必须与企业一致，学生在顶岗实习时才能将"2"和"1"完美结合起来，这就要求校企双方必须成立专业指导委员会，共同研讨和制订人才培养方案，以此指导学校专业建设、教育整改等工作。

（三）"产学研一体"人才培养模式

1．内　涵

"产学研一体"人才培养模式是在校企合作开发、研究实际技术问题的基础上，以学生的专业素质、实操能力为主，理论教学和实践教学相结合的一种高职人才培养模式。在这种模式中，理论教学以学校为主，实践教学以企业为主。

2．前提条件

一是校企配合，教学、科研、生产有机结合。企业需要科学技术并借此开拓市场，职业院校则提供科学知识和技术指导。只有校企双赢，产学研合作才有存在的价值。二是人才培养方案要结合学校和企业实际。职业院校要鼓励教师深入企业一线，切实解决教师在产学研一体中遇到的困难，同时聘请具有丰富经验的兼职教师，以保证人才培养的针对性。

3. 主要特征

一是校企联合，优势互补。职业院校利用企业优势建立校办工厂，建设学生校外实习基地；合作企业为学生提供实习场所，获得科技服务；学生提前到用人单位进行毕业设计和实践训练。

二是专业建设与市场完全吻合。市场需要什么，学校就培养什么，职业院校在专业设置、教学体系、课程内容等方面，完全与市场对接，学生则获得与市场需求高度一致的技能和素质。

三是促进科技成果转化。职业院校可针对企业技术改造、科技开发的实际需求，凭借人才与智力优势参与企业科研，将职业院校智力因素与企业生产紧密结合，提高企业经济增长率。①

第三节　高职教育技术技能人才培养的主要成就

高职教育以培养生产、建设、管理、服务第一线的高素质技能型专门人才为根本任务，成为培养高技能人才的主要基础力量，在建设人力资源强国和高等教育强国的伟大进程中发挥着不可替代的作用。②

一、主要成就

30余年来，我国高职教育得到迅速发展，在人才培养、教学改革、服务贡献、政策保障等方面取得了骄人的成就。

（一）培养了数以千万计的高素质技能型专门人才

高职教育坚持贴近地方产业，积极主动地与行业、企业合作，努力为经济社会发展服务，30余年来培养了近5000万高素质技能型专门人才，为我国加快工业化进程提供了重要的人力资源，为我国走新型工业化道路，为加快发展先进制造业、现代服务业和现代农业，促进国民经济和社会发展做出了重要贡献。

---

① 刘福军，成文章. 高等职业教育人才培养模式[M]. 北京：科学出版社，2007.
② 国家高等职业教育发展规划（2011—2015）（征求意见稿），2010年9月13日.

（二）满足了人民群众接受高等教育的强烈需求

自 1999 年中共中央、国务院提出大力发展高职教育以来，高职教育得以迅猛发展。据《2015 年全国教育事业发展统计公报》统计，截至 2015 年 12 月，全国共有普通高等学校和成人高等学校 2852 所，各类高等教育在学总规模达到 3647 万人，高等教育毛入学率达到 40.0%，其中高职院校 1341 所、全日制在校生突破 1000 万人；普通高等学校校均规模 10 197 人，其中本科学校 14 444 人、高职院校 6336 人。高职教育无论在办学规模，还是在在校生数等方面，都已经占据高等教育的"半壁江山"，这对我国进一步深化高等教育大众化、迈向高等教育普及化、促进高等学校入学机会公平、满足人民大众接受高等教育的诉求发挥了重要作用。

（三）提升了主动服务经济社会发展的能力

我国高职教育是在"政府顶层设计"和"摸着石头过河"的双重道路中不断探索、改革而发展起来的。20 世纪 90 年代末至 21 世纪初，随着试点规模的逐步扩大和深入发展，高职教育改革和发展的思路日益清晰。在总结 20 世纪 90 年代发展经验的基础上，教育部于 2000 年确立了"以教育思想、观念改革为先导，以教学改革为核心，以教学基本建设为重点，注重提高质量，努力办出特色"的高职教育办学基本思路。2003 年，教育部提出，坚持"以服务为宗旨、以就业为导向"的高职教育办学方针，积极推动高职教育从计划培养向市场驱动转变，从政府直接管理向宏观引导转变，从传统的升学导向向就业导向转变，促进高职教育教学与生产实践、技术推广、社会服务紧密结合，推动高职院校更好地面向社会、面向市场办学。2006 年，在规模取得大发展的基础上，教育部提出"全面提高高等职业教育教学质量"的要求。之后，国家和各地积极开展"校企合作，工学结合"人才培养模式的探索，高职教育教学改革取得新进展。据 2014 年数据统计，高职院校撤销不合时宜的专业共 5269 个，新增瞄准新产业和新业态的专业共 3265 个[①]；开展国际合作与交流的高职院校共 194 所，中外合作项目多达 438 项，制定国际化专业教学标准 50 余个。[②] 同时，越来

---

① 数据来源：高等职业学校专业设置备案结果。http://www.zyyxzy.cn/index.shtml。
② 数据来源：教育部中外合作办学监督工作平台。http://www.crs.jsj.edu.cn/index.php/default/index/sort/1008。

越重视文化育人,积极探索促进职业技能与职业精神融合的有效途径,特别是近年来国家全面进行教育综合改革,大力发展现代职业教育,积极构建现代职业教育体系,提升职业院校现代治理能力,极大增强了广大高职院校主动服务经济社会发展的意识和能力。

(四)推动了高职教育的可持续发展

进入21世纪,我国高职教育可持续发展的能力逐步增强,并基本形成了良性循环机制。经济的健康快速发展对高技能人才产生极大需求,为高职教育的进一步发展注入了持久动力。据中国经济与社会发展统计数据库的统计显示,自2000年至2015年,我国GDP增长率依次为8.0%、7.5%、8.3%、9.5%、10.1%、10.4%(2000—2005),11.6%、13.0%、9.6%、8.7%、10.3%(2006—2010),9.2%、7.8%、7.7%、7.4%、6.9%(2011—2015),年均9.1%,即便是GDP增长率较低的2011年至2015年,年均GDP增长率也为7.8%。强劲的经济发展,需要大量的技术技能人才支撑。高职教育主动适应经济社会发展,积极培养适应生产、管理、服务第一线的高端技术技能人才,同产业发展、社会进步保持一致,良性互动,共发展同进步。同时,国家和政府对高职教育的重视程度越来越高,高职教育的发展环境大大改善,社会认可度也在不断提高。

二、基本经验

总结我国高职教育技术技能人才培养30余年的改革与发展实践,可以发现有许多值得承继的有益经验。

(一)坚持"服务宗旨、就业导向、产学研结合"的办学方针

高职教育之所以取得突破性成绩,正是因为其主动适应了经济建设和社会发展的客观需求,坚持了"以服务为宗旨,以就业为导向,走产学研结合发展道路"的办学方针,这已成为高职教育技术技能人才培养的共识,成为高职教育持续健康发展的重要经验。

(二)坚持科学定位,培养具有适应性的高素质技能型专门人才

我国现阶段的经济社会发展水平与工业化进程,要求高职教育必须将培养目标定位为专科层次的高素质技能型专门人才。高职院校只有坚持科学定位,明晰人才培养规格,深化教育教学改革,提高人才培养质量,增强社会服务能力,才能充满生机活力,切实为产业发展培养适应生产、建设、管理、服务第一线的高素质技能型专门人才。

(三)坚持政府主导,积极推进人才培养模式改革

我国职业教育发展历史证明,政府的主导作用是职业教育有序举办、长远发展的最大推动力,其舆论引导、立法干预、政策支持、经费投入、统筹规划、宏观管理、综合协调、信息服务、监督评估等职能的充分发挥无不推动着职业教育持续前行。例如,2006年,教育部发布《关于全面提高高职教育教学质量的若干意见》,实施国家示范性高等职业院校建设计划,辅之以人才培养工作评估、国家精品课程、国家级教学团队、国家级教学名师、高等教育国家级教学成果奖评审等配套政策措施,全面推进校企合作、工学结合的人才培养模式改革,有效提升了高等职业院校办学水平,提高了人才培养质量。[①]

第四节 高职教育人才培养模式存在的主要问题

我国高职教育虽然取得了巨大成就,但相较于我国社会主义事业综合改革、经济社会发展而言,还存在较大差距,具体体现在与产业发展融合共行的人才培养模式尚未完善,人才培养质量尚不稳定。

一、高职教育人才培养质量要求

质量是一个综合的概念。美国著名的质量管理专家朱兰(J. M. Juran)博士认为,所谓"质量",就是产品在使用时成功地满足用户需要的程度,即产品的适用性。这一定义有两方面的含义,即使用要求和满足程度。它并不要求技术特性越高越好,而是追求诸如性能、成本、数量、交货期、服务

---

① 国家高等职业教育发展规划(2011—2015)(征求意见稿),2010年9月13日。

等因素的最佳组合,即所谓的最适当。在这个定义的基础上,"高职教育人才培养质量",就是从受教育者的角度出发,按照高职教育自身的规律给予受教育者一定的影响,从而达到满足其需求的程度。《国家中长期教育改革和发展规划纲要(2010—2020)》要求"树立科学的教育质量观,把促进人的全面发展和适应社会需要作为衡量教育质量的根本标准"。由此,高职教育应把人的全面发展和适应社会需要作为人才培养质量价值判断的依据。

其一,人的全面发展。人的全面发展,即人的素质全面提高和个性的自由发展。马克思关于"人的全面发展"的观点认为,教育是培养人的活动,教育目的要考虑人的身心发展的各个要素,给予个体自由地充分发展,并予以高度重视;培养全面发展的人,必须给予其全面发展的教育。促进人的全面发展,是高职教育的出发点和落脚点,也是衡量高职教育质量的基本标准,高职教育要注重全面提高受教育者的素质,使受教育者的身体素质、心理素质、思想素质、道德素质、科学文化素质等获得全面、协调发展。同时,高职教育要尊重与培养受教育者的个性,使其个人主体性水平全面提高,个人独特性得到增加与丰富,创新精神与创新能力得到增强。

其二,适应社会需要。教育部《关于推进高等职业教育改革创新引领职业教育科学发展的若干意见》指出,"高等职业教育必须准确把握定位和发展方向,自觉承担起服务经济发展方式转变和现代产业体系建设的时代责任,主动适应区域经济社会发展需要。"对社会需要的适应性和回应性,是高职教育的最突出特征,高职教育要注重根据区域经济社会发展需要,尤其是劳动力市场的需要,适时地作出调整,制定相关人才培养质量评价标准,以培养能胜任生产、建设、管理、服务第一线工作的技术技能应用型人才,满足区域发展的需要。

概言之,高职教育所培养的人才要具有高级、职业、专业的特征,具有多种适应素质,并且在知识结构、能力结构、素质结构上要能够实现社会性、生产性、职业性的统一。

(一)知识结构要求

知识结构,是指一个人为了某种目的的需要,按一定的组合方式和比例关系所建构的,由各类知识所组成的,具有开放、动态、通用和多层次特点的知识构架。高职教育所培养的人才在知识结构上要满足三点:

第一,掌握工具性知识。它主要是指适应岗位要求所必需的前提性知识,包括高职教育的基础性知识、语数英等通识知识,这是求知谋生的文化基础,也是终身学习、创业立业的基础条件。

第二,掌握专业性知识。以数控专业为例,基础层次主要表现为高职学生最应掌握的车、电、钳等方面的基础知识;较高层次主要表现为掌握就业所需要的机械设计、制造工艺、数控系统等方面的技术知识;最高层次主要表现为掌握创业所需要的机电一体化控制、机械 CAD/CAM 等高新技术知识和复合知识组成的复合交叉知识。

第三,掌握相关性知识。它主要表现为适应岗位需求、产业结构调整、科技创新以及转职转岗需要等方面的相关专业知识和行业、产业知识。

(二)能力结构要求

能力结构,指一个人所具备的能力类型及各种能力的有机组合。高职教育所培养的人才在能力结构上要满足四点:

第一,掌握专业胜任能力。专业胜任能力指的是员工为完成某类部门职责或岗位职责所应具有的综合素质,高职教育要依据受教育者所对应的岗位群或职业群开展教育,使受教育者具备从事特定领域工作或处理好特定行业事项的能力。

第二,掌握方法能力。一是形成学习能力,为了使劳动者适应组织结构的变革、技术创新和工作过程的持续变化的要求,劳动者必须具备学习能力;二是形成问题解决能力,高职教育要注重强调培养学习者利用认知过程解决现实中跨学科性质问题的能力。

第三,掌握社会能力。一是社会交流能力,人们普遍认同交流能力是当今社会劳动者最重要的能力之一,人们需具备运用现代语言和信息技术进行交流的能力,包括与谁交流、为什么交流、交流的方式、交流的手段等方面内容。二是社会活动能力,社会活动能力是与其他人进行交往和一起工作的能力,是显示团体取向行为和移情行为的能力,包括规划、组织和协调活动的能力,为开展活动收集相关信息的能力,与同事合作的能力,灵活处理事务的能力,自我约束的能力,对结果进行评价的能力,以及形成和使用反馈信息的能力等。

第四,掌握个性能力。个性能力是个体在竞争中处于优势地位的强项,是其他对手很难达到或者无法具备的一种能力,主要包括管理事务的能力、质量控制的能力、教授培训的能力、经营决策的能力、战术战略决策的能力、管理创新的能力、文化创新的能力等。

(三)素质结构要求

这里的素质结构主要是指人格素质。人格素质以完善人格、提高素质水准、促进人的自我实现为目标,以思想、品德、情操等为基本框架。高职教育所培养的人才在素质结构上要满足三点:

第一,基本素质要求。高职教育要注重培养受教育者作为一个"社会人"所应具备的职业、敬业、专业,自立、自主、自强,合群、合作、合规等基本素质。

第二,个体素质要求。个体素质是人的一切行为的原动力,学习者接受什么样的教育、选择什么样的道路,总是和个体的素质紧密相连。高职教育要尊重学生的选择、尊重学生的个性。

第三,核心职业素质要求。高职教育要注重培养学习者的诸如职业道德情操、专业技术技能、团队协作能力等核心职业素质,让学习者能够获得持续的职业生涯发展。

二、高职教育人才培养面临的问题

对比高职教育人才培养质量要求,结合我国高职教育人才培养现状,我国高职教育人才培养在对接产业需求、人文关怀、师资力量、质量评价等方面还存在着一定的问题。

(一)对接产业需求程度不够

只有主动适应地方社会经济发展和社会就业需要,适应社会职业岗位变化需要,高职教育才具有持久的生命力,培养目标才具有现实依据。高职教育对接产业发展,适应区域经济发展是一个重要课题。

一是专业随产业需求动态调整能力不足,结构不能及时调整。一方面,随着产业转型升级和职教改革发展不断深入,高职院校原有专业结构呈现出不相适应的局面;另一方面,高职院校原有专业数目庞大,而专业结构调整涉及教学资源的重组与优化配置、教师分流等方面的因素，以致专业结构调整面临较大困难。这样，产业发展新形势要求高职院校更新专业设置，而高职院校面对产业发展新形势又不能及时开设新专业、及时撤销或合并老专业，专业建设举步维艰，难以满足区域经济发展需求。

二是行业、企业的课程体系建设参与度不高。目前，高职教育课程体系建设仍然是一种行政力量主导、学术力量操刀的行为，行业、企业参与度不高。然而，就高职教育的职业属性和社会属性来讲，其课程体系建设必定要对接企业的岗位任职能力来进行，高职院校必须要与行业、企业一起成立课程开发团队，共同研究制订课程建设方案、确定课程标准与内容。

（二）课程与教学人文关怀欠缺

高职教育的人才培养模式与学生的个性发展存在着内在矛盾，这种矛盾体现在社会对人才要求的"外适"质量同人性自我呵护与发展的"内适"质量之间的冲突。

一是课程重知识、轻能力。我国的高职教育还一定程度地存在着片面强调专业知识、专门技能的训练，而忽视综合素质培养的问题。课程计划的制订、实施和评价还主要以政府、学校为主，对学生及其他人士主体性的关注不足，由此造成所培养的人才存在底蕴不厚、动力不足、后劲不大、个性不强的缺陷。

二是教学重教师、轻学生。教学中主要采取以教师为中心的教学组织形式，未能充分调动学生的积极性和主动性，未能围绕学生综合能力的培养和发展设计教学环境和方法。在学习利益的问题上给予学生充分的参与权，以避免人才培养模式排斥个性发展的负面功效是构建高等职业教育人才培养模式的一个值得研究解决的问题。[1]

（三）师资力量仍然薄弱

一是师资短缺，专业专任教师尤甚。如轨道交通专业、土木工程专业，公开招聘招考仍然难以招到足量的优秀教师，在企业亦难以聘请到优秀人员到校担任兼职教师，而且在职教师辞职现象严重，造成教师严重短缺。

---

[1] 梁金印.对人才培养模式构建的几点思考[J].北京机械工程学院学报，2002（1）.

二是师资结构不尽合理。师资队伍整体学历层次不高,硕士以上学历专业教师较少,教授职称人员数量更是稀少,专业带头人、骨干教师以及在行业有影响力教师严重缺乏。

三是培训渠道不畅通。高职院校教师接受培训的条件、时间和经费来源等没有明确、健全的制度规范。同时,很多高职院校教师的教学任务重,参加培训的时间少,且教师参加培训之后还得补回未上的课,教师苦不堪言,培训积极性自然不高。另外,政府对高职院校的经费投入相对于普通高校来说数量较少,我国的大多数高职院校面临着经费短缺的问题,教师参加培训的经费难以得到落实。[①]

(四)质量评价有待完善

高职教育人才培养要坚持规范性和特色的有机统一,而我国高职教育尚缺乏严格而科学的法律规范与保障,同时人才培养质量评估在特色质量方面未能得到充分体现。现行高职教育人才培养水平评估一般都是同行互评以及教育界相关人士的检查评估,缺乏行业、部门人员的深度参与,参与主体单一、评价内容片面、评价方式刻板。这样的评估机制往往形成以下弊端:偏重理论教学监控和评价,忽视实践教学;注重教师教学水平监控和评价,忽视教师的综合素质和能力;重视学生考试成绩的监控和评价,忽视学生学习过程和能力素质培养;重视教学秩序的监控,忽视教学内容的研究和教学与社会的紧密联系;监控和评价主体一般是各级教育部门的领导者,忽视吸引行业与社会的参与;监控和评价手段已不适应国际竞争的需要。[②]

---

① 陈云霞.高等职业教育人才培养模式研究[D].兰州:兰州大学,2010.
② 张亚杭,等.二十一世纪高职教育人才培养模式及教学改革研究[J].机械职业教育,2004年增刊.

第三章
高职教育技术技能人才培养质量提升路径探索

随着产业转型升级的深化、产业结构的调整、产业组织形式的优化，产业链及其小区域产业集群形式已经成为我国产业发展的主要形式，并且对技术技能人才的能力和素质提出了更高、更全面的要求；而我国当前的高职教育尽管取得了一定的骄人成绩，但是面对产业发展还存在后劲不足的问题，集中表现在所培养的技术技能人才适应性、可用性不强。应对这一现实困境，本章立足我国产业发展及其对技术技能人才的需求和高职教育人才培养的优势与不足，积极学习、研究国际高职教育人才培养的先进经验和有益元素，基于同质性判断进行有鉴别的吸收与借鉴，结合我国的现实情况提出"基于产业链的集群式人才培养模式"，以期对解决高职教育人才培养的质量问题有所助益。

第一节 国际高职教育人才培养的先进经验及启示

国外职业教育发端较早，以德国、荷兰、瑞士、英国、美国等为代表的西方国家，从二十世纪六七十年代就已经形成了较为成熟的职业教育体系，并不断根据社会经济和产业发展进行适应性的改革与调整，在技术技能人才培养方面成就显著，成为国际上职业教育学习和研究的典范；在亚洲范围内，日本、新加坡、印度等国家的职业教育也令人瞩目。本节聚焦应用型技术技能人才培养，撷取国外几种具有代表性的高职教育人才培养实践，加以分析论述，以期有所借鉴。

一、德国高职教育人才培养的先进经验

在德国，高等职业教育的实施机构主要包括高等专科学校和职业学院两类。

高等专科学校源自第二次世界大战前的工程学校，以培养工程技术人才为旨归。1968年，德国颁布《联邦德国各州统一专科学校的规定》，明确各州在工程学校的基础上，与其他提供经济管理、社会管理、设计和农业等专业教育的高等职业学校合并，建立高等专科学校[①]；从国家法律的高度确立了高等专科学校的定位，其目标是"培养具有很强专业性、侧重实际应用的高级技艺型人才，即大中型企业的高层或小型企业的管理者或技术骨干"。[②] 随着经济社会的发展，高等专科学校的办学水平和人才培养出现了新的发展与变化，从其名称的转变可略见一斑，如有的学校把高等专科学校改为技术学院或大学，还有的学校将其改为应用科技大学。[③] 笔者将对"应用科技大学"的高级应用型技术技能人才培养做细致分析。

职业学院始于20世纪70年代，当时部分企业和经济界人士越来越意识到除了工程师之外，行业、企业还需要应用型的高级管理、技术和服务人才，而现有的高等专科学校毕业生并不能填补这一"缺口"，于是部分行业、企业界人士与地方政府商榷，创建了校企联合办学的职业学院，培养社会、企业或技术领域所需的高素质应用型专门人才，开创了高职教育校企双元办学的先河。作为一种新型的高职教育办学模式，职业学院提供职业能力本位的教育与培训，获得了较大发展，逐步成为德国职业教育的主路径，据德国《2014年职业教育与培训报告》显示，从2005年到2012年间，进入职业学院就学的学生均超过500 000人，2007年接近600 000人，且学生人数连续八年均超过在普通高等学校就读的学生人数[④]，为德国的经济社会和产业发展注入了大量的人力资源，成为德国经济腾飞的"秘密武器"。

（一）专业设置

德国高职教育以"围绕职业设置专业"为总思路。2010年，德国更新

---

① 于富增. 国际高等教育发展与改革比较[M]. 北京：北京大学出版社，1999.
② 王建初，刘铭东. 德国高等职业技术教育的师资队伍建设[J]. 比较教育研究，2005（9）.
③ 王建初，刘铭东. 德国高等职业技术教育的师资队伍建设[J]. 比较教育研究，2005（9）.
④ Federal Ministry of Education and Research. Report on Vocational Education and Training 2014[R]. Federal Ministry of Education and Research，2014.

了职业分类，形成了包括 10 个职业领域、37 个主要职业群组、144 个职业组、700 个职业亚组和 1286 个职业类型的职业类别。①应用科技大学和职业学院基于外界需求、结合自身办学特色有针对性地开设了不同类别的专业。应用科技大学的专业设置强调就业性，主要集中在应用性比较强、比较容易就业的学科或职业领域，例如，工程科学、经济学/经济法、行政管理和法律保护、计算机科学、塑造/设计、信息通信、健康/护理、社会福利与社会教育等；职业学院的专业设置则主要集中在经济类、技术类和社会科学类三大类。②

整体来看，德国高职教育专业设置呈现出以下特征：

（1）以培训职业为规范。德国高职教育的专业设置以《职业培训法》《工业条例》等的相关规定为基本指导，结合联邦职业教育研究所与行业协会以及工会的教育专家制定并实时随经济市场变动而修改的职业教育专业目录③，科学开设专业，不仅确保了毕业生的质量，使得毕业生所取得的职业资格在全国具有规范性和通用性，还有利于推动全国性劳动力市场的良性运行。

（2）以办学实体自身的客观条件为依据。德国高职教育办学机构在设置专业的过程中，除了以培训职业为基准外，还要考虑自身的办学条件、办学特色及培育手段，包括服务对象、师资力量、教学设施设备、教学材料、校企合作能力等。

（3）以市场需求为导向。高职教育具有培养高级应用型技术技能人才的特殊性，与经济和社会发展联系密切，因此德国高职教育办学机构注重根据市场需求有针对性地开设专业，包括动态更新、改造、废除旧专业，适时开发符合市场需求、具有就业潜力的新专业。

（4）以区域产业发展为基础。德国高职教育的专业不仅紧紧围绕市场需求来设置，也特别强调立足当地，以满足本区域社会经济和产业发展为要求，着力培养耦合地方行业、企业实际需求的高级应用型技术技能人才。

---

① 黄藤. 国外高层次应用技术型人才培养模式研究[M]. 上海：华东师范大学出版社，2015.
② 黄藤. 国外高层次应用技术型人才培养模式研究[M]. 上海：华东师范大学出版社，2015.
③ 李海宗，陈磊. 德国职业教育衔接模式对我国的启示[J]. 中国高教研究，2012（9）.

例如，依据萨克森州多森林、多河流、地势平坦的特点，希尔发斯海姆高等专科学校设置了森林保护系、苏德堡高等专科学校设置了水利系。

（5）以校企合作为理念。德国高职教育的培养目标十分明晰，即培养高素质应用型技术技能人才，尤其是职业学院。为了实现人才培养目标，学校的专业建设邀请行业、企业相关人员直接参与，并成立各专业的专业委员会，协同规划、制订、修订、考核本专业教学计划、课程安排、实习实训等，毕业生学以致用的能力较强，可即时上岗。

（二）课程模式

关于课程模式，《教育大辞典》将其理解为课程类型，称"课程类型"（curriculum types or categories），亦称"课程模式"（curriculum models）。① 廖哲勋教授则提出，课程模式是按照一定课程设计理论和一定学校的性质任务建立的、具有基本课程机构和特定育人功能的、用在特定条件下课程设置转换的组织形式。②

高职教育课程模式亦遵循课程模式的一般定义，只是由于教育类型的特殊性有其独特的课程模式类型。从国际上来看，根据各国高职教育人才培养定位、课程设置关注焦点，呈现出了诸如"CBE"课程模式、"双元制"课程模式、"培训包"课程模式等典型课程模式。德国，作为高职教育发端较早、发展较成熟的国家之一，形成了独具特色的高职教育课程模式。

1．应用科技大学的课程模式

应用科技大学的课程体系强调能力本位，课程分为基础课程、专业课程和专长课程。基础课程各专业开设相同的理论课，如数学、物理学；专业课程根据不同的专业各有侧重；专长课程是在各专业的基础上加深专业的专门化课程。一般而言，基础课程和专业课程各占30%，至少有两个完整学期的企业实习。③ 从应用科技大学的课程设置来看，它呈现出"基础性"和"应用性"并重的特征，强调"实用"的同时并不削弱对学生基本知识、理论和技能的培养，使得学生不仅具有一技之长，而且还

---

① 顾明远．教育大词典（第一卷）[M]．上海：上海教育出版社，1990．
② 廖哲勋．论中小学课程结构的改革[J]．教育研究，1999（7）．
③ 黄藤．国外高层次应用技术型人才培养模式研究[M]．上海：华东师范大学出版社，2015．

具备职业发展所需的基础能力与素质,在职业生涯中具有较强的适应性和可变性。

2. 职业学院的课程模式

职业学院采取"双元制"课程模式,该种课程模式具有"课程开发主体多元""课程内容理实兼蓄""课程实施双元"的特征。由于其在德国职业教育人才培养中成效显著,部分应用科技大学也在采用这一课程模式。

课程开发上,由有关政府教育部门、职业领域相关专业人士、职业学院教师等多方协同参与完成。"双元制"课程模式的课程标准由培训条例和教学计划两部分组成,其制订由联邦职业教育研究所安排并与有关部门协调进行。联邦职业教育研究所的最高决策机构是一个由雇主集团、雇主工会、各州政府、联邦政府四方面代表组成的领导委员会,"双元制"的课程标准必须经过该委员会表决后才能公布实施。领导委员会下另设一个联邦和州协调委员会作为常务机构,专门负责协调职业培训条例与各州职业学院教学计划之间可能出现的矛盾。①

课程内容包括理论课程和实践课程两大类。理论课程的设计以职业活动为中心选择课程内容,并确定了以职业活动为核心的阶梯式课程结构;纵向上,又将课程分为基础培训、专业培训和专长培训三个层次,阶梯式上升。实践课程的设计更加强调以职业活动为中心,其选择与编排更加注重直接性的职业经验,旨在通过培训拓宽学生的知识、提高学生的技能,使学生具备较强的社会适应性和市场竞争力。②

课程实施上,校企双方合作开展。职业学院按照各州总体教学计划实施理论课程的教学,企业按照联邦培训规章在企业中实施实践课程的培训,双方通过教育文化部和自主的形式加以协调。③ 具体来讲,职业学院的学习分为基础学习阶段(前4个学期)和提高阶段(后两个学期)两个阶段④,学生在企业和学校交替学习,并以企业实训为主、学校教育为辅,企业内的学习场所包括工作岗位、实训车间、内设课堂等,特别注重理论与实践相结合、学以致用、学有所用。

---

① 王英. 中德高等职业教育发展:比较与借鉴[D]. 武汉:武汉理工大学,2008.
② 刘福军,成文章. 高等职业教育人才培养模式[M]. 北京:科学出版社,2007.
③ 李晓军. 德国双元制课程特点及启示[J]. 上海机电学院学报,2005(1).
④ 翟轰. 高等职业技术教育概述[M]. 西安:西安电子科技大学出版社,2002.

（三）师资队伍

德国高职教育之所以能够享誉全球，与其优质的师资队伍密不可分。整体观之，德国高职教育师资队伍具有准入标准高、组成结构多元、能力素质综合等特点。各类高职教育办学机构由于其角色定位和人才培养的特殊性，师资队伍在共性的基础上又展现出独特的个性，如"双元制"职业教育要求教师不仅具有学历资格，在相关职业领域具有工匠达人或技艺大师级的丰富经验，还要接受强制性的持续在职培训。①

1. 应用科技大学的师资队伍

应用科技大学的教师由全职教授（根据1976年《高等学校总法》的规定，高等学校教师统一称为教授，分为C2、C3、C4三个等级，此外还有教学专业人员和兼职教师）和校外特聘讲师组成。聘任教授的一个先决条件是受聘者必须在科学知识和方法的应用或开发方面具有至少5年的实践工作经验，而且其中至少有3年是在高校以外的领域工作。教授每四年有一个"研究学期"，到对口企业从事调查研究，了解生产一线的最新发展趋势，更新专业知识。特聘讲师来自校外的企业或其他社会机构、综合性大学，将实践中的知识、技术和问题带入学校教学。②

2. 职业学院的师资队伍③

职业学院的教师由教授、其他教学专业人士及兼职教师构成。教授是核心力量，所占比例最高；受聘者要具备较高的学术能力，原则上要获得博士学位，至少有5年的实践工作经历，且有3年以上时间在企业界或社会中担当过领导工作，具备教育教学能力，有教学或培训经历。其他教学专业人士包括少量实验管理人员、讲师等，来自高等专科学校、大学及企业界，聘用资格同教授一致。兼职教师主要来源于企业界或其他高校，数量多于专职教师，部分职业学院的兼职教师达到60%，甚至是80%。职业学院的教师必须参加专业发展活动，如培训、学术进修、职业实践、参

---

① HOECKEL K，SCHWARTZ R. Learning for Jobs-OECD Reviews of Vocational Education and Training：Germany[R]. OECD，2010.
② 黄藤. 国外高层次应用技术型人才培养模式研究[M]. 上海：华东师范大学出版社，2015.
③ 王建初，刘铭东. 德国高等职业技术教育的师资队伍建设[J]. 比较教育研究，2005（9）.

加会议、发表论文等,部分职业学院还设立了自己的教师进修机构,向校内教师提供进修课程。

(四)产学合作

产学合作,尤其是产学合作机制,是德国高职教育的一大亮点,对其进行深度挖掘并反思借鉴对于破解高职教育走产学合作办学道路面临的难题和困境具有重要意义。

1.产学合作概况

德国高职教育的产学合作集中体现为学校作为一元、企业作为另一元的"双元制"模式。所谓"双元制",就是校企双元互补,学生以学徒身份在企业里接受职业技能方面的培训,以更好地掌握"怎样做"的问题;同时,又以学生身份在学校接受专业理论和普通文化知识教育,以解决"为什么"的问题[①],很好地将企业和学校、理论与实践紧密对接起来。根据联邦教育与研究部发布的《2015年职业教育与培训报告》[②]的数据显示,2007—2013年间,德国企业中每年均有超过40万家企业参与到职业教育与培训中来,如图3-1所示。尽管在企业参与数量上有逐年减少的趋势,但是抛开体制机制、人员饱和度等因素的影响,德国企业参加职业教育与培训的积极性依然较高,并协同职业院校的力量在高素质应用型技术技能人才培养上取得了卓越的成绩。

2.产学合作机制

从系统论的观点来看,产学合作机制指的是产学合作系统的构成要素及各要素在运行中的相互关系。根据魏庆葆的观点,高职教育产学合作系统由学生、学校、产业界和政府四个基本要素组构而成,它们在产学合作运行中的互动关系即是产学合作的机制。[③]

---

① 魏晓峰,张敏珠,顾月琴.德国"双元制"职业教育模式的特点及启示[J].国家行政学院学报,2010(1).
② Federal Ministry of Education and Research. Report on Vocational Education and Training 2015[R]. Federal Ministry of Education and Research,2015.
③ 魏庆葆.高职高专教育产学结合人才培养模式与机制的探讨[J].包装工程,2003(23).

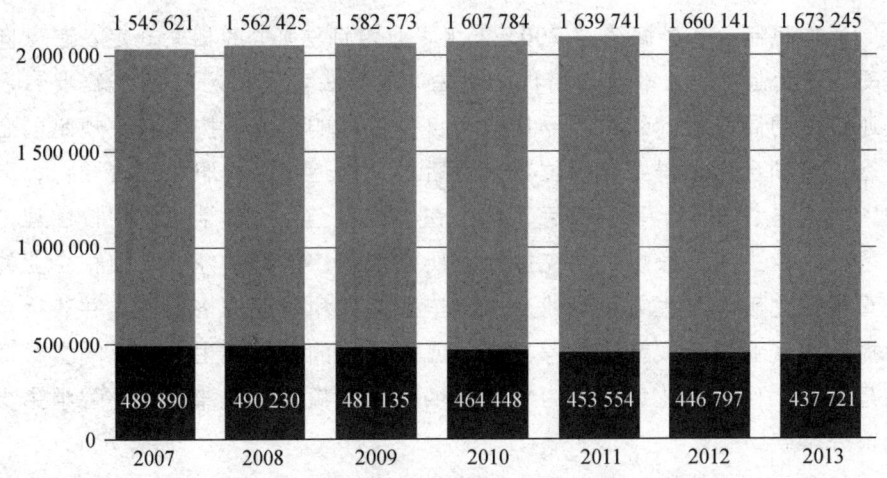

Source: Revised employment statistics from the Federal Employment Agency (BA), reference date of 31st of December

■ 表示没有参与职业教育与培训的企业数；■ 表示参与职业教育与培训的企业数

图 3-1 德国企业参与职业教育与培训的情况（2007—2013；单位：家）

德国高职教育产学合作的机制可以从动力机制、运行机制和保障机制三个维度来分析。

动力机制——"双元制"提供的用工选择平台是企业参与职业教育的核心动力，学生与企业订立正式的培训合同，并以学徒身份在企业工作，企业可以在学徒培训过程中充分了解学生、选择合适的员工，这种择工方式较之市场招聘效果更好、成本更低，深受欢迎；政府的有力支持是企业参与职业教育的重要推力，为了吸引、鼓励企业参与职业教育办学，政府在顶层设计上给企业、行业参与提供良好的条件与支持，提供培训补助和税收优惠政策，借助研究力量有效降低企业、行业参与的难度，同时还建立了良好的信息发布平台；完善的制度设计是企业参与职业教育的重要保障力，"双元制"提供了一套学校与企业合理分工、密切配合的职业教育制度，学校负责理论教学、企业负责实践教学，行业协会是"双元制"中企业教育部分的具体管理者，而职业院校又是由工商总会根据周边企业情况而设立的，对接企业需求程度高，自然能够吸纳企业力量的参与。[1]

---

[1] 罗丹. 德国企业参与职业教育的动力机制研究——基于"双元制"职业教育模式的分析[J]. 职业技术教育，2012（34）.

运作机制——根据德国2005年《职业培训法》①的相关规定,有意向接受"双元制"职业教育与培训的学生(或其法定代表人),首先需要自己或通过劳动局职业介绍中心寻找适合自身情况的企业,按照有关规定同企业签订培训合作,得到培训位置,然后再到附近相关的职业院校登记,取得入学资格。进入学习阶段后,学生在学校和企业交替学习,学校主理论学习、企业主实践锻炼。学完本专业所需课业、课时,经过学校和企业的双重考核之后,学生方可毕业,取得毕业文凭和职业资格证书,并获得企业提供的就业机会或就业推荐机会。值得一提的是,学生在企业的实践锻炼是有偿工作,企业每个月为学生提供一定数额的培训津贴,并替学生支付部分学费。

保障机制——德国为高职教育产学合作提供了三重保障:制度保障,在政府层面建立了行业占主导地位的组织机构,并在国家、州和地区层面建立了行业培训咨询委员会体系,促进了高职教育与企业的有机联系;法律保障,1983年的《义务教育法》从法律上确立了"双元制"的形式,1959年德国人民议会通过的《关于学校事业社会主义发展的法律》规定"教育与生产劳动相结合和社会主义生产实践密切结合",1969年的《职业教育法》确定了"以企业为核心、以企业技术培训为主,学校教育为辅的联合运作机制",此外的《职业教育促进法》《企业基础章程法》《手工业条例》等都为产学合作提供了保障;②资金保障,一方面政府通过税收减免和培训补贴的形式协助学校和企业的产学合作,另一方面,企业通过建设培训场地、采购设备、支付企业实训教师和学徒的薪酬、替学徒缴纳学费等方式为产业合作提供资金保障。

二、荷兰高职教育人才培养的先进经验

荷兰高职教育(Hoger Beroeps Onderwijs,HBO)属于高等教育,由高等专业大学(即提供专业教育的大学)实施,学制一般为四年,其目标是进行高层次的职业教育,为受教育者未来的职业生涯做理论上和实践上

---

① Federal Ministry of Education and Research. Reform of Vocational Education and Training in Germany: The 2005 Vocational Training Act[R]. Federal Ministry of Education and Research, 2005.
② 王英. 中德高等职业教育发展:比较与借鉴[D]. 武汉:武汉理工大学,2008.

的准备,教育领域划分为七个。① 2005 年,荷兰高等专业大学联合会同欧洲其他 7 国的高等职业教育国家代表机构联合签署声明,向"博洛尼亚进程"的 46 国教育部部长提出诉求:高等职业教育应该和传统大学一样在欧洲高等教育区和欧洲创新研究区的活动中享有同等的机遇。2006 年年底,荷兰高等专业大学的英文名称正式确定为 University of Applied Sciences(即应用科技大学)。2007 年,荷兰高等教育基金会启动了全球市场定位战略,以便国际上对其高等专业大学的内涵有一个正确了解②,高职教育迎来了新的发展机遇。

2008 年至 2012 年间,荷兰高职教育入学人数总体呈上升趋势。从教育领域来看,除了教育、语言与文化领域的学生数有上下浮动外,工程与技术、健康、经济(2012 年有轻微下滑)、行为与社会、跨领域学习课程、绿色教育等领域的学生人数都是呈增加态势;从培养方式来看,接受全日制高职教育的学生人数持续增加,接受业余高职教育和基于工作的学习项目教育的学生人数呈现先增加后减少的态势(呈倒 U 形)③,如表 3-1 所示。由此可见,高职教育在荷兰教育体系中扮演着越来越重要的角色,也越来越受到民众的青睐。

表 3-1 荷兰高职教育在学人数(2008—2012;单位:千人)

年 份	2008	2009	2010	2011	2012
总计(绿色教育除外)	374.8	393.9	407.0	414.2	411.8
教 育	64.8	66.7	67.7	64.7	60.5
工程与技术	60.9	63.8	65.7	67.9	69.5
健 康	34.2	35.5	37.7	39.3	40.9
经 济	140.4	148.1	153.1	157.6	156.2
行为与社会	57.2	61.9	65.3	67.2	67.5
语言与文化	17.4	17.8	17.7	17.4	16.9

---

① MAES M. Vocational education and training in the Netherlands (Short description)[R]. CEDEFOP, 2004.
② 黄藤. 国外高层次应用技术型人才培养模式研究[M]. 上海:华东师范大学出版社,2015.
③ Ministry of Education, Culture and Science. Key Figures 2008-2012: Education, Culture and Science[R]. Ministry of Education, Culture and Science, 2013.

续表

年　份	2008	2009	2010	2011	2012
跨领域课程	0.0	0.0	0.0	0.1	0.1
绿色教育	8.0	8.5	8.9	9.1	9.3
培养方式（包括绿色教育）					
全日制	309.2	326.3	339.0	350.6	356.4
业　余	61.5	63.8	64.1	60.4	53.1
基于工作的学习项目	12.2	12.4	12.8	12.3	11.6

（来源：OCW/DUO:1 HE Figure 2012；注：绿色教育指的是农业、居住环境、食品教育。）

（一）招生制度[①]

招生制度涉及国家招生政策等宏观维度，也涉及招收、录取等生源输入的微观维度，本部分所论为后者，仅仅明确荷兰高职教育的生源结构以及是如何招收、录取新生的。

1．生源结构多元

荷兰高职教育的生源有三：大学预科学校的毕业生、普通高级中等学校的毕业生和高级中等职业学校的毕业生。据最新数据资料显示，2013—2014学年，荷兰高职教育招收的新生中，59.6%来自高级中等职业学校，36.2%来自普通高级中等学校，4.2%来自大学预科学校。根据荷兰的教育分类，高级中等职业学校属于职业中等教育学校，普通高级中等学校和大学预科学校属于普通中等教育学校。可见，荷兰高等职业教育的生源覆盖了职业教育和普通教育两种教育类型，且比例较为合理，分别为59.6%和40.4%，保障了高职教育具有充足的生源数量，保障了高职教育的生源具有较好职业知识与技能基础。

2．入学资格考试多标准

荷兰没有统一的高等学校招生入学考试，中等教育毕业证书考试就可以看成是高等学校招生考试，因此高级中等职业学校、普通高级中等学校

[①] 房靖博，赵欣．荷兰应用技术大学招生制度及启示[J]．职业教育研究，2015（4）．

和大学预科学校的毕业证书都能够作为高职教育入学凭据。根据前述的教育分类和中等教育生源类型，中等教育毕业证书考试又可以分为普通中等教育毕业证书考试和中等职业教育资格证书考试。

普通中等教育毕业证书考试包括国家考试和学校考试，每一个考试科目的最后成绩为国家考试和学校考试的平均成绩，成绩分为10个等级，1级为最差，6级为合格，10级为最好，学生只有全部科目均达到合格之后才能拿到毕业证书。中等职业教育资格证书分为助力培训（1级）、初级职业培训（2级）、职业培训（3级）和中层管理培训（4级）四个等级，学生获得4级职业资格后便可具备高职教育入学资格。而要获得职业资格证书，就要进行国家规定科目考试和职业资格证书考试，只有两者都合格之后才能拿到毕业证书。考试成绩均分为10个等级，1级为最差，10级为最好，6级为通过（获得资格证书的最低要求）。

3．招生录取弹性灵活

荷兰高职教育的招生录取十分灵活，主要有非限额专业录取和限额专业录取两种渠道。

非限额专业录取：绝大多数专业不限名额，学生获得中等教育毕业证书后，可直接通过高等教育注册网站向荷兰教育文化及科学部下设的注册及名额分配中央办公室申请注册入学。未完成中等教育的学生，年龄达到21岁及以上，可参加高职教育办学机构（应用技术大学）的专业入学考试，考核通过后入学。

限额专业录取：少数专业存在名额限制，分为专业限额和机构限额。所谓专业限额，是指某专业在全国范围内培养了过剩劳动力，国家便会在未来几年对该专业进行名额限制；又或是在某一学年，全国范围内某专业的教学容量满足了申请者的数量要求，国家也会对该专业进行名额限制。所谓机构限额，是指某专业的全国教学容量可以满足所有申请者的需求，但是在一所或几所高校内，该专业的申请者数量超出了这一所或几所高校的教学容量，国家便会对该高校的该专业进行名额限制。

针对限额情况，荷兰将对注册学生进行选拔，分为两类：教育部选拔和教育机构选拔。教育部选拔，指的是教育部通过权重抽签系统对注册学生进行选拔。以学生中等教育毕业考试成绩平均分（1~10分）为依据，将学生划分为 A~E 五类。教育机构选拔,指的是每一所高职院校都有一定的独立选拔权,可提前对注册学生进行选拔,每所院校的选拔权限有所不同(0%~100% 不等)。如果学生在教育机构选拔中未被选中,就自动进入教育部选拔。如果学生在教育机构选拔中被选中,并不意味着一定获得了一个名额,而是意味着比仅仅参加教育部选拔更有可能被选中。

(二)项目化课程建设

荷兰高职教育课程建设以能力本位为原则,贴近企业和社区实际,构建过程分为能力分析、项目设计、课程设计、评估标准设计四个步骤。

能力分析——荷兰高职教育的定位是为行业、企业培养培训应用型技术技能人才,因此强调以向学生提供与未来职业有关的能力作为课程开发的出发点,并将能力分析放在课程开发的首位。首先,明确行业、企业的岗位任务,详细解析行业、企业的工作任务及其能力、素质、知识需求;其次,整合岗位所需的各种知识、技术技能、情感态度、素质要求等,形成能力,并确定人才培养的核心能力。

项目设计——项目设计指的是将核心能力转化为一个个具体的项目,它是荷兰项目化课程建设的核心。途径有二:一是由行业、企业直接根据实际工作需求给出真实的任务;二是由高职教育学校的教师根据行业、企业的实际工作任务需要设计项目。

课程设计——课程设计围绕项目来进行,这也是项目化课程体系的由来依据。常用的课程设计模式有两种:一是线形设计,即将特定能力分解在一个项目中,通过完成该项目来实现特定能力培养目标;二是轴心设计,即将特定能力分解到多个项目中,通过层级递进式培养,渐次实现特定能力培养目标。根据能力培养需求,高职教育学校一般会设计三类与项目紧密关联的课程,即项目相关课程(project related lectures)、核心课程、非核心课程。其中,项目相关课程涵盖了完成一个项目必需的工具、手段、方法等内容;核心课程和非核心课程是专业课程,两者的重要性程度和难易程度有所区别。

评估标准设计——评估标准是荷兰项目化课程顺利实施的重要保障,是项目化课程有效性的重要检验路径,它明确了从哪些维度、哪些层面,采用哪些形式来评估学生通过项目化课程的学习是否达到了能力培养的要求。

(三）项目化教学模式

与项目化课程体系相适应，荷兰采用项目的形式开展教学，形成了具有本国特色的项目化教学模式。

1. 项目化教学过程

所谓项目化教学，是一种以项目为依托和载体的教学组织形式。荷兰项目化教学模式的形式多样，主要有问题导向式、小组活动式、案例解析式、专题研讨式等形式。由于项目源自行业、企业的真实工作项目和任务，必须要契合行业、企业的实际工作需要。因此，项目化教学的过程就是完成实际工作任务的过程，通常包括启动、计划、实施、总结考核4个阶段。

启动——启动阶段即项目准备过程，教师引导学生认知项目，指导学生明确项目开展的目的、要求、考核标准，带领学生进行角色分工、了解角色内容、完成开篇报告，等等。

计划——在教师的指导下，学生进行具体项目任务分解，制订项目开展计划与方案。

实施——实施是项目完成的核心，学生在教师的指导下查阅资料，实地走访调查，解决具体问题，实施各种工作任务，最终完成整个项目。

总结考核——要求学生整理档案资料，完成个人总结，完成自我考核和团队内互相考核，形成个人学习报告书，团队集体展示回报任务。同时，教师结合学生项目完成过程，对学生进行个人考核和团队集体考核，形成项目综合考核成绩。

在项目化教学中，教师和学生都拥有多重身份，承担多重角色。教师不仅是项目任务的制定者、专业导师、项目导师和讲师，而且还是生活导师，对学生进行全方位的指导，这就要求教师具备复合能力与素质，能够在不同的身份和角色转换中游刃有余。学生拥有领导者、秘书、沟通者、档案管理者和团队成员等多种身份，每一种身份都要承担相应的责任和义务，如领导者负责组织、统筹项目开展，而档案管理者负责收集、整理各种材料，这种团队协作和角色扮演能够更好地培养、锻造学生的综合能力与素质。

2. 项目化教学模式的特点

荷兰项目化教学模式坚持能力主导地位，突破了传统的知识本位，突出能力培养，具有能力本位教育的共性。同时，作为一种立足本土实际的教学组织形式，荷兰话语体系下的项目化教学模式又有其独特的特色。

其一，教学内容紧贴企业实际。荷兰高职教育教学项目来源于企业的真实工作任务，每个项目具有一个核心主题，着力一个或一组核心能力，它是联通学校与行业企业、教学内容与工作任务、兼职教师与专职教师、学生与教师等诸多教学要素的"桥梁"。教学项目的确定与开展要依据行业、企业的实际要求进行，项目的成果能够耦合行业、企业的要求，并且能够应用到工作领域，大大缩短了学生与未来职业、岗位的距离。

其二，能力培育综合递进。在荷兰，能力本位教育中的"能力"具有丰富的涵义，它是实现目标所需的态度、潜在的知识和完成专业领域内工作任务所需要的技能的结合体，在能力育成上强调层进式培养。因此，荷兰项目化教学模式突出实践操作能力培养，同时关注学生职业态度养成和知识储备，为学生的职业发展奠定了基础。

其三，教学做合一，鼓励学生主动作为。冲破传统"授受式"教学模式，以团队合作项目的形式，开展研究性教学，引导学生主动探究，鼓励学生合作学习、自主学习。转变教师和学生的角色，充分发挥教师的主导作用和学生的主体作用，让学生在实践中主动学习、主动创新，融"教、学、做"为一体，扎实培养学生的综合能力和自主学习能力。

其四，持续性、过程化的考核体系。荷兰项目化教学模式十分看重"全过程式"考核，从教学项目的开始到结束，每个环节都有考核。考核的主体包括兼职教师、专职教师、学生自己等；考核的内容包括知识学习、技术技能训练、职业态度养成等多个层面和维度，有助于学生综合能力的养成。

（四）校企合作

荷兰教育、文化与科学部在《知识的价值：高等教育与研究战略议程2015—2025》（The Value of Knowledge: Strategic Agenda for Higher Education and Research 2015—2025）提出，研究性大学和应用科技大学不仅仅要具有社会相关性，它们还是社会的一部分，要同教育、研究和实践建立结构性联系，因此强调开展可持续的区域性合作和领域性合作，提供丰富多元的学习环境，加强同劳动力市场的联系。① 以应用科技大学为主要举办者的高职教育顺应这一要求，进一步加强校企合作，将其作为主动连接、服务社会经济和产业发展的重要方式，通过产业经营的形式办教育，通过"一站式"合作培养培训人才，极大地提升了人才培养的可用性和适应性。

1. 高职教育产业化

荷兰将高职教育当成一种产业来经营。荷兰高职院校是地方政府、经济体、社会所形成的三角关系的中心，高职院校里设有中小企业局的办公室，代表当地企业的利益。高职院校除了教学设施外，还有与其专业设置相匹配的实习实训场所，按照产业的要求运作，学生从入学开始就接受企业化环境的熏陶。这一方面提高了行业、企业参与高职教育人才培养的积极性，另一方面又有助于培养学生的实际动手能力和社会适应能力。

2. 校企合作渗透育人的全过程

在荷兰，高职教育领域的校企合作贯穿育人的全过程。首先，校企合作开发教学项目，企业专业人员同专业教师合作开发每学年的教学项目，经过专家审定后用于教学。其次，高职院校设中小企业局办公室，直接参与学校管理和教学活动，是学校专业最直接的合作伙伴，且每一个专业都有一个行业代表委员会，直接参与专业的建设、课程的修改、教学的实施、毕业的评估。再者，企业为学生提供专门的实习导师，指导学生的企业实习实训，为实习学生评定成绩。最后，企业还为学生支付一定数额的实习工资，为学生提供就业岗位和职业指导服务。

三、瑞士高职教育人才培养的先进经验

瑞士职业教育与培训系统起源于关于合格工人的招聘立法和19世纪70年代有关使用多元环境来支持培训以强调基于工作、培训、价值的理念。② 在瑞士，职业教育在完成义务教育之后开始，即9年的小学和初中

---

① Ministry of Education, Culture and Science. The Value of Knowledge: Strategic Agenda for Higher Education and Research 2015-2025[Z]. Ministry of Education, Culture and Science, 2015.
② GONON P. Challenges in the Swiss Vocational Education and Training-system[C]. BWP, 2005.

教育之后，通常在 15~16 岁，继而是高等非大学教育，即我们通常所说的高等职业教育。1995 年，瑞士出台《高等职业教育学院法》，要求以同大学"同等水平、不同模式"的原则建立高等职业学院，改组原来的部分高等专科学校，升格为"应用科学大学"，提高了职业教育的层次；2004 年，新《联邦职业教育法》颁布实施，将高等教育分为综合培养和职业培训两大类，从法律上确立了高职教育作为一种独立的高等教育类型。[①]随后，瑞士逐步完善了高职教育体系。目前，在瑞士这个面积小、人口少的富庶之国，在钟表业、加工业、服务业等行业领域，聚集了一大批接受过高职教育的精英，他们以良好的职业道德素养、严谨的工作态度、专精的技术技能水平，为瑞士的经济社会发展服务。

瑞士高职教育之所以如此成功，离不开瑞士政府的大力扶持，离不开高职院校、企业、行业协会等的协同努力，离不开健全的教学质量评估制度，离不开高标准的师资队伍，亦离不开多元化的国际合作。

（一）三元协同育人机制

瑞士高职教育借鉴学习德国的"双元制"模式，并结合本国实际进行适应性改良，形成了在联邦政府、各州政府的法规约束、政策引领、经费支持、宏观管理与监督下，高职院校、企业和行业协会协同育人的"三元制"模式。这一模式是按照高职教育开展的单位和地点来划分的，整个教育过程在高职院校、企业和以行业协会作为实施主体的职业培训中心（入门培训机构/实训车间）进行。这种高职院校、企业、行业协会"三元合一"的协同育人机制，是瑞士高职教育最有力的体制支撑，共同为培养高端技术技能人才助力。

1. 高职院校

根据国际教育分类标准，瑞士的高职教育在其教育体系中属于第 5 级 B 类，即 ISCED5B，提供高职教育的院校主要有高等专业学校（HES）或应用科学大学（UAS），学生一般每周在高职院校学习 1~2 天。各类高职院校紧密结合经济发展的实际情况，围绕行业、企业的生产经营需求设置

---

① 管弦. 国外高职教育卓越发展的典型经验——以美国、德国、瑞士、澳大利亚、新加坡为例[J]. 教育学术月刊，2015（8）.

专业和课程。目前，瑞士得到联邦政府承认的专业覆盖了工业、农业、服务业等各行各业，共300多种。课程设置紧密挂靠任职资格，课程内容真实反映实际职业要求，在教会学生工作岗位必备知识的同时，加强学生的技能培训，同时强调学生的道德和行业规范的教育，使学生能较快掌握必要的企业价值观、专业知识及操作技能，顺利上岗。

2. 企 业

在瑞士，企业培训在高职教育中占据主导地位，学生以"学徒"的身份每周在工厂或经营场所学习3~4天，在学徒结束时获得的资格证书通常是在工业和贸易领域找到一份适当工作的坚实基础，也是在企业内部接受进一步教育的基础和进入更高教育领域学习的第一步。企业将开展职业培训作为储备人才的重要手段，在职业技术培训方面投入了大量的人力、物力、财力，包括提供培训场所、岗位并支付一定的培训经费和给予适当的薪金[①]，以保证培养出符合企业的优秀人才。

3. 行业协会

瑞士的行业或职业协会组织非常发达，很多行业组织有专门的培训中心或实训车间，它们可以通过协助培训学徒，向社会提供本行业的职业培训的方法和教材，制定、修改职业培训及考试的标准和内容，为职业资格考试和技能考试出题等形式，增强学徒的职业技能，提高岗位适应能力，也为他们提供更多的职业选择机会。[②] 同时，行业协会通过制定行业标准、规定行业行为、落实准入制度、实行行业监管等手段来制约和引领企业的发展，使得行业协会在职业教育中具有较大的发言权。当然，瑞士的行业协会也有较强的实力支撑，一般而言，行业协会承担培训中心培训费用的50%，而另外50%则由政府提供，同时还承担高职院校学生去企业实习的实习费用。[③]

---

① 张兆青. 对瑞士高职教育特点的分析与借鉴[J]. 职教论坛，2011（32）.
② 王瑛. 瑞士高等职业教育的成功经验及其对我国的启示[J]. 黑龙江高教研究，2007（5）.
③ 王光文. 创新与提升之路——瑞士高等职业教育发展的启示[J]. 中国职业技术教育，2010（2）.

（二）教学质量监督

健全的教学质量监督制度是瑞士高职教育保持其社会吸引力和公信力的重要保障，它从"内部"和"外部"两个维度督促高职院校检视、反省其教育教学质量，进而采取针对性的措施改善教育教学质量、提高教育教学能力。

1. 高职院校自评

自评是高职院校从"内部"检查、反思自身教育教学质量的重要路径，是一种"内控"机制。在瑞士，每一所高职院校都需要按照相关要求、对照预设的标准进行自我质量评估，诊断自身对相关标准要求的符合与遵守情况，以此明确自身教育教学的优势与不足、成果与问题，以便做出相应的转变和整改，进而保证、改善教育教学质量。

2. 社会力量监督

社会力量监督是政府、行业协会、专业组织、专家团体、个体民众等社会力量从"外部"督察高职院校教育教学的主要方式，是一种"外控"机制。在瑞士，高职院校自我质量评估的结果要接受外界的监督，并由特定学科的全国委员会来认证相应学科的文凭。必须指出的是，这些特定的全国性学科委员会的成员由校外专家组成，他们要参照有关行业的要求以及欧洲的标准，尽量地使有关要求规范化，以便对比、检查和监督。倘若高职院校没有达到相关标准或要求，将被撤销其高职教育举办者的资格。

（三）师资培养

根据瑞士《联邦置业教育与培训法案[BBG]》第46条的规定，职业教育教师准入需要满足两个条件：一是具备特定行业的最高职业培训资格，通常是高等专业教育（ISCED5B），甚至是高等学位教育（ISCED5A）；二是具备优异的学科技能，即有至少6个月的工作经验。实际上，瑞士职业教育教师具有多年工作经验已经成为常态，这是因为最高的培训资格通常包括高级的面向实践的培训和职业知识培训。[①] 高职院校的教师由全职教

---

① HOF S, STRUPLER M, WOLTER S C. Career Changers in Teaching Job: A Case Study Based on the Swiss Vocational Education System (working paper). IZA, 2011.

师和兼职教师两部分组成，前者相对稳定，多是在实践岗位上工作多年后进入学校的，约占教师总数的 1/3；后者来自政府、行业、企业、研究所等，有 1/3 时间在学校工作，其余时间在原单位工作，约占教师总数的 2/3。①

可见，瑞士职业教育师资的准入要求较高，职业教育教师兼具厚实的理论知识和丰富的实践经验，具有明显的"双师"特点。那么，这种"理实兼修"的职业教育教师是如何培养的呢？答案是"二元现代师徒制"。所谓二元现代师徒制，指的是学校师资和企业师资的二维培养。

1. 学校师资培养

学校师资培养主要在高等教育学校和师范技能培训学校中进行。首先，有意向到高职院校担任教师的学生要在应用性大学或者职业技术类院校学习专业知识和技能，完成所需的课程学习，通过考试并获得相应证书，进而进入师范技能培训学校接受集中培训，修习教学方法、教师素养等，取得教师专业资格。之后，便可以通过面试应聘高职院校的教学岗位，或者直接在师范技能培训学校毕业后进入企业拜师学艺，学习期满、完成学习任务后取得相应的资格，再通过面试应聘高职院校的教师岗位。

2. 企业师资培养

在瑞士，公司和企业参与技术技能人才培养的积极性、主动性非常高，一般以"师傅带徒弟"的形式开展技术技能人才培养培训，各大公司和企业都配备了专门负责培训学徒的师傅，并且具有相对完善的培训机制。瑞士的企业师傅重点强调专业技能、实践操作技能。为了成为企业师傅，要至少有 5 年的实际工作经验，还要接受专业培训，学习相应的文化及专业知识，并通过资格考试，取得联邦颁发的"师傅资格证书"。通过这种"实践打磨＋理论修习＋资格考试"的方式，有效地保障了企业教师的数量和质量。

（四）国际合作

为了使高等职业教育得到国际认可，使其优势及其对国民经济的作用为国际所了解和认知，瑞士不仅建立了与欧洲资格框架相一致的国家资格框

---

① 邓志良. 借鉴瑞士高职教育经验提升院校社会服务能力[J]. 中国高等教育，2010（6）.

架,对高等职业教育证书和文凭采取与普通高等学校证书和文凭同样的加注并附英文说明的方式以便进行国际鉴定,同时还加强高等职业教育的国际合作。其中,国际合作是一大亮点,主路径是加强与双元制职业教育体系国家的合作、加入欧洲终身学习行动计划和参加国际性的高职教育国别研究。[①]

1. 加强与"双元制"职业教育体系国家的合作

瑞士不仅重视同"双元制"职业教育模式发源地——德国的职业教育合作,还强调加强同其他"双元制"职业教育体系的国家,如奥地利、丹麦等的合作,以进一步提高"双元制"职业教育在欧洲和世界的地位。2009年,瑞士、德国、奥地利三国联合组建了"欧洲高技能职业联合会(European Association of Higher Educated Professionals)",又译为"欧洲高等职业教育联合会"。这一多边国际性组织以"双元制"职业教育体系为基础,开发一个与欧洲第6级以及与ISCED97和ISCED2011国际教育分类5B层次(即高等职业教育)对应的、以培养高技能人才为目标的第三阶段的职业教育与继续教育,进一步强化"双元制"职业教育的良好声誉。

2. 加入欧洲终身学习行动计划

要使本国高职教育优势与特点得到国际认可,让本国职业教育体系在国际教育舞台上有一展魅力的机会,参加国际性的职业教育合作与交流必不可少。瑞士通过与欧洲的双边教育协议和全方位参加欧洲终身学习行动,让接受高职教育的学生能够有更多的机会参与这些国际交换项目,与普通高等学校学生一样获得国外学习的经验。从2011年起,瑞士正式加入欧洲终身学习行动职业教育工作小组,全方位参与国际职业教育的合作与交流。

3. 参加国际性的高职教育国别研究

瑞士期待在决策和专家层面获得一个国际共识,即劳动市场并不需要普通高等学校毕业生所占比例越高越好,而是需要一个与企业需求结构相适应的学术型人才与技能型人才"混搭"的跨界结构。基于这一认识,瑞士非常重视高职院校在科学研究,尤其是应用研究中的重要作用,从国家立法层面规定高职院校具有科学研究的任务与使命,并鼓励高职院校、高

---

① 姜大源.高等职业教育:来自瑞士的创新与启示[J].中国职业技术教育,2011(4).

职教育研究机构与个人积极参与国际性的高职教育研究，学习、研究他国的优秀高职教育成果与经验。从2011年起，瑞士开始参加由经济合作与发展组织启动的新的关于高职教育的国别研究。

四、其他国家高职教育人才培养的先进经验

除德国、荷兰、瑞士等国家之外，英国、美国、澳大利亚、印度等国的高等职业教育人才培养也有诸多值得学习和借鉴的元素。

（一）英国"BTEC"模式

BTEC，全称为Business & Technology Education Council，即英国商业与技术教育委员会，由英国商业教育委员会和技术教育委员会在1986年合并而成。1996年，BTEC同伦敦大学考试与评估委员会合并，成为英国最大的职业和学历资格授予机构——爱德思（Edexcel exam），并在职业教育与培训过程中形成了著名的BTEC模式。该模式把"兼蓄通用能力和专业能力"作为人才培养的目标，尤其强调培养包括自我管理与发展能力、合作能力、交往沟通能力、任务安排与问题解决能力、数字运用能力、科技应用能力、设计与创新能力在内的七大通用能力，进而培养学生的"跨职业"能力，使得学生能够适应不同岗位和职业的要求。目前，全球共100多个国家、超过5700个中心在实施BTEC课程，辐射领域超过150个行业领域，在中等、高等职业教育和人才培训方面具有世界领先地位。

1. 教育理念

站在传统"教师中心"教育理念的对立面，BTEC践行"学生中心"教育理念，倡导充分自由地表现、发展个性，鼓励学生释放、展现与众不同的个性。BTEC模式认为，教育的价值在于引导学生通过学习、思考获得各种知识，发展理解力、判断力、创造力和创新精神；重视学生的心智发展，强调培养学生的理性精神，鼓励学生独立思考、敢于质疑，反对死板地强加给学生各类知识。在这种理念的引导下，学生在教学过程中居于中心地位，是学习的主体，注重培养学生的通用能力、岗位能力、学习能力等，倡导教师设计多元化的教学活动以吸引学生主动参与，倡导学习场所的多样化以促进学生的多维发展。

2. 课程设置

BTEC 根据社会发展和市场的人才需求设置课程体系，且不断调整，每三年更新一次。课程设计的依据是国家岗位标准，即企业界制定的能力水平标准；课程分为文凭课程和证书课程两大类型，从层级上分为初级、中级和高级三个级别，覆盖了艺术与设计、商务、建筑、工程、健康与保健、信息技术与计算机、土地与乡村发展、媒体和旅游 9 个行业大类，具体专业则多达上千门，如护理、酒店管理、餐饮等。同时，以模块形式组织课程，每个模块对应相应的学习内容、目标和考核方式；课程内容涉及基础理论、专业知识、毕业设计等各个维度，依据职业标准，由各行各业的专业顾问和课程专家共同制订。学生可以自主选择课程模块、制订学习内容，自主性、弹性加强。

3. 师资队伍

"BTEC"模式对教师的要求比较高。教师不再是传统意义上"传道、授业、解惑"的教书匠，而是学生学习的组织者、引导者和学习伙伴。为此，教师需要达到以下三个要求[①]：首先，具有丰富知识、研究学习方法，懂得学习的心理过程，熟悉相关信息通道，会使用信息工具；其次，具备创新能力，如教学过程创新、课业评价创新等；第三，具有教学经验和实际工作经验，教师不仅要有专业知识，还必须有相当的英语水平，能够用英语进行讲授与评估。

4. 考核评价

"BTEC"模式有一套严格的考核评价体系，这种体系涵盖了评估、内审和外审三种制度，由评估者、内审者、外审者分别负责评估、内审和外审工作。BTEC 打破传统的以卷面成绩为依据的考核评价方式，把课业（如作业、案例剖析、基于实际工作的项目等）作为考核评价学生的主要依据，采用形成性评价的方式进行考核。考核评价的成果体现为专业能力和通用能力两大板块，为了确保考核评价的客观性和准确性，要求教师对学生的每一次课业和每一次课内外活动都要给出明确的成绩等级及佐证证据。佐证证据的形式多样，来源广泛，展现了学生的修业过程和成果。

---

① 刘福军，成文章．高等职业教育人才培养模式[M]．北京：科学出版社，2007．

（二）美国"STC"模式

美国高职教育的形成与发展经历了 4 个阶段：职业教育类型初现——职业技术教育高移和高等教育职业化，服务经济生产——传统教育改造与赠地学院兴起，满足社会需求——从初级学院到社区学院，促进生涯发展——从"STW"（学校到工作）到"STC"（学校到生涯）战略，这一历程揭示了美国高职教育与社会文化适应发展、与学术教育融合发展、与社会经济互动发展的内在规律。

目前，美国共有公立、私立高职院校 4000 余所，分为社区学院（两年制）、综合大学（四年制）、理工学院（四年制）三大类。社区学院以社区为基础，服务社区，提供公平均等的受教育的机会，提供广博的课程体系以供学生选择，致力于教学和终身学习；据 2013 年 AACC（美国社区学院协会）统计，美国现有 1717 所社区学院，招收高中毕业生，主要提供高等技术教育、职业教育，并为愿意接受高等教育的人提供普通教育，为四年制高校输送人才，学生毕业后授予副学士学位和资格证书。综合大学一般设立三种类型：文理学院、应用科学与技术学院、职业性学院，提供人文、社科、科学、技术、工程、医学等课程教育，其中应用科学与技术学院、职业性学院的目标是为美国经济社会发展培养具有自认科学、社会科学基础理论知识和应用科学和技术的职业人才。理工学院则分为两类：一类是培养研究型人才的研究型理工学院，另一类是培养应用技术型人才的应用技术型理工学院。

可以说，美国当前的高职教育是在"STC"理念的引领下获得大力发展的，"STC"理念渗透到高职教育的办学理念、办学定位、培养目标、教育过程中，因此美国的高职教育也称为"STC"模式，该种模式在实践中积累了诸多优秀经验。

1. 教育理念

"STC"模式坚持两大教育理念：一是终身职业教育，强调职业教育不仅要向劳动者传授知识和技术，还要不断更新他们的知识与技能，关注学生个体的生涯发展，为学生提供有效的生涯指导和咨询，为个体的终身职业发展提供规划，并建立一个向所有学习者开放的终身学习体系，为学生的生涯发展奠定更宽泛、更灵活的基础，帮助个体在"学校"与"生涯"

之间自由转换过渡，更理性地进行继续教育和生涯选择；二是全民职业教育，坚持致力于改变职业教育的社会认同度，强调人人都有受教育的权利，职业教育要面向所有学生，所有学生群体都可以是职业教育的学习者。

美国职业教育全民化和终身化理念的发展进程可从以下法案的相关规定中略见一斑，如表 3-2 所示。

表 3-2 美国职业教育全民化与终身化发展进程

序号	年份	法案	职业教育全民性（职业学校招生对象变化）	职业教育终身性（关注职业生涯发展情况）
1	1862	《莫雷尔法案》	逐步面向平民子弟的中等后教育	终结性职业教育
2	1917	《史密斯-休斯法》	面向综合中学 14 岁以上学生（中等职业教育制度化）	
3	1945	《退伍军人就业法》	开始面向退役军人的职业教育（中青年、高龄者）	
4	1958	《国防教育法》	逐步面向不能胜任工作的居民（中青年、高龄者）	
5	1963	《职业教育法》	不再局限于高中毕业生，扩大到残障人士、在职人员	不再局限于某一职业培训，开始关注个人发展
6	1974	《生计教育法》	提倡生计教育融入所有课程、所有年级、所有毕业生；"校企村家"一体的生计教育模式，促进职业教育社会化、全民化	倡导个人终身发展的全程教育，制订从幼儿园到成人继续教育的计划；促使职业教育与成人教育合为一体
7	1984	《帕金斯法案》	开启全民职业教育之门，确立职业教育的平等性	面向美国一切阶层和所有人（具有社会福利和救助功能）
8	1998	《帕金斯第三法》	生涯和技术教育成为学校教育的一部分	将职业教育改称生涯与技术教育，加强生涯咨询与指导
9	2009	《为明日工作之工人而准备》	面向人人的学院（社区或技术学院）	每个美国人都有义务接受至少一年或更多年限的高等教育互评职业培训

（来源：李继延，等. 中外职业教育体系建设与制度改革比较研究[M]. 上海：复旦大学出版社，2014：89-90.）

2．专业设置

"STC"模式下的高职教育专业设置十分灵活。在国家层面，依据国家经济和产业发展的集聚性、交互性等设计了囊括16个专业群的国家专业群框架，每个专业群又分为多个具有相关性的专业方向，作为最小教学单位。在高职院校层面，各高职院校依据自身办学特色和人才培养定位，结合国家专业群框架，灵活设置专业。如社区学院设有专业38大类、226小类、750个专业；综合大学中的应用科学与技术学院、职业性学院的专业十分精细，设置了大量专业供学生修读，并且专业设置与课程模式相结合，通识教育与专业教育相结合，使学生形成较为完整的知识结构；应用技术型理工学院还设置与当地社会发展特色相吻合的一些专业，而且强调实践环节。

3．课程整合

"STC"模式主张课程整合，一是学术课程与职业课程的整合，为实现"职业教育面向所有学生"提供实施框架，这也是美国融合职业教育和普通教育的重要路径[①]；二是学校本位课程和工作本位课程的整合，强调激发学生的学习动机和兴趣，促进学生更直观地认识、更有效地掌握知识与技能；三是中等教育课程和中等后教育课程的整合，以满足经济社会发展对提高劳动者知识技能水平的要求，同时改变将职业教育视为终结性教育的观念，使得学生可选择更多的发展机会。

4．师资培养培训

在美国，职业教育教师必须是大学本科毕业生或研究生，要经过教育学院和实践环节的专业培训，每年还要参加一次教师资格考试，考试合格才能继续留任；鼓励"双师"培养，许多教师能够同时教授职业课程和学术课程；强调引进企业家、行业专家、生产一线的工程技术人员或管理人员等实际工作经验丰富的人员担任兼职教师，且兼职教师比例大于专职教师比例。目前，美国社区学院约有教师30万人，其中兼职教师约20万人，几乎全是硕士及以上学历；综合大学里的应用科学与技术学院、职业性学

---

① 2006年，《卡尔·D.帕金斯生涯与技术教育修订法案》颁布实施，明确提出通过"整合学术教育与专业教育"和"双向升学制"实现职业教育与普通教育相衔接．

院,以及独立的理工学院,教师都是专职教师,几乎全是博士学历,实行聘任制,在通过五年的考核期后可取得终身职位。

(三)澳大利亚"TAFE"模式

澳大利亚是一个非常重视应用技术型人才培养的国家,政府与行业一起建立了一个在国家培训框架下以能力标准为基础的、以培训包为课程开发依据的国家职业教育和培训体系,并形成了享誉全球的"TAFE"模式。

TAFE 是英文"Technical And Further Education"的简称,译为"技术与继续教育",是一种以能力为核心、以就业为导向的人才培养模式,是一种新型的现代学徒制,强调学生实际工作能力的培养,学生 80% 的时间在工作现场学习,只有 20% 的时间在学院学习。同时,TAFE 还作为一种机构实体,以技术与继续教育学院(TAFE 学院)的形式存在,是一种高级职业教育机构,类似于我国的高职院校。澳大利亚有 63 个政府设立的 TAFE 学院,有超过 16% 的大学毕业生进入 TAFE 学院学习,注册在读生中有 50%以上为在职和职后人员,就业人数中 10% 以上人员在 TAFE 学院就读过。

"TAFE"模式在以能力为核心、以就业为导向的终身教育理念的指导下,强调通过基于工作经验的学习来培养学生的基础技能,培养学生的适应性,以应对不断变化的工作场所、新技术、环境变化和职业转换[1],进而为各行业培养具有高文化、高技能和高素质的高级技术性应用人才和管理者,解决学校人才培养与就业市场之间的接口问题,同时在澳大利亚构建终身教育系统,促进终身教育和终身学习的推进,在高级应用型技术技能人才培养中积累了诸多有益经验。

1. 技能认证体系

澳大利亚具有全国统一的技能认证体系,由澳大利亚资格框架——AQF(Australia Qualification Framework)、培训包——TP(Training Package & mutual recognized endorsed courses)以及澳大利亚质量培训框架——AQTF(Australia Quality Training Framework)三部分组成。其中,AQF 共分为 12 级,规定了初等与中等教育、职业教育与培训、高等教育(大学)

---

[1] Skills Australia. Skills for Prosperity: A Roadmap for Vocational Education and Training[R]. Skills Australia, 2011.

的分立与贯通以及各类证书、文凭、学位之间相互沟通与衔接的具体标准；TP 是澳大利亚国家职业技术教育与培训制度的重要官方文件，也是 TAFE 学院开展职业教育和培训的指南；AQTF 的目标是提供一套可保证国家统一的高质量的 VET 系统的基本标准，以确保注册的培训机构（Registered Training Organizations）及其所颁发的资格在全国获得承认。

2．招生制度

TAFE 学院的招生对象主要包括已完成 11 年级或 12 年级教育的学生和在职从业人员。在普通高中教育阶段，学生就可以自由地选择一级职业证书和二级职业证书层次的职业教育课程；高中毕业进入 TAFE 学院后，在高中教育阶段所得的职业教育课程的学分得到承认，可直接学习后续的课程模块。学生从 TAFE 学院毕业后，也可以进入大学学习，并且在 TAFE 学院学习的相关专业课程的学分全部或部分得到承认，这为 TAFE 学院毕业生进一步深造并取得大学学位创造了条件。

3．课程设置

TAFE 学院以市场需求为导向，植入教育与市场相混合的思想，以服务、质量等为价值理念[①]，根据岗位（群）能力要求，以分层教学、分层就业为原则，建立模块化课程体系，实行统一证书制度和课程内容模块结构，课程和教学内容根据行业要求和企业团体提供的相关岗位技能要求与标准来确定，并按照国家规定和实际需要进行定期和不定期的修订，课程设置覆盖面广，设有不同入学程度的课程，每年可提供上千课程，包括职业课程、非职业课程、专科文凭及证书进修课程、专业技能培训课程、休闲课程等，学生可以根据自己的情况选择课程内容。在课程结构上，理论课程与实践课程的比例为 1∶2，强调理论与实践的有机结合，理论服务实践。

4．考核评价

"TAFE"模式对学生学业的评价包括理论水平和实践能力的考核，以实践能力考核为主，且理论考核相对较松，实践考核相对严格。一般情况

---

① MITCHELL J, et al.. Quality is the key: Critical issues in teaching, learning and assessment in vocational education and training[R]. NCVER, 2006.

下，有 12 种标准测试方法，即观测、口试、现场操作、第三者评价、证明书、面试、自评、提交案例、分析报告、工作制作、书面答卷、录像和其他。此外，建立国家职业资格框架，以规范就业市场，规定只有具备行业所要求的职业证书或文凭才能够在相应的行业就业。

5．行业企业参与

在"TAFE"模式下，大学、行业、学生三者之间合作共赢，产学研一体化发展。行业主要通过六种途径参与人才培养全过程：一是主导人才培养模式构建，除国家认证框架、国家资格认可标准及培训包以外，具体的课程开发都由行业主导制定，然后由政府颁布实施；二是直接参与 TAFE 学院管理，一半以上的学院董事会成员都来自企业第一线专家；三是参与师资队伍建设，行业鼓励职员担任兼职教师；四是协助建设实训基地；五是参与人才质量评估；六是保障岗位培训的资金，政府立法规定企业必须拿出工资总额的 2% 用于培训。

6．师资队伍

"TAFE"模式要求，教师准入的基本条件是具有跨领域工作能力，同时具备行业从业资格证书和培训与评估四级证书。[①] 具体来讲，教师一般要受过大学教育和相关专业的培训，持有教师资格证书，拥有 3~5 年的专业对口的实践工作经历，且通过 4 级职业证书和 TAFE 的师资培训工作。同时，对专职教师的要求除了教学能力和专业素养之外，还要从兼职教师做起，一般需经过 5 年以上的教学实践锻炼才能转为正式教师。此外，重视面向社会选聘兼职教师，以弥补专职教师的不足，促进专、兼职教师相互交流学习、取长补短。所有教师都实行聘任制，公开招聘，定期对教师进行评估，以激发教师的工作热情。

（四）印度应用技术型人才培养

作为一个经济高速发展、拥有众多年轻人的国家，印度越来越重视应用技术型人才的培养。2002 年，印度开始实施"印度技术教育质量改进计

---

① Skills Australia. Creating a future direction for Australian vocational education and training (a discussing paper on the future of the VET system)[R]. Skills Australia，2010.

划"(Technical Education Quality Improvement Programme),旨在根据社会和学校发展的需要,在保持现有质量水平的基础上,通过改革提高和改进技术教育质量,该计划的实施在课程、学生评价以及产学互动等方面对于印度应用型人才培养产生了重要影响。2012年9月,印度构建完成国家职业教育资格框架(NVEQF),该框架被认为是印度职业教育现代化的开端,其目标主要有职业教育达到国际水准、建立职教内部的联系、职业教育和普通教育之间资格互认、与产业界(雇主)间建立合作关系以及在职业教育、普通教育、就业市场之间建立多层次的"入出口"[①],有效推动了印度应用技术型人才的培养。截至目前,印度已经为本国,甚至是全球的经济发展培养了大量高素质应用技术型人才。

1. 培养机构

印度应用技术型人才的培养机构有四大类,一是以印度理工学院(IITs)、印度科学学院(IISs)和印度管理学院(IIMs)为轴心的国家重点高等院校,主要培养优质应用技术型人才;二是以国立技术学院(NITs)为轴心的联邦政府拨款高等院校,侧重进行本科教育;三是全印技术教育委员会下设的全国技术教育认可理事会(NBA)评出的办学质量好的邦立高等院校,一般无学位授予权,重在为本邦培养工程技术人才;四是私立高校和少量邦政府拨款的高等院校,它们是印度工程技术人才培养的主体力量,约占每年人才培养数量的76%。这四类工程技术院校层级分明,并行不悖,支撑起印度应用技术人才培养的主体。其中,第一、二类高等院校是印度施行精英教育的机构,第三、四类高等院校则是进行大众化教育的机构。

2. 入学考试

印度应用技术型人才教育的入学考试形式多样化,既有全国性考试和地方性考试,也有高校单独考试,不存在国家统一组织的高考制度。大多数高等院校承认全印工程师入学考试(AIEEE),并以之作为生源选拔依据,IITs则采用联合入学考试(JEE)。

---

① Government of India, Ministry of Human Resource Development. National Vocational Education Qualifications Framework (NVEQF)[R/OL]. http://mhrd.gov.in/sites/upload_files/ mhrd/files/ EXECUTIVE% 20RDER.pdf.

AIEEE 在每年 4 月份举行，它不单是工程类教育入学考试，而且还是建规、医药类教育的入学考试。该种考试分为两大部分，第一部分是囊括了物理、化学、数学等科目在内的客观性试题，主要面向技术学和工程学方向的学生；第二部分是数学空间、绘图和能力性向测试，主要针对建筑学、设计学等方向的学生。

JEE 也是一种年度性考试，由各所 IIT 轮流承办，考试大纲遵循中央中等教育理事会（CBSE）、印度高级学校证书考试（AISSCE）、印度学校证书考试（ISC）等考试委员会的相关规定。考试科目为物理、化学、数学和一个能力性向测试，前三者为客观题，着重考察学生的理解分析能力；能力性向测试主要考察学生的徒手画、几何绘图、空间认知等。通过 JEE 考试的学生可以申请攻读工程学、技术学、建设学、设计学学士学位，攻读综合型技术学学位，也可申请就读其他开设相类似专业的顶尖级高等院校。

3. 专业设置

印度应用技术型人才培养的专业设置呈现出多样化特征，每一类教育机构在专业开设上均各有特色。IITs 开设的专业几乎覆盖了关乎国计民生的所有工程技术专业领域，如 IITD（德里理工学院）拥有电气工程、材料工程、计算机科学与工程、化学工程、机械工程、纺织工程等诸多与国计民生休戚相关的优势专业。NITs 将人才培养定位在立足所在邦、辐射全国，专业设置主要服务于所在邦（地区）的经济社会发展需要。邦立工程技术学院由邦政府举办，大部分是单科性质，集中培养某一领域的应用技术型专业人才，专业设置通常集中在计算机科学与工程、土木工程、机械工程等领域。私立工程技术学院则侧重市场需求，主要针对市场需要开设需求度较高的相关专业。

4. 考核评价

印度应用技术型人才培养的考核评价体系体制健全，考核评价方式多种多样，开展针对学生的常规考试、实验室表现、论文、自我学习能力、技术水平、问题解决能力、对社区与工业的服务与实践活动、科研与创新活动、安全环保知识以及领导和组织团队工作能力的系统性考核与评价；注重过程性考核评价，强调减少只以一次期末考试来考核评价学生的现象。

5. 人才培养的国际化

一方面，由于印度曾经是英属殖民地，其高等教育打下了英属殖民地时期的烙印，具有明显的英式风格，在应用技术型人才培养上亦呈现出了英式风范。另一方面，印度独立后，为了满足经济社会发展的迫切需要，推动国家快速发展，印度又积极学习美国（特别是麻省理工学院）的人才培养模式，加强应用技术型人才培养，并逐步形成了具有本国特色的应用技术型人才培养模式。近年来，印度加大开展高等教育的国际合作与交流，先后与英国、德国、法国等国家建立起学科双边交流合作关系，不断学习、吸收、互通有无，在应用技术型人才培养方面取得了显著成就。

五、国际高职教育人才培养的启示

著名比较教育学家萨德勒（Michael Sadler）曾提出，以正确的态度和严谨的学术观点研究外国教育制度，其实在的价值是为了更好地了解和研究本国的制度。在分析、论述国外高职教育人才培养的过程中，捕捉到了诸多可供借鉴的有益经验，以期对我国改善高职教育技术技能人才培养质量有所启发。

（一）国家和政府的高度重视是前提基础

在经济社会高速发展的时代，高职教育已经成为影响经济发展、社会稳定的重要方面。国家和政府的高度重视，是高职教育发展和人才培养的政策保障，主要体现在立法保障、引领主导、经费支持三个方面。

1. 立法保障

坚持立法在先，通过全国立法的形式，为高职教育和人才培养提供保障。例如，德国于1953年颁布《手工业条例》、1960年颁布《青年劳动保护法》、1969年颁布《劳动促进法》、1969年颁布《职业教育法》、1972年颁布《工业宪章》、1973年颁布《跨企业培训中心资助条例》、1978年颁布《基础职业培训年学分条例》、1981年颁布《职业培训促进法》、2004年颁布《联邦职业教育保障法》、2005年颁布《新职业教育法》，不断地通过制定新法律和修订既有法律的形式对职业教育进行管理监督与组织实施，确保职业教育的快速健康发展；英国于1562年颁布《工匠学徒法》、1964年颁布《工业训练法》、2008年颁布《学徒制草案》，通过立法强力推进现代学徒制的施行；印度制定《印度理工学院法案》《国立技术学院法案》，以立法形式保障这两类学院的权责义务；美国颁布《职业教育法》《帕金斯职业和应用技术教育法案》和《由学校到就业法案》，有效保障了职业教育的发展，1950—1970年间美国本科学生只增加了1.5倍，而社区学院学生却增加了9倍，为促进高职学院培养人才、服务社区奠定了基础。

2．引领主导

在高职教育政治化倾向减弱、企业化趋势增强的背景下，国家进行统筹规划、顶层设计，充分发挥调控督导、引领主导作用，为高职教育人才培养提供了强力支持。德国除了出台一系列法律来保障高职教育发展之外，还建立了联邦教育与科学部、联邦职业教育研究所、各州教育与文化部部长联席会等联邦政府和州政府相互联动的职业教育管理体制。荷兰政府在高职教育发展中起着宏观调控的作用，它调节职业院校与行业之间的联系，并在法律、政策和经费上给职业院校和企业提供必要支持。英国政府采取了诸如建立院校独立办学机制、合并教育部与劳动部以组建教育与就业部、成立政府体制外的学习与技能委员会（Learning and Skill Council）、统一规范各种证书的体系与标准等政策和措施。美国从职业教育类型的初现开始，到服务经济生产、满足社会需求，再到促进生涯发展，都在不断修正对于职业教育的顶层设计。目前，美国政府正在推进STEM计划，即鼓励学生修习科学（Science）、技术（Technology）、工程（Engineering）、数学（Mathematics）四大领域，更加重视应用技术型人才的培养。同时，美国总统奥巴马还连续三年在国情咨文报告中提出发展社区学院，从国家的高度强调了发展社区学院的必要性和措施。印度将高职教育作为国家复兴的国家战略之一，通过创建IITs和NITs两类院校系统、国家强权管辖、以立法予以权益保障和扩张IITs和NITs的规模并给予最大程度的经费支持等政策和措施来强力保障高职教育人才培养。

3．经费支持

资金支持是国家和政府发展高职教育的主要方式之一，其支持力度体现了国家和政府对高职教育的重视程度，也或多或少地代表着一个国家高职教育的价值大小与发展前景。纵观各国高职教育经费来源，主要有政府、行业协会、企业、办学机构、培训中心等多种渠道,呈现出多元化的特征。就政府拨款而言,荷兰教育、文化与科学部2010年为应用技术大学提供了23.86亿欧元(1欧元=7.49人民币元)的拨款、为学生学费提供了6.37亿欧元的拨款,合同收入约为4.28亿欧元,政府拨款占70%左右,是高职教育最主要的经费来源[①];澳大利亚政府直接给予新学徒制资金扶持(如免税培训奖学金),向TAFE学院提供周期性财政资助,通过设立奖学金、提供培训补贴等方式来鼓励发展高职教育。其他国家,如美国、德国、瑞士等,政府在高职教育领域的财政投入都比较大,通过财政融资的形式鼓励高职教育积极为经济社会发展服务。

(二)标准化框架体系的构建是技术支撑

1. 建立国家层面的标准框架

在职业教育领域,国家层面的标准框架一般体现为国家职业教育框架、国家职业教育资格框架、国家职业技能认证框架等,具有全国性的规约力量,是各级职业教育必须遵循的最高规范,英国、澳大利亚、印度等国家都强调通过"框架"的形式来规范职业教育的办学。例如,英国当前使用的国家资格框架(NQF)是在1997年五级资格框架(QCA)的基础之上建立的,之后经历了2000年课程改革、2004年八级框架调整和2006年普通国家职业资格(GNVQ)调整三次较大的变化,形成了五个等级的国家职业资格证书。[②]澳大利亚从20世纪90年代开始便逐步制订实施了由AQF、TP、AQTF三部分组成的全国统一的职业技能认证体系。印度建立了国家职业教育资格框架NVEQF,该框架设计了共10层级、8个国家能力证书等级、2个认证证书在内的证书体系,规范了职业教育证书体系,推动了职业教育与普通教育证书等值、互认,实现了职业教育、普通教育和就业市场之间的贯通。

2. 建立基于实际的质量保障体系

从世界范围看,各国依据本国职业教育传统和高职教育办学实际,建

---

① 中国教育科学研究院课题组. 欧洲应用技术大学国别研究报告[R]. 2013,12: 10.
② 李继延,等. 中外职业教育体系建设与制度改革比较研究[M]. 上海:复旦大学出版社,2014:14-19.

立了具有本国特色的质量保障体系。例如，德国建立了一个非政府性、分权式的高等教育认证体系，分为三种，即专业认证、体系认证和对认证代理机构的认证；英国构建了质量监控体系，内审和外审相结合，采用形成性评价的方式进行高职教育质量考核，全方位监控高职教育办学质量；澳大利亚构建了以实践能力考核为主的考核评价体系，并确定了12种标准测试方法；印度则采取以综合能力考核为主的考核评价方式，对高职院校学生的学业成就进行总体评价。

（三）高职教育国际化、通识化、终身化是必然路径

高职教育的国际化、通识化、终身化，是高职教育的必然发展趋势，是高职教育提升服务能力、实现可持续发展的必经路径。

1. 高职教育国际化

高职教育走向国际化是经济全球化的必然要求。所谓经济全球化，指的是世界经济活动超越国界，通过对外贸易、资本流动、技术转移、提供服务、相互依存、相互联系而形成的全球范围的有机经济整体，有利于资源和生产要素在全球的合理配置，有利于资本和产品在全球的流动，有利于科技在全球的扩张，有利于促进不发达地区经济的发展，是当代世界经济的重要特征之一，也是世界经济发展的必然结果和重要趋势。经济发展呈现出的跨国性、跨界性、全球性等特征，对高职教育人才培养规格提出了更新、更高的要求。因此，加强与国际教育机构、工业协会、著名企业的交流与合作，充分利用国际教育市场，逐步放开国内教育市场，在教育目标、教育内容、教育方法上适应国际交往和发展的需要，培养具有国际发展意识、国际交往能力和国际竞争力的高素质劳动者和高技能人才，成为高职教育发展的必然趋势。

2. 高职教育通识化

高职教育的通识化，是指向心灵的教育，要求高职教育能够使人文素养、科学素养与专业素养相融相通，将应用技术培养与人文社科培养两者糅合、专业技术教育与通识教育结合、科学技术与综合素养结合，"全部都要抓、全部都要硬"，以培养综合素养较高的高端技术技能人才。例如，德国"双元制"强调"学徒为将来的工作而学习"，这里的"工作"还包括了

工作态度、工作职责、工作面貌、工作精神等内在含义;英国关注学生的通用能力和专业能力,在通用能力的要求中,包括自我管理能力、自我发展能力、合作能力、交往沟通能力,这些能力的获得,人文社科课程的教育至关重要;美国十分关注学生的个体发展,关注他们的生涯发展及人文素养的养成,同时提供广博的课程(当然也包括人文社科通识课程)供学生学习;澳大利亚职业教育的培养目标就是培养高文化、高能力、高素质、高技能的人才,而且每年提供的千余课程中就包含了大量的非职业课程和休闲课程,学生的人文素养的培养得到有效保障。可见,高职教育通识化在部分国家已经得到实践,并且也将成为全球高职教育发展的普遍共识和趋势。

3. 高职教育终身化

职业教育的终身化表现在终身职业教育体系的构建与完善,对内容多样、形式灵活的职业教育的探索,以及对个人通用技能培育和职业生涯发展的关注。高职教育的终身化是高职教育人才培养的必然要求,是高职教育改革的重点。1994年,国际第二届职业技术教育大会提出"终身学习与教育是迈向未来的桥梁",世界各国也不同程度地将终身教育理念运用于职业教育领域,形成了一些职业教育终身化发展的成功经验,如澳大利亚探索构建横向融通、纵向衔接的终身职业教育体系;美国从关注岗位能力转向关注通用技能、从关注经济发展转向关注个人生涯发展;英国强调发展内容多样、形式灵活的职业教育。可以肯定的是,在终身教育视角下,高职教育不再是一种终结性教育,高职院校不再是获取知识的唯一场所,职前学习也不再是继续培训的唯一时期,高职教育将对个体的成长与发展产生空前强大的影响。

(四)行业和企业的深度参与是有力保障

行业和企业深度参与高职院校的人才培养工作是国外典型人才培养模式的主要特征。通过行业、企业的多元参与,加深了高职教育人才培养与经济社会发展的对接和契合。

从国外的经验来看,行业和企业参与高职教育的方式主要有间接参与和直接参与两种。间接参与是指行业、企业通过国家和政府的推动参与人才培养，国家和政府通过立法规约、税收优惠、经费支持等方式充分调动行业和企业主动参与高职教育人才培养的积极性，如澳大利亚规定企业必须拿出工资总额的 2% 用于培训，而行业要根据雇主提供的专门培训要求向 TAFE 学院拨出相应款项。直接参与是指行业和企业直接参与高职院校人才培养全过程，主要表现为行业、企业代表直接参与高职院校的管理和人才培养全过程。例如，在德国"双元制"模式下，企业是办学主导方，学院是辅助方，学院实质上成为了一个提供培训的"外包机构"；英国的高职院校实行"内外兼治"，在学校内部由管理委员会、学术委员会、校长三方共治，在学校外部由企业方的"独立理事"参与到学校的师资建设、人才培养方案的制订、学院管理等方面。再如澳大利亚，学院董事会成员超过一半来自行业、企业，并主导构建人才培养模式、参与师资建设、质量评估等方面内容。可见，德国、英国、澳大利亚等国高职教育之所以取得如此之成绩，与行业、企业全方位的深度参与不无关系，甚至是关系重大。

（五）高职院校主动作为是关键所在

作为高端技术技能人才培养的主要承担者，高职院校必须主动作为，学习借鉴国际先进经验，立足本土实际，积极探索实验，主动适应经济社会发展趋势，准确回应产业结构调整，这是高职教育满足市场需求、提高服务能力的关键。

1．实施现代治理

现代治理是一种新型管理模式，是对传统管理方式的超越，在这种模式中各治理主体互信互利、相互依赖、共赢发展。实施现代治理，对于高职院校解决教育失效、回应市场需求失灵、创新人才培养模式、提高服务发展水平，均具有积极效应。例如，20 世纪 80 年代末期，英国的多科技术学院，立足地方，积极作为，在学院内部改革机构，做到权责分明、有效监管，同时科学定位，在办学思想、培养模式等方面主动创新；在学院外部整合资源，做到政府支持与学院资源合理利用、行业企业参与与学院培养有效整合，对于英国职业教育的改革起到了巨大的支撑作用。

2．对接需求设置专业

高职院校技术技能人才培养的根本服务对象是经济社会和产业发展，

所要培养的是直接将科学技术应用于社会实践的专业人员，关系到科学技术转化为生产力的速度和质量，也决定着高职院校毕业生的就业。可以说，高职院校的专业方向取决于区域经济和产业发展的状况，因此高职院校应主动对接，适应区域经济和产业发展需求，依托区域经济发展重点，厘清特色发展领域和强势企业，结合学院实际，与区域内行业、企业密切合作，以市场为依据设置专业，并根据科学技术进步和经济社会发展不断进行调整、更新，如印度的国立技术学院和邦立技术学院均偏重于立足本邦经济社会发展需求开设、调整专业。

3．多元共建课程体系

课程是高职院校改革与发展、提高教育质量的关键环节和直接载体，也是学生能力建构的基础和依托。高职院校和行业、企业，作为高职教育建设和治理的主体，要互相配合，互动合作，共同开发、建设课程体系。只有这样，行业发展趋势、职业岗位任务、国家资格标准、高职院校需要、学生学习兴趣才能得到积极有益的回应。同时，校、企、行等多元合作开发、建设课程体系，有助于使人才培养目标更加明晰、培养任务更加明确、培养途径更加明了。如澳大利亚 TAFE 学院的课程设计程序为提出申请（州行业培训咨询委员会）—通过（教育部拨款）—课程开发（州教育服务部门）—公布执行（符合相关培训包标准或国家能力批准），整个流程充分体现了行业、企业在整个课程体系的建构过程中所起到的作用，有利于提升人才培养的质量和市场匹配度。

4．选择"理实相倚"的课程教学

国外高职教育典型人才培养模式的课程结构一般是基础课程、专业课程、实践课程和毕业设计 4 个环节，有的国家和院校在具体安排和顺序上可能有所侧重与不同，但是都围绕实践与理论相融合的思路来开展课程教学，突出理论与实践的融合性。例如，英国多科技术学院的课程设置采用"三明治模式"，即理论—实践—理论，教学则采用"2＋1＋1"形式（即两年的理论学习，一年的实践锻炼，再一年的理论学习）或"1＋2＋1"形式（即一年的理论学习，两年的实践锻炼，再一年的理论学习），实现了理论与实践的交替融合。

5. 打造高水平的师资团队

一般情况下，国外职业教育教师的最低任职要求是具有本科学历，具有相关工作经验，同时要接受培养培训[①]，同时强调师资结构上的专兼结合或者是理论导师与实践导师相结合。一般来讲，国外不仅要求高职教育教师具有相应的专业知识、基本教学理论知识和工程师及技师证书，还特别强调教师的实际工作经历，因为只有教师具备实践经验才能把企业的生产、经营、管理及技术改进等方面的最新进展同学校教育内容紧密地、有机地结合起来，真正实现理论联系实际，让学生学以致用。例如，美国要求高职教育教师除了具备所需的学历学位之外，还要求其学过教育学课程，并要求专业教师必须有两年以上工作经验或者在相关技术领域有5年以上实际经验。同时，聘请企业一线的专家、高级讲师、高级工程师等人员担任兼职教师，与专职教师一起组织、实施教育全过程，以强化理论知识同实践技能的融会贯通。

第二节 高职教育技术技能人才培养质量提升路径
——基于产业链的集群式人才培养模式

产业链，作为产业转型升级的智慧选择和必然结果，引发了一场产业竞争革命。要在这场革命中取胜，关键在于人才。这对为社会经济和产业发展培养技术技能人才的高职院校而言，既是机遇，也是挑战。一方面，产业链的发展与竞争为在新旧模式的"对抗"中深度挖掘社会经济与产业发展对现代技术技能人才的内在需求提供了契机；另一方面，产业链的发展对技术技能人才培养期许的拔高给高职院校传统的人才培养定位及"粗放型""专才式"人才培养模式当头一棒，创新人才培养模式刻不容缓。本研究围绕产业链的特征及其技术技能人才需求的复合性、创新性等特点，依托产业链提出"基于产业链的集群式人才培养模式"，推动人才培养模式从"传统"向"现代"嬗变，从"要素驱动"向"创新驱动"转变，从"专才培养"向"复合型人才培养"蜕变，使技术技能人才培养与产业链需求

---

① GROLLMANN P. The Quality of Vocational Teachers: Teacher Education, Institutional Roles and Professional Reality[J]. European Educational Research Journal, 2008（4）.

无缝对接，从而提高高职院校的技术技能人才培养质量、提升高职院校的产业服务能力。

一、内涵解读：集群思想下的技术技能人才培养模式

（一）集群思想概述

集群思想源于对经济集约化发展的追求与探索，其最初的出发点，是在特定经济区域范围内，通过各种经济要素在质量上的提升、数量上的增加、投入上的集中和结构上的优化调整，以达到提质增效、实现利益最大化的目的。1890年，英国著名的经济学教授阿尔弗雷德·马歇尔（Alfred Marshall）在其《经济学原理》一书中探索了规模经济问题，提出规模化的生产有利于机械的使用和改良，可以获得经济的原料，便于采购和推销，能促进专门技术和企业管理工作的进一步划分。历史上一般认为，马歇尔关于规模化生产及其益处的论述是产业集群思想的雏形。20世纪初，德国经济学家阿尔弗雷德·韦伯（Alfred Weber）在其著作《工业区位论：区位的纯理论》中继承、发展了马歇尔的集群思想，他将工业集聚现象分为低级和高级两个阶段，认为低级阶段的工业集聚集中体现在企业规模的扩大，而高级阶段的工业集群则表现为众多在生产、销售等环节上具有密切关系的企业在一个地点的集中；并指出工业的集聚具有诸多好处，如有利于及时采用最新技术、促进生产专业化、合理组织劳动力、增加产品销路和销量、易于获得银行贷款、实现关联企业间的资源和设施共享、降低单位成本等。[①] 1990年，美国著名管理学家迈克尔·波特（Michael E. Porter）在其著作《国家竞争优势》中率先使用"产业集群"这一概念分析了集群现象，被广泛认为是"产业集群"概念的正式提出。在该书中，他论述到，产业集群现象是"形成基于资源集聚的比较优势而带来的集聚效应、效率效应、规模效应和扩散效应，从而提高绝对竞争力，其目的是追求最经济、利益最大化"[②]；同时指出，"一个国家的经济体系中，有竞争力的产业通常不是均衡分布的，国家的产业竞争优势趋向集群式分布。一个国家上游

---

① 钟书华. 创新集群：概念、特征及理论意义[J]. 科学学研究，2008（1）：178.
② 赵昕，张峰. 基于产业集群的职业教育专业集群基本内涵与特征[J]. 职业技术教育，2013（4）：37.

的竞争优势，同样有助于它的下游产业发展国际竞争力。上游产业所提供的技术，可以转化成下游的创造力，它本身也可以跳进来加入下游产业的竞争。当一个产业具有国际竞争优势时，它的技术转移，通过与现有企业联手，或因扩散效应的关系，还会创造新的相关产业。"①

马歇尔、韦伯和波特对集群现象和产业集群的学理性论述，深刻影响着后来的研究者，引发了对产业集群的内涵、外延及特征的系统大讨论，更是引起了各国职业教育界诸多研究机构学者和研究人员的研究兴趣，纷纷探索职业教育如何为产业集群发展培养合格的技术技能人才，如澳大利亚研究了行业发展及其人才需求后，开发了涉及各行各业的职业资格培训包（Training Packages）；美国建设了囊括16个专业群和若干专业方向的国家专业群框架（the National Career Clusters Framework）；德国强调把新工艺、新方法、新技术及时引进培训计划，以适应经济和社会结构的发展变化。我国亦重视研究职业教育如何更好地为产业集群的发展输出优秀人力资源，在集群思想的引领下从院校治理、标准开发、教学改革等层面开展了富有意义的研究。

（二）集群思想下的技术技能人才培养模式

分析产业发展的过程，不难发现，当前的产业发展呈现出集群、链网的特征，出现了两种紧密联系的产业组织形式，即产业链和产业集群。产业链具有"大区域离散、小区域集聚"的特性，而产业集群则是产业链在小区域空间积聚现象的具体体现，它代表着介于市场和等级制之间的一种新的空间经济组织形式，其内部各企业及经济组织之间存在产业链关系，内部运行耦合产业链特征和要求。因此，在特定区域内探讨职业教育服务产业链的能力，摸索以产业链为导向的职业教育技术技能人才培养模式创新，实质上是探索职业教育如何通过技术技能人才培养更好、更有效地对接某一区域内不同产业集群的需求。

鉴于此，笔者在产业集群思想的引领下，结合我国产业集群式、链网式发展的特征提出"基于产业链的集群式人才培养模式"，旨在解决区域高职教育如何回应特定产业链在本区域内的产业集群发展现象对技术技能人

---

① 钟书华．创新集群：概念、特征及理论意义[J]．科学学研究，2008（1）.

才的需求的问题，因此该培养模式可以定义为：以服务产业集群、对接产业集群人才需求为宗旨，围绕产业集群特征及其技术技能人才需求形成的一种以"集群"形式培养技术技能人才的培养模式，它是一种更加具有适应性的人才培养模式。

作为一种人才培养模式，基于产业链的集群式人才培养模式既具备一般人才培养模式的共性，具备职业教育人才培养模式的共性，也具有自身的独特个性，具有丰富的内涵，主要体现为：

教育的目的性——基于产业链的集群式人才培养模式是在高职教育实践中探索出来的、旨在解决高职教育人才培养问题的一种培养模式选择。在这一过程中，党和国家制定的教育方针和职业教育目标、区域职业教育人才培养目的等都是该培养模式构建的根本依据，提供了方向性指导。可以说，该培养模式的形成不仅凝聚着对高职教育人才培养现实问题的深度探索，也包含着对党和国家教育方针及职业教育目标、区域高职教育人才培养目的的充分研讨和尊重。

教育主体的多位性——基于产业链的集群式人才培养模式是一种具有明确目标的活动，即通过特定教育方式、活动和过程培养适应区域产业集群发展需求的人才。由于其与区域经济社会发展、产业发展的密切联系，必然要求其主体具有多元性，既包括作为办学实体的高职院校、作为教育宏观调控者的政府和教育行政主管部门、作为用人单位的行业企业，也包括作为相关社会力量的第三方评估机构、协会等。

人才培养模式的综合性——基于产业链的集群式人才培养模式是经过"实践—理论—实践—理论—实践"过程反复打磨而形成的，是一种经过理论研究和实践论证了的具有可行性、有效性、适应性的高职教育人才培养模式，具有较强的生命力，也具备一定的借鉴价值。

人才培养方式的集群性——顾名思义，基于产业链的集群式人才培养模式的出发点、落脚点、创新点就是采用"集群"的方式来主动适应产业链在区域经济领域的集群发展特性对技术技能人才的需求，主要通过集群式专业设置、模块化课程体系以及相应的教学组织体系、教学质量评价体系之间的贯通与协作来实现，其集群性特征无不彰显。

二、目标追求：培养高素质复合型技术技能人才

（一）高职教育人才培养目标的涵义

高等职业教育一方面体现为高等教育，另一方面展现为职业教育，是高等教育和职业教育在社会人才需求上有机融合的一种特殊教育类型。因此，很有必要从高等教育和职业教育两个维度来探讨高等职业教育人才培养目标的涵义，也只有如此才能完整实现其教育价值、职业价值和社会价值。

作为高等教育的一个特别类型，高职教育在人才培养目标上必定会在一定程度上受到高等教育人才培养目标及人才培养规范的约束，打上高等教育的印记。何为高等教育人才培养目标？文辅相教授认为，高等教育的要务是"传递高层文化、研究和发展高深学问、培养高级专门人才"[1]，并指出高等教育是"学术性与职业性、综合性与专业性、基础性与应用性的有机结合"。由此可以明确，高等教育在确定人才培养目标之时，理应综合考虑"全面性"和"专业性"。随着社会对创新人才需求的增加，有研究者认为应该在"全面性"和"专业性"的基础上加上"创造性"，使高等教育的人才培养目标做到"全面性、专业性和创造性"[2]三性融合。

作为职业教育的高级形式，高职教育的根本要责是培养高端应用型技术技能人才。由于职业岗位随社会经济发展、产业结构调整、科学技术进步等不断变化更替及其职业能力需求的转变与更新，高职教育培养对象的广泛性、不确定性和复杂性，使得高职教育不是一次性的就业教育，而是面向人人的、充满变数的职业生涯教育，因此其人才培养目标具有"柔性"特征。同时，在任何一个发展时期，政府、各级教育行政主管部门、高职院校等均对高等职业教育人才培养目标从宏观到微观做了严格、明确的规定，专业设置、课程建设、教学活动、教学技术的选择等都不得不围绕相关的预设标准展开，因此其人才培养目标具有"刚性"特征。由此，高等职业教育人才培养目标是"柔性"和"刚性"的统一体。

结合高等教育人才培养目标的特点和高职教育的职业教育特性，可以

---

[1] 文辅相. 21世纪的高等教育目标:高科技水平与高文化素养[J]. 高等教育研究，1999（3）.

[2] 杨杏芳，朱曼. 我国高等教育本科人才培养目标改革的总方向——科学、文化、人生、创造四位一体[J]. 贵州师范大学学报（社会科学版），2003（2）.

将高职教育人才培养目标界定为：以全面性、专业性和创新性为指导原则，以社会需求和就业为导向，以专门职业能力和综合素质培养为根本旨归，培养"专博相宜"的高端应用型技术技能人才。

（二）高职教育人才培养目标的历史演进

高职教育人才培养目标是社会经济和产业发展人才需求的集中反应，随着社会经济和产业的发展而不断变化与调整。中华人民共和国成立以来，我国高职教育人才培养目标大概经历了起步期、调整期、稳定期和再探索期4个发展时期。

1. 起步发展阶段（1980—1993）

20世纪80年代初，我国高职教育在江苏一带兴起，旨在通过培养"技术人才"来回应地方经济建设和产业发展对专门人才的需求。1982年，第五届全国人民代表大会第五次会议规划了举办短期职业大学的蓝图，该种大学以"技术人才培养""服务地方发展"为特征，是新时期高职教育的开端。同年，教育部在《中国短期职业大学和电视大学发展项目报告》中明确，短期职业大学"根据地方需求，以灵活的教育计划招收自费走读生，使学生将来可以担任技术员的工作"[①]，首次提出高职教育人才培养的目标是培养面向"地方需要"的"技术员"。1987年，国务院批转《国家教育委员会关于改革和发展成人教育的决定》，要求贯彻落实《决定》中提出的精神，针对成人学校教育改革，提出"职工大学、职工业余大学等要利用自身同行业企业关系紧密的有利条件，结合需要，举办高等职业技术教育，为企事业单位培养生产、经营管理方面的专业技术人才"。[②] 1991年，应党的十三届七中全会精神，国务院制定颁发了《国务院关于大力发展职业技术教育的决定》，提出20世纪90年代发展职业教育的要务之一是"推进现有职业大学的改革，努力办好一批培养技艺性强的高级操作人员的高等职业学校"。[③]

---

① 刘松林，马庆发. 改革开放以来我国高职人才培养目标发展回顾[C].《教育史研究》创刊二十周年暨中国教育史研究六十年学术研讨会，2009.
② 国务院. 国务院批转《国家教育委员会关于改革和发展成人教育的决定》的通知[Z]. 中华人民共和国国务院公报，1987-04-19.
③ 国务院. 国务院关于大力发展职业技术教育的决定[Z]. 江西教育（转载），1992（1）.

这一时期，对于高职教育的性质还处在研究、摸索之中，高职教育作为一个类型的高等教育尚未明确提出，因此高职教育的培养目标尚不够完整，未能完全反映高职教育的本质。

2. 调整发展阶段（1994—2002）

在高等教育调结构、促发展的大浪潮中，1994年的全国教育工作会议提出通过"三改一补"推动发展高职教育；1996年《中华人民共和国职业教育法》和1998年《中华人民共和国高等教育法》的颁布实施则明确确立了高职教育的法律地位，高职教育成为一种新的教育类型稳立于我国教育界[①]，如《中华人民共和国职业教育法》规定"职业学校教育分为初等、中等、高等职业学校教育，高等职业学校教育根据需要和条件由高等职业学校或普通高等学校实施。"1999年，国家颁发《中共中央国务院关于深化教育改革 全面推进素质教育的决定》，提出"高职教育是高等教育的重要组成部分，要大力发展高职教育，培养一批具有必要的理论知识和较强实践能力，生产、建设、管理、服务第一线和农村急需的专门人才"，强调高职教育人才培养的应用性。2000年，《国务院办公厅关于国务院授权省、自治区、直辖市人民政府审批设立高等职业学校有关问题的通知》指出，高职院校的要务是"面向地方和社区经济建设和社会发展，适应就业市场的实际需要，培养生产、服务、管理第一线岗位需要的应用型、技能型专门人才"；同年出台的《教育部关于加强高职高专教育人才培养工作的意见》亦强调高职教育要"培养拥护党的基本路线，适应生产、建设、管理、服务第一线需要的，德、智、体、美等全面发展的高等技术应用性专门人才"。

在这一时期，高职教育的法律定位得以明确，成为一种新型的、独立的教育类型，有着自身独特的人才培养目标，基本定位于培养地方需要的一线应用型专门技术人才。然而，由于对高职教育本质属性和职能特性仍在不断探索之中，对其人才培养目标的研究和论述亦在不断地调整。

3. 稳定发展阶段（2003—2011）

进入21世纪以来，我国高职教育得到快速发展，在人才培养目标定位

---

① 周建松，唐林伟. 高职教育人才培养目标的历史演变与科学定位——兼论培养高适应性职业化专业人才[J]. 中国高教研究，2013（2）.

上更加清晰。2004年，教育部发布《2003—2007年教育振兴行动计划》，要求加强高职院校建设，大量培养高素质的技能型人才，特别是高技能人才。同年，教育部出台《教育部关于以就业为导向深化高等职业教育改革的若干意见》，要求高职教育培养"面向生产、建设、管理、服务第一线需要的'下得去、留得住、用得上'，实践能力强，具有良好职业道德的高技能人才。"2010年，教育部、财政部共同发布了《教育部、财政部关于进一步推进"国家示范性高等职业院校建设计划"实施工作的通知》，提出要更好地发挥高职院校"培养高素质高技能型专门人才"的职能。2011年，《教育部关于推进高等职业教育改革创新引领职业教育科学发展的若干意见》也强调了高职教育"培养生产、建设、服务、管理第一线的高端技能型专门人才"的任务和目标。

在这一阶段，高职教育人才培养目标尽管在具体表述上有所不同，但是定位非常清晰，即培养"高技能型人才"，可见这一时期的高职教育人才培养目标是相对稳定的。

4. 再探索发展阶段（2012年至今）

进入"十二五"以来，我国社会经济发展进入新常态，产业转型升级持续有效推进，作为与社会经济和产业发展联系最为紧密的教育类型，高职教育人才培养目标随之进行了调整。2012年，教育部发布《国家教育事业发展第十二个五年规划》，重新定位了高职教育的人才培养目标，提出高职教育"重点培养产业转型升级和企业技术创新需要的发展型、复合型和创新型技术技能人才"，将之与中等职业教育的人才培养目标进行了区分；2014年，《国务院关于加快发展现代职业教育的决定》进一步要求"创新发展高等职业教育，培养服务区域发展的技术技能人才，重点服务企业特别是中小微企业的技术研发和产品升级"。

在这一时期，高职教育的人才培养目标根据社会经济发展和产业转型升级的人才要求进行了再一次的探索与调整，明确了培养"服务产业转型升级的技术技能人才"的目标。

（三）基于产业链的集群式人才培养模式提出的培养目标

技术技能人才培养是国家社会经济和产业发展赋予高职教育的任务，

是高职院校人才培养模式的着眼点和根本旨归,这种定位的准确性毋庸置疑。然而,随着经济社会和产业发展不断"精细化""集约化""智能化""高速化",培养"什么样"的技术技能人才成为高职院校必须审慎考虑的问题。在创新人才培养模式的过程中,高职院校应时刻追问"想通过这种培养模式培养出什么样的技术技能人才,这种培养模式能否培养以及怎样培养这样或那样的技术技能人才。"

结合国家高职教育办学与发展的定位、社会经济发展和产业转型升级的特征以及产业链在区域上的产业集群发展模式,基于产业链的集群式人才培养模式站在区域社会经济和产业发展的角度,致力于培养服务区域产业集群发展的高素质复合型技术技能人才。具体来讲,这种高素质复合型技术技能人才应具备以下素质:既要具有精湛的专门岗位技术技能,又要具备产业链整体和产业集群体认知,能够解决相关领域和岗位的技术技能问题,具备较高职业道德素养、产业链和产业集群文化认同感、产业文化素养,以及社会适应能力和创新创造能力。可以看出,该培养模式的技术技能人才培养既关注满足区域产业集群当前现实需求,强调人才培养高度耦合产业集群的实际需要;同时,又认识到并抓住产业集群的发展特性,倡导人才培养基本适应产业集群发展趋势。因此,提倡以创新教育、终身教育和适应性教育为核心,不仅把学生培养成产业集群需要的技术技能人才,而且要培养成主动适应产业集群发展的技术技能人才。

基于以上论述,基于产业链的集群式人才培养模式的人才培养目标具有以下特征:

区域性——基于产业链的集群式人才培养模式强调的是高职院校技术技能人才培养服务产业链在区域的集群发展特征,关切的是区域产业集群的人才需求,并要求根据区域产业类别及其集群发展特点科学地设置相应的专业集群、课程、教学组织体系和教学质量评估体系,深深地打上了"区域"的烙印。

复合性——在产业集群发展过程中,各行各业的交互、融合越来越走向纵深,使得相关岗位职能更加精细化,各岗位之间的联系也更加紧密。同时,科学技术的快速更新与发展也加速了旧产业消融和新产业展露的步伐,使得新旧职业和岗位的更替更加频繁。这就要求职业教育培养的技术技能人才更加具有复合性,不仅要具备精深的专业技能,还要具备相关岗位和职业的基本技术技能、社会适应能力、创新能力等体现其综合素质的职业能力。据此，基于产业链的集群式人才培养模式旨在培养复合性技术技能人才，以回应产业集群发展的人才需求。

适应性——基于产业链的集群式人才培养模式坚持以区域产业集群发展的阶段性人才需求为人才培养目标确立的根本依据，强调高职院校技术技能人才培养基本实现"模糊适应"产业集群的发展需求。之所以是"模糊适应"，是因为人才培养过程具有一个相对较长的时期，只可能是在一定时期内适应特定产业集群发展需求。

发展性——基于产业链的集群式人才培养模式提出的培养高素质复合型技术技能人才的培养目标，本身就内含着发展性的特点。这是因为，该培养模式提出的培养目标注重学生综合素质和职业核心能力的培养，如职业道德素养、产业文化素养、适应能力和创新能力等，为学生的职业生涯发展奠定了坚实的基础，即使转岗转业，也能使学生较快地转变角色和身份，投入到下一份工作中。

三、运作机理：技术技能人才培养随产业集群发展动态调整

（一）技术技能人才培养随产业集群发展动态调整的逻辑起点

逻辑起点解决的是"为什么"的问题，即高职院校技术技能人才培养为什么要根据产业集群的发展变化进行动态调整的问题。众所周知，高职院校是高端技术技能型人力资源的主要"生产者"和"输送者"，是社会经济和产业发展的重要人力资源"支柱"。在产业集群成为产业转型升级和产业链的区域空间集聚发展主导形式的大环境下，高职院校所培养的技术技能人才很大一部分直接对接的是产业集群的人才需求。产业集群的用人反馈是高职院校技术技能人才培养质量的现实反应，是高职院校技术技能人才培养结构、类型、数量等的调整依据。同时，产业集群发展需要既有现实需求，又有未来发展需求，反映着高职教育投入主体的价值追求，主要体现在高职院校技术技能人才培养与产业集群发展及结构转型优化和社会经济发展新常态之间的耦合度上。高职院校技术技能人才培养要立足产业集群对人才的需求，以此为出发点和落脚点，并尝试构建与此相适应的人才培养模式。因此，基于产业链的集群式人才培养模式强调，产业集群人

才需求是高职院校技术技能人才培养动态调整的逻辑起点，所以很有必要建立技术技能人才培养随产业集群发展动态调整机制。

（二）技术技能人才培养随产业集群发展动态调整的主体和职责分工

在技术技能人才培养随产业集群发展动态调整的结构体系中，涉及三大与技术技能人才培养和产业集群发展密切关联的利益主体，分别是政府和教育行政主管部门、行业企业、高职院校。这三者之间既各自有其特殊的职能和工作，又相互联系，协作完成技术技能人才培养工作。

1. 政府和教育行政主管部门

考察我国职业教育发展历史轨迹，不难发展国家和地方政府的政策推动是职业教育持续发展的主要驱动力之一。国家、各省市和地区的经济社会发展规划直接影响各类技术技能人才的需求状况，各级教育行政主管部门掌握管辖范围内高职院校技术技能人才培养的规格、结构、数量等，并从战略层面提出宏观指导方针。如《国务院关于加快发展现代职业教育的决定》《教育部关于深化职业教育教学改革全面提高人才培养质量的若干意见》《中国制造2025》《成都制造2025》等都强调了教育链与产业链有机融合、人才培养链对接产业链的指导思想。由此可见，政府和各级教育行政主管部门理应分别是高职院校技术技能人才调整的宏观和中观"指导者""调控者"。

2. 行业企业

行业和企业决定着产业集群的命运和发展趋势，其产业分布、产业动态、岗位分布及变化以及对技术技能人才的需求，是高职院校技术技能人才培养调整的重要数据和信息渠道。一方面，行业和企业与教育行政主管部门直接对接，提出人才需求和人才期待，再由教育行政主管部门将其转化为教育政策、教育规划等提供给高职院校；另一方面，行业和企业与高职院校直接对接，将其用人反馈和人才需求信息提供给高职院校。同时，行业和企业也是技术技能人才培养的主体之一，为技术技能人才的实操、实训、实习提供相应的师资力量和物质资源。因此，行业和企业是技术技能人才培养动态调整的主要"参与者"和相关数据、资源的"提供者"。

3. 高职院校

高职院校是办学主体，是技术技能人才培养的"主阵地"和主要"执行者"，也是校本人才培养信息的提供者。其任务是研习政府部门的政策规划、有效利用行业企业提供的数据材料，结合自身办学特色，在与政、行、企三方充分互通互动的基础上，达成技术技能人才培养共识，紧密围绕产业集群需求，扎实开展技术技能人才培养工作。

综合以上分析，技术技能人才培养随产业集群发展动态调整的主体及其职责分工可用图 3-2 所示的体系架构加以展现。

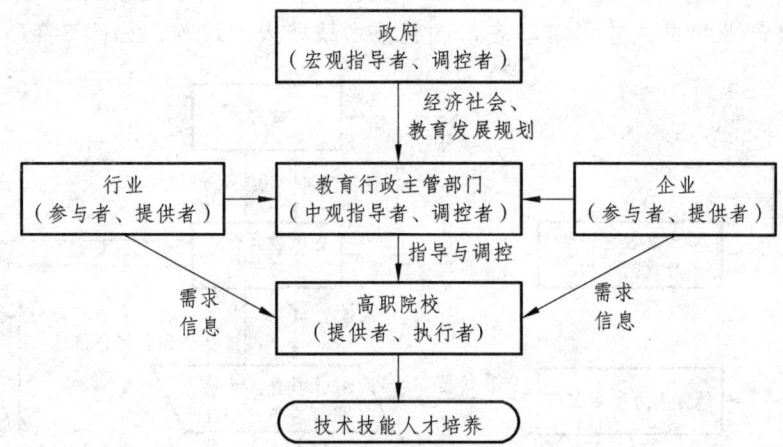

图 3-2 技术技能人才培养随产业集群发展动态调整体系架构

（三）技术技能人才培养随产业集群发展动态调整机制

政、企、行、校在技术技能人才培养随产业集群发展动态调整中各自扮演着重要的角色，缺少哪一方都将导致技术技能人才培养"盲人摸象"，难以适应产业集群需求。若是政、企、行、校四方"各自为政"，缺乏有效沟通，也必然导致技术技能人才需求信息"失真"、人才培养"失控"，从而致使高职教育发展"举步维艰"、行业企业"用工荒"、经济社会发展"停滞不前"。因此，要搭建一个政、企、行、校联动的技术技能人才供求综合信息平台，形成一个技术技能人才培养随产业集群发展动态调整的机制，充分整合、利用各方数据信息和资源，使各自职能得到最大化发挥。

1. 架　构

基于政府和教育行政主管部门、行业企业、高职院校等在高职院校技术技能人才培养中的关键性作用，地方性人力资源部门在行业企业人才供求信息分析和共享、在人才招聘中的核心职能，以及第三方教育评估与数据机构在高职院校技术技能人才培养质量外部监督和评价中的重要角色，基于产业链的集群式人才培养模式所搭建的技术技能人才培养随产业集群发展动态调整机制，全面纳入政府和教育行政主管部门、行业企业、高职院校、地方人力资源部门和第三方教育评估与数据机构六大主体，在搭建技术技能人才供求综合信息平台的基础上，分工合作，共培共享，切实实现围绕产业集群人才需求动态，调整技术技能人才培养，如图3-3所示。

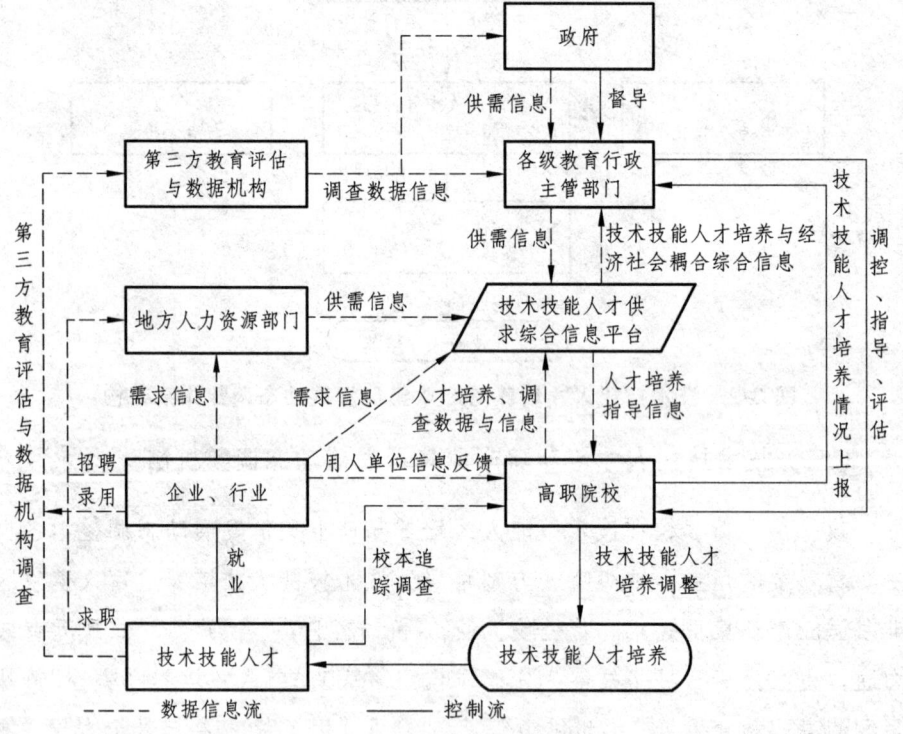

图3-3　技术技能人才培养随产业集群发展动态调整机制的架构

从图3-3中可以看出，在技术技能人才培养随产业集群发展动态调整机制架构中，政府和各级教育行政主管部门是技术技能人才培养的指导、调控与评估主体,通过发布人才培养规划、人才培养实施指导意见等举措动态指导与调控各高职院校的技术技能人才培养;第三方教育评估与数据机构是一个特殊的行业,主要通过开展外部评估与数据调查客观反映人才培养质量,是技术技能人才培养信息和数据的重要来源渠道;地方人力资源部门、行业企业和高职院校是技术技能人才数据、信息的提供者和技术技能人才培养调整的参与者,代表了社会、行业企业和办学者的实际需求。其中,高职院校还扮演着技术技能人才培养直接执行者的角色。通过该机制的有序、高效运作,能够促进技术技能人才供需的平衡和良性互动,实现技术技能人才培养适应、促进、引导产业集群发展。

2. 运　行

可以说,技术技能人才培养随产业集群发展动态调整机制是基于对社会经济和产业结构变革与发展的一种前瞻性考虑而构建的,它关心的是高职院校的技术技能人才培养及其调整如何应对、适应社会经济和产业结构性变革与发展所引起的职业资格动态变化和技术技能人才质量需求动态高移。那如何通过该动态调整机制的运行来实现高职院校的技术技能人才培养随区域社会经济和产业发展的总体趋势主动调整并积极跟进呢?基于产业链的集群式人才培养模式提出,技术技能人才培养随产业集群发展动态调整机制的有效运行需要依托强有力的组织载体,按照一定的运行程序进行。组织载体作用的发挥,要充分整合各利益相关主体,形成组织合力,并注重组织内部创新和功能的重新组合;运行程序需要有效利用人、财、物、时空、信息等核心要素,最大化地实现该机制的功能。

从组织载体来讲,技术技能人才培养随产业集群发展动态调整机制需要通过组织载体去运行和实施。因此,要联动、整合技术技能人才培养随产业集群发展动态调整机制中的各主体,形成相应的领导机构、职能机构和执行机构。其中,领导机构由教育行政部门职业教育主管人员、高职院校核心管理者、行业企业领导者、第三方教育评估与数据机构负责人、地方人力资源部门领导人等核心人员组成,主要起带头、领导、统筹作用;职能机构由高职院校教学管理人员、行业企业技术能手、第三方教育评估与数据机构研究人员、地方人力资源部门主管等人员组成,主要负责技术技能人才培养随产业集群发展动态调整的中观调控与指导;执行机构由高职院校负责教学的教师和行政人员、行业企业一线管理人员、第三方教育评估与数据机构的信息收集与分析人员、地方人力资源部门的管聘人员等共同组成,主要负责收集区域产业集群信息与数据并分析其人才需求、收集高职院校技术技能人才培养及其成果的相关信息和数据并进行分析处理。必须要明确的是,技术技能人才培养随产业集群发展动态调整是一项系统工程,因此还需要各利益相关主体的相关部门的全力支持与鼎力配合。

从运行程序来讲,要通过决策调控—运行整合—协调互动—人才培养预警—保障动力五大步骤来协同实现技术技能人才培养随产业集群发展动态调整机制的有效运作,如图3-4所示。大致运行步骤如下:技术技能人才培养随产业集群发展动态调整机制的领导机构进行决策调控,宏观把握技术技能人才培养随产业集群发展动态调整计划,制定相应的规章制度,总体调控技术技能人才培养随产业集群发展动态调整机制的运行状况;在运行过程中,建立起领导机构一把手负责、职能机构牵头、执行机构各成员协同作用的运行机制;建立并完善技术技能人才培养随产业集群发展动态调整机制各机构、各要素之间的互动、协作、协调关系;根据产业集群需求、高职院校人才培养现状,提出人才培养调整预警,并建立相应的预警机制与网络机制;提供组织领导、人员队伍、资金、场所等措施条件保障,使技术技能人才培养随产业集群发展动态调整能够正常有序地进行。

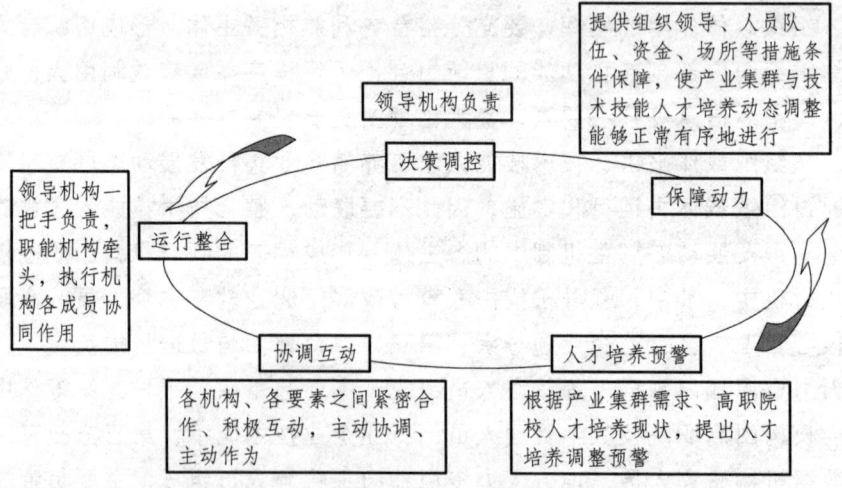

图3-4 技术技能人才培养随产业集群发展动态调整机制的运行步骤

必须要指出的是,技术技能人才培养随产业集群发展动态调整机制运行的五大步骤是一个环形过程,各个步骤相互衔接、相互协作、相互促进,共同推动该动态调整机制的正常、有效运作。

四、结构要素:"专业—课程—教学—评价"链

(一)集群式的专业设置

专业是连接社会需求与教育供给的桥梁,是高职教育对教育外部框架环境和教育内部运行机制变化而做出快速反应与积极调整的切入点[①],是破解高职教育人才培养适应性和可用性困境的关键。

1. 高职教育专业内涵及分类

就职业教育领域内的"专业"而言,姜大源教授指出其是指"教育部门根据劳动力市场对从事各种社会职业的劳动者和专门人才的需要以及学校教育的可能性所提供的培养类型"[②]。这是由职业教育的本质属性决定的,职业教育的职业性和社会性必然要求其专业设置应充分关切社会和经济发展的劳动力结构与类型诉求,并以此为依据来设置、调整专业。必须要明确的是,职业教育领域的"专业"尽管是职业教育的职业属性和社会属性的体现,但绝非是对社会职业的照搬,而是对社会职业群和岗位群所需的共同职业资格的归纳;无论是中职教育还是高职教育,都遵循这一本质。可见,专业是贯通职业教育人才培养和社会人才需求的直接通道,对于高职教育加强内涵建设、提质增效具有重要的现实意义。

为了规范高职教育专业建设,切实提高高职教育的人才培养能力和社会服务能力,我国教育部于2004年站在国家战略高度,发布了《普通高等学校高职高专教育指导性专业目录(试行)》(以下简称《专业目录》),并于2012年印发了研究制定的部分《高等职业学校专业教学标准(试行)》(以下简称《专业教学标准》)。《专业目录》将高职高专教育分为农林牧渔大类,交通运输大类,生化与药品大类,资源开发与测绘大类,材料与能源大类,土建大类,水利大类,制造大类,电子信息大类,环保、气象与

---

① 姜大源. 论面向未来的职业教育专业建设方略[J]. 中国职业技术教育,2002(5).

② 姜大源. 论职业教育专业的职业属性[J]. 职业技术教育(教科版),2002(22).

安全大类、轻纺食品大类、财经大类、医药卫生大类、旅游大类、公共事业大类、文化教育大类、艺术设计传媒大类、公安大类，以及法律大类19个专业大类；每一个专业大类又划分为多个专业类和专业，如制造大类分为机械设计制造类、自动化类、机电设备类和汽车类4个专业类，共设计了机械设计与制造、机电一体化技术、机电设备维修与管理、汽车制造与装配技术等专业共32个。《专业教学标准》则涉及了除公安大类之外的18个专业大类，共410个专业的教学标准，在专业名称、专业代码、招生对象、学制与学历、就业面向、培养目标与规格、执业证书、课程体系与核心课程、专业办学基本条件和教学建议、继续专业学习深造建议10个方面做了具体的规范和要求，是高职院校继续推行教学基本建设和专业建设的基本标准。

2. 集群式专业设置的必要性及涵义

专业设置是高职教育实现内涵式发展的重要环节，亦是高职教育提高人才培养质量的有效路径。在《专业目录》和《专业教学标准》的指导下，各高职院校基于自身的办学定位和办学特色，设置了相应的专业。然而，从整体来看，由于对高职教育本质认知的不充分、专业建设理念落后、专业建设的社会参与度不够甚至是缺乏等问题，导致高职教育专业建设情况不容乐观。

应该看到，高职教育不同于"学科型"教育类型，它是一种具有职业性的技术技能应用型教育[①]，因此在专业上应强调挣脱学科桎梏，坚持市场导向和需求导向，根据劳动力市场需求及其变化来设置、调整专业。同时，随着产业结构调整、优化升级，"技术密集型""知识密集型"产业不断涌现，产业"柔性化"、技术"精细化"发展日渐成熟，区域产业集群发展现象趋势日益显现，传统的专业划分与设置方式已难以为继，应以集群思想为指导，转变专业设置模式，以集群的模式来设置专业。

依据产业链的区域集聚特征及其技术技能人才培养目标，基于产业链的集群式人才培养模式，采取集群式专业设置模式，其核心要义是"根据区域产业集群人才需求构建相应的专业集群"。所谓专业集群，按照刘家枢、

---

① 杨光. 坚持市场性与公益性的统———试论高等职业教育专业建设的价值取向[J]. 教育研究，2004（12）.

高红梅、赵昕等研究人员的界定,"专业集群是以区域内的产业集群为服务对象,按照区域产业集群规模、结构与产业体系的要求,建立由区域内若干高职院校共同组成的与之相适应的高职办学专业规模、专业结构与专业体系,并建立相应的优化、配置、调整的高职教育专业管理体制与机制;专业集群往往会跨越若干专业大类,是对应区域产业集群的社会化服务体系的最重要部分"。[①] 根据这一界定,高职教育专业集群建设要高职院校之间进行合作与共建。就一个单独的高职院校来讲,其在专业集群建设上可以依据自身的办学定位和办学特色灵活性地设置专业集群。在这里,基于产业链的集群式人才培养模式提出,高职院校要紧紧围绕区域内一个或多个产业集群及其人才需求特征,结合自身社会服务和产业服务方向与定位,整合相关资源与力量构建专业集群,形成品牌特色专业集群和龙头专业主导、相关专业集群和支撑专业辅助的专业体系,并随产业集群发展变化进行实时调整,以适应产业集群的发展需求。

3. 集群式专业设置的原则

集群式专业设置是一个科学、合理地设置专业集群的过程。在这一过程中,应做到"明确对接对象、找准定位""整合资源、着力建设"和"动态调整、服务发展",以使专业集群建设更加具有针对性、适切性和有效性。

明确对接对象、找准定位——专业集群建设的目的是服务区域产业集群需求,而一个区域同时存在着多个产业集群,且这些产业集群根据区域社会经济发展特点,也打下了区域的烙印。因此,在建设专业集群的过程中,首先要明确专业集群的服务对象,找准专业集群的定位,即明确特定专业集群建成之后要对接哪一个产业集群,要对接产业集群的哪一类(哪一个)产业,从而,高职院校专业集群建设要做到具有针对性,依据所对接的产业集群和产业进行差异化建设。

整合资源、着力建设——强调多元主体参与高职教育人才培养,其中的重要环节就是多元主体参与专业集群建设。这种多位化的参与主体并非单纯的人员组成上的多元化,而是要整合各参与方的人力和物力资源,以实现资源的优化利用和共建共享。结合高职教育的教育性、职业性和社会

---

① 刘家枢,高红梅,赵昕. 适应区域产业集群要求的高职专业集群发展对策思考[J]. 现代教育管理,2011(4).

性，高职院校专业集群建设的主体可以由教育专家、行业企业精英、社会力量等组成，共同分析产业集群的发展特征及其技术技能人才需求，研讨高职院校专业集群建设的可能性，论证高职院校专业集群建设的可行性和有效性等。

动态调整、服务发展——毋庸置疑，产业的集群发展是一个不断变化的动态过程，它受到国家社会经济发展政策、市场需求、技术变革等的影响，并会随之发生这样或那样的改变。高职院校建设的专业集群要具备适应性，能够服务产业集群发展及其变化，就要不断随产业集群的发展与变化进行"几乎同步"的调整。因此，集群式专业设置不仅要求高职院校依据产业集群需求建设相应的专业集群，而且要依据产业集群的发展与变化不断调整专业集群，服务产业动态发展。

4．集群式专业设置的特点

通过集群式的专业设置方式主动对接区域产业集群发展，优化、调整高职院校内部专业结构和专业配置，提升人才培养质量，从而提高高职院校的区域经济社会和产业服务能力，这对于高职院校技术技能人才培养模式和发展模式来讲都是一种创新。这种创新集中体现在集群式专业设置的区域性、集约性和适应性上。

区域性——集群式专业设置的根本出发点和落脚点是耦合区域产业集群发展与变革，按照区域社会经济和产业发展对技术技能人才在规格、结构、数量和质量上的需求，通过专业的集群发展，使高职教育更好地为区域经济方式转变和优化服务，为产业集群发展推向纵深提供充分的高素质复合型技术技能人才，从而增强高职教育的区域经济社会和产业发展服务能力。

集约性——集群式专业设置体现的是一种"群"化概念和集约化思想，它针对区域产业集群的特征与人才需求，打破科系，以"群""类"的形式将一系列相互关联的专业以适当的方式整合在一起，形成一个优势互补、强强联合的专业体系，不仅实现了资源的有效整合和充分利用，而且还呈现出明显的集群效应、规模效应，同时还能带来良好的竞争效应，能够有效地提升高职院校的人才培养能力和社会服务能力。

适应性——产业集群处于持续的动态发展过程中，具有动态性。集群式专业设置的价值取向是围绕产业集群发展及其人才需求来设置相应的专业集群，这个设置过程亦是一个动态调整和变化的过程，只要产业集群在发展、需求上发生改变，专业集群就将随之进行动态的调整和改变。因此，集群式专业设置具有较强的适应性，这种适应性也可称为发展性，因为这种专业设置方式使得高职院校的专业具有发展、成长、变动的可能性。

（二）模块化课程体系建设

应对社会经济和产业发展对高职教育技术技能人才素质结构要求的变化，高职教育人才培养目标的嬗变，传统的课程体系已难以适应当前高职教育人才培养诉求，课程体系变革成为必然。基于产业链的集群式人才培养模式采用模块化课程体系开展教育教学，以期实现培养高素质复合型技术技能人才的目标。

1. 模块化课程体系的涵义

要准确把握模块化课程体系的涵义，很有必要先厘清课程定义和高职教育领域课程的定义。

关于课程的定义，可谓见仁见智。根据《辞海》的界定，课程一方面可以理解为"功课的进程"，另一方面可以从广义上理解为"为实现各级各类学校的培养目标而确定的教育内容的范围、结构和进程安排"，从狭义上理解为"教学计划中设置的一门学科"。[1]张楚廷教授在其著作《教学论纲》中则提出，课程是"在学校指导下学生获得全部经验或从学校文化中的全部习得"。[2]夏正江教授则总结了各类课程定义，认为课程有两类最为经典的定义：一类将课程视为"有组织的教学内容、书面的学习计划或预期的学习结果"；另一类则把课程看成"学生在学校获得的包括学习经历、历程以及从中获得的各种经验与体验在内的有意义学习经验"。[3]基于各种课程定义，结合高职教育本质及其人才培养特点，笔者将课程视为"为实现人才培养目标而提供的有组织的教学内容、书面学习计划和有意义的学习体验与经验，它是课内外学习与活动、实习实训的内容体系和进程的有机组

---

[1] 辞海编辑委员会. 辞海[Z]. 上海：上海辞书出版社，2000.
[2] 张楚廷. 教学论纲[M]. 北京：高等教育出版社，1999.
[3] 夏正江. 论课程观的转型及其对新课改的影响[J]. 课程·教材·教法，2005(3).

合，包括高职院校人才培养方案和专业教学计划中的各种课程，如公共课程、专业理论课程和实训课程等。"

而模块化课程体系，指的是"以就业为导向，以培养学生的实践技能和综合能力为目标，根据专业培养目标开发和设置的课程模块集合体"①。这里，不得不对课程模块作出说明。所谓课程模块，是为实现高职教育高素质、复合型技术技能人才培养总目标，以培养学生在特定模块所需的技术技能和素质为分目标，在充分的职业分析、课程与教学分析的基础上，将教学内容按照一定的原则、程序和标准分成多门具有相关性的课程有机组合而成的教学模块，它是模块化课程体系的基本教学单元。

基于对高职教育课程和模块化课程体系的概念的分析，可以看到，模块化课程体系是以实现高职教育培养高素质、复合型技术技能人才的总目标为根本旨归，将学生所应具备的技术技能和素质分为一个个模块，进而对高职教育人才培养过程中的各类课程进行有目的的科学选择与组合，它是高职教育课程的一种优化集合形式，符合高职教育技术技能人才培养目标和高职教育课程改革需求，有助于更加有针对性地、高效地开展教育教学活动。

2. 模块化课程体系的特征

作为一种课程优化组合形式，模块化课程体系体现出了"六性三统一"的特征，即"独立性与关联性相统一""动态性与静态性相统一""共享性与分治性相统一"。

独立性与关联性相统一——该统一性展现的是一个模块化课程体系中各课程模块之间的相对独立性和绝对关联性。在一个模块课程体系中，任何一个课程模块都有其自身独特的培养目标、教学计划与内容、教学过程与学业成就要求，各有其模块任务，各自发挥着不同的作用，具有相对独立性。而从模块化课程体系"整体"而言，无论其各课程模块的任务、目标、形式、成果要求如何相异，都是为实现整个模块课程体系的总目标（即人才培养的总目标）而存在的，它们之间通过"总目标"有机连接在一起，相互衔接，同时也受人才培养的总目标、总任务、总要求的共同规约，具

---

① 卢文涛，李树德. 高等职业教育模块化课程体系再探讨[J]. 当代教育论坛，2010（8）.

有绝对的关联性。因此，模块化课程体系可以说是相对独立性和绝对关联性的统一体。

动态性与静态性相统一——该统一性展现的是一个模块化课程体系中各课程模块的绝对开放性和相对稳定性。人尽皆知，高职教育所培养的是面向各行各业的技术技能人才，而行业又处在不断的发展变化之中，这就决定了模块化课程体系中的各课程模块必须具备开放性和时效性，要能够灵活地根据不断变化发展的职业岗位能力要求动态调整课程设置。要使模块化课程体系具备长久的生命力，其课程模块就要具备开放性，实时进行动态设置与调整。然而，在一个相对时期内，无论是国家社会经济发展政策与规划，还是科学技术的更新换代，都是相对稳定的，这也使得模块化课程体系内的各课程模块在结构组成上和知识内容上都是相对不变的，具有相对稳定性。动态性使得模块化课程体系内各课程模块的教学内容具有可变动性和灵活性，而静态性则维持着整个模块化课程体系的根本培养目标。因此，可以认为模块化课程体系是动态性和静态性的统一体。

共享性与分治性相统一——该统一性展现的是一个模块化课程体系中各课程模块之间在通用技术技能与素质培养上的共同作用和在专项技术技能与素质培养上的特殊职能。例如，行业基础知识与技能、职业道德素养、社会适应能力、创新创造能力等是学生胜任一个行业领域内的任何一个职位都需要具备的，可称为通用能力。通用能力的培养要渗透在模块课程体系的所有课程模块中，加以关注和培养，是所有课程模块的共同组成部分，因此可以说模块化课程体系具有共享性。然而，模块化课程体系中的不同课程模块有其特殊的目标和任务，各课程模块的开发、设置及调整等过程中都会有不同的主体，按照各课程模块特定的要求和标准进行建设，因此可以说模块化课程体系具有分治性。由于模块化课程体系的共享和分治是相互关联、相互依赖的，因此，模块化课程体系便可以视为共享性和分治性的统一体。

3. 模块化课程体系建设的对策

基于其高素质、复合型技术技能人才培养目标和集群式的专业设置方式，基于产业链的集群式人才培养模式，在课程体系建设上强调以专业集群为支撑，构建相应的模块化课程体系。

依据区域产业集群情况、高职院校专业集群建设情况，基于产业链的集群式人才培养模式，要建设一个由公共基础课程体系、专业集群基础课程体系和专业方向课程体系组成的课程体系。其中，公共基础课程体系可以不分模块，由产业链和产业集群基础知识、基本职业道德素养课程、通识知识课程、人文素养课程等组成；专业集群基础课程体系分模块，以人才培养子目标和子任务作为课程模块划分标准，将专业集群基础课程体系划分为一个个"群"层面的课程模块；专业方向课程体系分为理论课程体系和实践课程体系，理论课程体系和实践课程体系又各自依据自身的人才培养子目标和子任务划分为一个个"专业方向"层面的"理论课程模块"和"实践课程模块"，如图 3-5 所示。由此，形成了一个"由浅入深"的模块化课程体系，不仅能有效促进学生的知识增长和综合能力提升，逐步促进学生在发展中走向全面，实现学生的全面发展与个性化成长，从而增强学生的就业力，实现技术技能人才培养与产业链需求的良性互动和高度耦合，推动经济社会的可持续发展；同时，还有助于学生灵活、弹性地选择学习内容和专业方向，有利于学生的跨专业学习和流动。

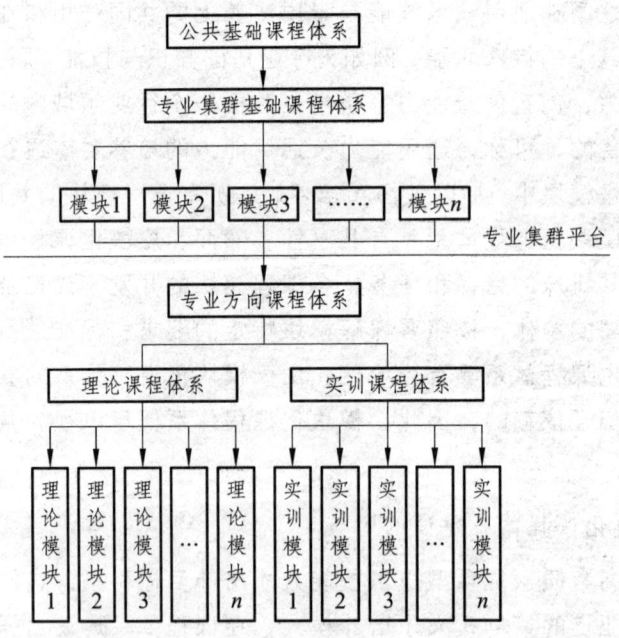

图 3-5 专业集群支撑下的模块化课程体系建设

（三）灵活多元的教学组织体系

教学组织体系是一个较为宽泛的概念范畴，囊括了教学制度、教学组织形式和教学管理模式。其中，教学制度指的是与人才培养的微观教学过程密切相关的各种规章制度，如学分制、学位制、导师制、分流制等，在人才培养模式中最为活跃；教学组织形式关切的是教学-学习过程中教师和学生的互动方式、组织方式及教学时间与空间的安排；而教学管理模式则是指一定教学思想、教学理论、学习理论、管理理论指导下的教学过程组织与管理的手段和方法。①

作为一种无缝对接区域产业集群的技术技能人才培养模式，基于产业链的集群式人才培养模式在教学组织体系上较为灵活，弹性较大，可根据各高职院校办学特色及其技术技能人才培养目标与规划选择一种或多种教学制度。由于技术技能人才是高职院校链接经济社会和产业发展的桥梁，因此该培养模式强调教学过程以学生为中心，积极创设使学生获得有意义学习体验和经验的教学环境，在充分尊重学生身心发展规律和个性化发展需求的基础上科学合理地规划教学内容和教学时间。同时，倡导转变传统"行政指令性"的教学管理模式，探索实施"多方参与""共管协调"的现代管理模式，变"管理"为"治理"，切实提升教学质量，进而实现技术技能人才培养质量的"高移"。

1. 灵活的教学制度

在我国高职教育领域，一般采取学年制教学制度，"三年制高职""五年制大专"这样的字眼。学年制，指的是以学年来划定学生修业年限和教学时数。每一学年的课程门类、学习目标、学习时限、学习任务等，都有明确而严格的规定，强调整齐划一、统筹管理。深剖其本质特征，就可以看到其"刚性教学计划""统一培养规格"的迂腐，十分不利于调动学生的积极性和主动性。在早期的工业社会，这种"迂腐"是符合时势的，它与工业社会的标准化、专业化、同步化、规模化等特征具有高度一致性。然而，在社会经济快速发展、科学技术突飞猛进的现代社会，这种"传统"的学年制已经不再合乎时宜，其改革势在必行。

---

① 董泽芳. 高校人才培养模式的概念界定与要素解析[J]. 大学教育科学，2012（3）.

随着学年制的缺点和不足的日益暴露，部分高职院校开始尝试探索实行新的教学制度，学分制就是其中备受推崇的一种。学分制是在选课制度的基础上形成的一种教学制度，它以选课为核心，通过学分和学分绩点来衡量学生的学业成就和毕业与否。学分制践行"学术自由"理念（该理念可以进一步具体阐述为"学术自由的原则必须也体现在学习自由上"），其制度功能是"为学生在教学活动中的主体地位提供保证"，其制度功能的实现路径是"弹性教学计划下的学生自主选择机制"。①也就是说，学分制强调充分尊重学生的学习自由和主体性。然而，尽管倡导学生的自主选择权和主体性的张扬，学分制也天然具有使学生在选课之时持实用主义取向的"能力"，而实用主义取向容易致使知识的解构、破碎和社会公共价值的陨落，这使得学分制亦招致不少诟病。

应该认识到，任何一种教学制度都不可能尽善尽美，也不可能具有十足的普适性和永久的适应性。因此，基于产业链的集群式人才培养模式依据其实行"差异化"教学，满足当前社会经济和产业发展对多样化、创新性、复合性技术技能人才的需求的教学理念和人才培养目标，强调根据各高职院校的办学定位、人才培养目标、课程体系和专业设置等情况，综合考虑，灵活采取一种教学或多种教学制度。可供选择的教学制度除了上述的学年制和学分制，还有核心课程制、分流培养制、宽进严出制、淘汰制等。其中，核心课程制指的是高职院校针对自身的每个专业或专业方向确定几门核心课程，作为学生毕业的必修课程，达不到要求就不能毕业，同时将其他课程纳入非核心课程，作为选修课程，让学生根据自己的兴趣爱好个性化地选择适合的课程；分流培养制指的是根据学生的兴趣爱好、爱好特长、知识基础和目标追求，社会经济的人才需求，特定类型的职业岗位人才需求，等等，制订多种不同的培养方案和教学计划，以"模块"的形式开展教学，由学生自主选择学习领域和研修内容，以达到培养个性化、多元化人才的目的；宽进严出制是对我国当前高职院校"严进宽出"现象的驳斥，倡导放宽入学要求，但是入学后严格要求学生，不达到培养目标便不能毕业，不能获得相应的毕业证书和职业资格证书；淘汰制指的是根据学生在教学-学习过程中的表现，适当地淘汰对本学习方向不感兴趣、不

---

① 冯向东. 推行学分制：教学制度与观念的深刻变革[J]. 高等教育研究，2003（6）.

适合该学习方向、学习态度差、学习成果不佳的部分学生的手段，以达到激励学生、约束学生的目的，从而提升教学质量。

通过不同教学制度的联合使用，可以最大限度地规避单一教学制度的缺点和不足，达到"取优补拙""优势互补"的目的，进而改善高职教育人才培养质量，培养出更加具有社会经济和产业适应力的技术技能人才。

2. 弹性的教学组织形式

教学任务的达成、教学过程的行进、教学方法的应用等，只有按照一定的机制科学有序地整合、集结到特定的组织形式之中，构成特定的人物、时空和序列结构，才可以形成动态、合理、有效的教学活动。教学组织形式和教学之间具有形式和内容的相互作用关系，内容决定形式，而形式又反过来影响、作用于内容。不同的教学组织形式具有不同的教学功能，在很大程度上决定着教学质量的优劣。因此，不管是从教学理论上分析，还是从教学实践中考察，教学组织形式都至关重要。

追溯人类教育发展演变历程，可以发现，教学组织形式经历了古典个别教学到班级授课制及其改良的历程。个别教学是最早的教学组织形式，是一种教师把不同年龄、不同知识背景的学生组织到一起，分别对每一个人进行教学的组织形式[①]，其出现是社会经济发展局限性、阶级规约性、教育供给与需求量相对较小等因素相互作用的结果，如我国古代主要采用个别教学，教师有差异性地制订不同的教学进度和教学内容。早期的西方国家亦不例外，如在中世纪时期，西方国家的教师也是将学生依次叫到自己面前，进行个别化指导，教学效率较低。随着社会经济的发展，教育需求量不断加大，古典的个别教学已难以为继，于是班级授课制应运而生，逐步取代个别教学的地位。顾名思义，班级授课制是一种集体教学方式，它按照一定的规则（年龄、学习程度等）把学生分到不同的班级，将整个班级的学生集体作为教学对象，按照统一的教学计划、教学进度、教学材料、作业练习等来施以集体的教学。这种教学组织形式具有统一的开学、放假、上下课时间，有助于减少教师的工作量、提高教学效率、扩大教育受众。然而，其所强调的统一性、整齐划一性、教师中心地位等难以激发

---

① 吕星宇，李岚. 发展差异：教学组织形式改革的应然选择[J]. 辽宁教育研究，2007（11）.

学生的积极性，不利于学生的个性化发展。针对班级授课制不断显现的诸多问题，各研究人员和教师积极探索研究，相继提出了许多改进措施，如小班授课制、小组教学、导生制。部分激进改良主义者认为，以上针对班级授课制的改良措施都不能够从根本上解决问题，因此从班级授课制的对立面提出了"个别化教学"，甚至是全盘否定班级授课制，如克伯屈的设计教学法、伯克赫斯特的道尔顿制、华虚朋的文纳特卡制等。随着科学技术的革新、信息技术的发展，原有的教学组织形式又出现了新的功能缺陷，从而出现了诸如远程教学、计算机辅助教学等新的教学组织形式。

梳理教学组织形式的演变历史可以看到，每一种教学组织形式都是针对另一种或几种教学组织形式的不足和局限进行的较为成功的改进，具有一定程度的合理性。新的教学组织形式在解决已有教学组织形式的问题的同时，又不可避免地存在新的瑕疵。从系统科学的视角看，每一种结构都有其特定的功能，一种结构很难同时具备多种功能。因此，要通过教学使学生获得全面发展，单一机械的教学组织形式是不可能实现的，转变思维方式，形成"弹性教学组织形式观念"，灵活地选择教学组织形式，动态地安排教学内容、教学进度，实时地转换师生互动方式，能够有所助益。基于此，基于产业链的集群式人才培养模式强调从系统、全面的角度出发，整体地分析、探究影响教学活动的各种因素，根据实际教学需要弹性地选择教学组织形式，优化组合各种必要的教学组织形式，形成教学组织形式合力，最大化地为培养具有个性、创造性的人才服务。

3. 多方分管的教学管理模式

从高职教育的职业属性和社会属性来看，"开放性"是其迈入现代化的重要标识，高职院校的专业建设、课程体系构建、教学内容、培养目标等，只有与社会经济、产业需求相适应，与职业、岗位标准相匹配，才能使所培养的人才具有可用性，得到社会的认可和青睐。相应地，高职院校的教学管理只有主动地适应并服务于相应的人才培养模式的要求，才能有效地提升人才培养质量。

基于产业链的集群式人才培养模式是一种直接对接产业链的区域产业集群发展需求而构建的人才培养模式，其关涉主体涉及政府、教育行政主管部门、行业企业、高职院校、第三方教育评估与数据机构及其他相关社会力量。因此，在教学管理模式上强调"多方分管"。基于此，在该人才培养模式下，高职院校教学管理模式指的是符合基于产业链的集群式人才培养模式要求，且能够有效促进该人才培养模式更好地运作的高职院校教学管理与运行机制，由制度体系和方法体系组成，包括由不同牵涉主体对课程、理论教学、实践教学、师资、教学质量等的协同分管。这种"多方分管"的教学管理模式具体运作方式如下：

课程管理——"课程建设与改革是提高教学质量的核心，也是教学改革的重点和难点。"① 基于产业链的集群式人才培养模式下的高职教育课程管理，要依据培养对接产业集群需求的高素质复合型技术技能人才的总目标，契合社会性、职业性、实践性的要求，落实专业标准和职业（群）标准，有机融入工匠精神、行业企业文化、高职院校校园文化等，规划好职业道德素养、人文素养、专业集群和专业方向的职业能力与知识，注重培养学生的实践动手能力、问题解决能力和创新能力。具体来讲，在开发程序上，应由课程专家、行业企业拔尖技术人员等在充分把握区域产业集群需求的前提下，分析职业和岗位（群）工作过程和任务，将其转化为教学模块，进而确定课程模块，形成教学方案；在课程内容上，突破"学科桎梏"，解构传统教学内容体系，重构以培养综合素质和岗位（群）工作能力为主线，以对接产业集群需求、职业（群）、岗位（群）需求为依据的模块化课程体系；在形式结构上，将某一个专业集群及其专业方向的课程分为一个个课程模块，形成分层分类的教学课程内容。

理论教学管理——理论知识储备是培养学生实践操作能力和技术应用能力的基础和前提。在基于产业链的集群式人才培养模式下，要求高职院校要合理选用适合自身人才培养目标和特色的理论教材体系，科学规划、设计理论教学内容，采用民主、多元的理论教学管理手段，切实提高理论教学质量，为实践教学的开展打好基础。具体来讲，高职院校在理论教学管理领域应做到：其一，教材体系建设，依据区域社会经济和产业特征及其发展诉求，按照教育教学规律和学生身心发展规律，结合高职院校本身的办学特点和人才培养目标，科学选择、使用理论教学教材，同时加强开展校本理论教学研究，在实际教学过程中探索开发校本理论教材；其二，

---

① 教育部. 教育部关于全面提高高等职业教育教学质量的若干意见[EB/OL]. http://www.moe.gov.cn/s78/A08/moe_745/tnull_19288.html（2016-4-27）.

理论教学内容规划，钻研理论教学教材，全面剖析学生，规划、设计出既能调动学生积极性又能培育其理论知识体系的教学内容；其三，民主多元的教学管理方式，充分发挥教师"教"的主体性和学生"学"的主体性，使他们积极参与到理论教学管理中来，同时尊重高职院校教学行政管理部门的相关要求、制度和人员的管理，使其最大限度地实现其教学管理职能。

实践教学管理——实践教学管理是高职院校教学管理的一项重要内容。在基于产业链的集群式人才培养模式下，实践教学管理要严格按照"加强职业院校学生实践能力和职业技能的培养，高度重视实践和实训环节教学，继续实施职业教育实训基地建设计划"①的要求，加强实践教学过程的管理。具体要求如下：一是加强实训基地及其设备、设施、装备等的建设与运行管理，实训基地及其基础设施是开展实践教学的物质载体，要根据实践教学内容对其依赖程度合理投入，并且加大对其在运行过程中的管控，做到校内实训基地及其基础设施的管理以学校管理为主、校外实训基地及其基础设施的管理以校外相对应的组织来主导完成；二是科学控制、管理实践教学过程，并选择适当的实践教学环境，实践教学过程的控制与管理要做到合乎人才培养目标的要求、合乎实践教学内容的要求，同时由于实践教学人员和学生对于外部环境的高度依赖性，因此要根据教与学的实际需要智慧地选择外部环境；三是强化学生实习的管理，高职院校要联动学生实习的企业、公司、行业部门等，整合资源与力量，从实习方式、实习内容、实习结果、实习过程中的安全问题等方面着手进行全面管理。

师资管理——教师是教学的基本要素和先决条件。教师的能力水平及其管理的合理性，直接决定着教学模式能够有效地运行。在基于产业链的集群式人才培养模式下，师资管理必须坚持"按照课程定教师"的原则，开展师资建设与管理。在素质结构上，要求教师具有与课程"社会性、职业性、实践性"相符合的素质和能力，即教师不仅要熟练掌握专业领域的知识技术，而且要深谙产业集群特性、职业（群）标准和岗位（群）诉求；要具备课程开发能力、教学转化能力、实践实训指导能力。在能力结构上，要达到"双师"要求，不仅是学校的专家教师，也是行业、企业的能手；同时，具有教师职业资格和行业从业资格，能够自由游走于高职院校和行

---

① 教育部．国务院关于大力发展职业教育的决定[EB/OL]．http://www.moe.edu.cn/publicfiles/business/ htmlfiles/moe/moe_1778/200710/27730.html（2016-4-27）．

业、企业之间，实时掌握最新产业发展动态、技术更新状况和学生学习情况。在师资来源上，践行"内送外引""专兼结合"的方式，在送出去培养的同时引进高端人才，在聘任专职教师的同时增加兼职教师的比例，不断从教育领域、高等院校、行业企业招贤纳士，优化教师结构。在管理方法上，实行"多元主体共管的弹性管理制"，打通高职院校、教育行政主管部门和行业企业之间的共管通道，依据教师的类型、职能、归属部门等进行弹性、动态的管理。

教学质量管理——"优质"既是教学质量管理的一个关键目的，也是高职院校办学的根基所在，"高职院校要强化质量意识，尤其是要加强质量管理体系建设。"① 鉴于此，基于产业链的集群式人才培养模式强调按照"过程性管理、全面性管理、发展性管理"的原则，通过"多元化的评价主体""多样化的评价方式"，开展高职院校教学质量管理。具体要求如下：一是打破传统的单纯依据"纸笔考试"成绩确定学生学业成就的做法，创新性地纳入随堂小测、口试、实践操作等有助于促进学生技术技能训练和综合能力提升的多样化考核方式；二是设置多元化的考核内容，并依据职业教育的职业性、社会性和实践性加大实训、实习等实践环节的监控与管理；三是以"发展性"原则设置考察与评价指标体系，并重点观测学生在学习能力、问题解决能力、创新创造能力、职业发展能力等方面的获得与发展；四是坚持"过程性"原则，"重视过程监控，吸收用人单位参与教学质量评价，逐步完善以学校为核心、教学行政部门引导、社会参与的教学质量保障体系。"②

（四）参与式教学质量评价体系

教学质量评价是包括评价主体、评价标准、评价方式、评价程序、评价结果及其反馈等在内的一个体系和过程，关注的是评价主体采用什么样的标准、以何种方式、通过哪些步骤来评价教学质量以及评价的结果如何，怎样获得相关反馈信息及怎样使用所得结果及其反馈来促进教学质量的提

---

① 教育部. 教育部关于全面提高高等职业教育教学质量的若干意见[EB/OL]. http://www.moe.gov.cn/s78/A08/moe_745/tnull_19288.html（2016-4-27）.

② 教育部. 教育部关于全面提高高等职业教育教学质量的若干意见[EB/OL]. http://www.moe.gov.cn/s78/A08/moe_745/tnull_19288.html（2016-4-27）.

升,是检验人才培养成果的有效路径和重要手段。基于产业链的集群式人才培养模式提出集集体之智慧与力量,构建"参与式的教学质量评价体系",以切实提升教学质量,进而提高技术技能人才培养质量。

1. 高职教育教学质量评价体系的内涵

现代教学质量评价可以追溯到工业革命,伴随工业革命而来的系统论、控制论等工程管理理论在教育领域的应用,使得教学质量评价日渐工程化。众多教育家都对教育评价进行过实验和研究,其中以美国教育家拉尔夫·W. 泰勒(Ralph W. Tyler)的研究发现最为有影响力。根据泰勒的观点,教学质量评价的本质是系统地收集和解释有关教学资料,以行动为目标来判断价值的过程。[①]也就是说,教学质量评价是一个以行动为目标的资料系统收集、解释与分析过程,是一个价值判断过程。基于泰勒对教学质量评价的定义,是结合高职教育教学的特殊性,基于产业链的集群式人才培养模式提出的;高职教育教学质量评价指的是对高职教学活动及其成果的价值判断过程,是高职院校教学检查与调整的基本手段之一,能够有效地促进高职教育的改革与发展。

在社会经济和产业发展集约化、科学技术革新快速化、教育发展大众化的不断推进下,高职教育的质量和效益越来越成为关注重点。在高职教育理念和教学质量评价理论的引导下,结合高职教育的教育教学实际,建立健全高职教育教学质量评价体系,是加强高职教育教学质量建设的重要路径。进而要解决的问题是,何为高职教育教学质量评价体系?基于产业链的集群式人才培养模式指出,高职教育教学质量评价体系是以高职院校实际教学为考核评价依据的价值衡量体系,是教学质量评价的体制机制,它囊括了教学质量评价的主体、内容、方式、反馈系统等层面和维度。

2. 教学质量评价体系的构建原则

在明确教学质量评价体系是什么之后,就要着手构建基于高职院校教学实际的教学质量评价体系。在构建过程中,需要遵循四大基本原则,即权威性、公正性、简易性、动态性。

权威性——权威性是教学质量评价体系顺利运行的基本保障,要求教

---

① 吴倩,滕刚,任侃侠. 高职教育教学质量评价体系的建构[J]. 职业教育研究,2007(5).

学质量评价过程和评价结果都具有权威性。在实际操作中，高职院校从学校层面制定相应的规约制度，以保障全校师生员工严格遵守教学质量评价机制，同时将教学质量评价结果与教师的绩效考核、职称评定、升职进修、评优评奖等挂钩，以此引起教师对教学及教学质量评价的重视，使教学质量评价具有真切的权威性。

公正性——教学质量评价体系的公正性集中体现在评价机构设置的独立性、评价过程的公开透明性、评价内容的科学合理性。从评价机构设置来讲，应单独设立一个教学质量评价机构，使之独立于学校所有的教学机构和行政管理机构，作为学校的直属机构，同时要保证该机构内部各组织单元和工作人员的相对独立性。从评价过程来讲，首先要确保评价主体设置的公正性，除了各职能部门相关人员直接参与外，可聘请校外专家、行业企业领头者、社会知名人士等参与评价工作，甚至可以聘请第三方教育评估与数据机构全权负责整个评估工作的开展，同时应尽量减少评价过程中可能出现的不公正因素，如评价人员的情感与偏好因素。在评价内容上，应设计基于校本实际的评价内容，在内容和指标使用之前先报送学校相关领导、校内外专家等征求意见和建议，作出相应修改和完善之后再投入使用，以确保评价内容的科学合理性。

简易性——教学质量评价体系构建的简易性原则具体体现在其评价程序的简单明确性和评价内容的操作性上。从评价程序来讲，要明确评价过程的每一个步骤及其主要活动，尽量避免重复性评价步骤或活动的出现。从评价内容来讲，要使用简明扼要的短句或词组清晰完整地描述所要评价的内容和重点，尽量采用量化评价内容，如若不能量化，则要用尽可能精简的话语反映评价内容。

动态性——高职教育是一种与社会经济和产业发展联系最为紧密的教育类型，其教育内容实时随社会经济和产业发展变化而动态发展变化，作为教育的具体实现形式的教学亦如此。因此，为了满足社会经济和产业发展需求，教学质量评价的标准、内容等要实时随社会经济和产业发展进行动态调整。

3．教学质量评价体系的基本架构

在基于产业链的集群式人才培养模式下，教学质量评价体系的基本架构包括评价主体、评价内容、评价方式和反馈机制四大板块,如图 3-6 所示。

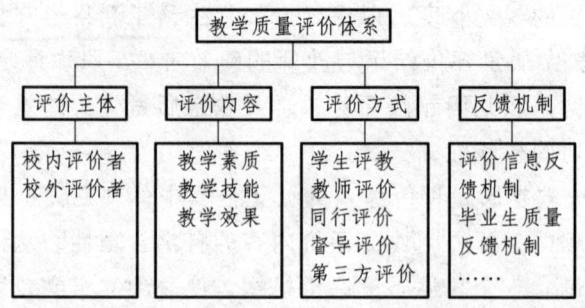

图 3-6 "以产业链为导向的集群式人才培养模式"下的教学质量评价体系

(1) 评价主体

高等职业教育拥有诸多利益相关者,包括教育教学管理者、教师、学生、家长、社区、行业企业、政府、相关社会组织等。具体到对接产业链的技术技能人才培养,其关涉的核心主体主要包括高职院校、教师、学生和产业链及产业集群上的行业企业,政府作为高职教育的指导者和调控者,也是主体之一。因此,在基于产业链的集群式人才培养模式下,其教学质量评价的主体是多元的,囊括了高职院校、行业企业和政府部门的相关单位与人员。同时,由于第三方教育评估与数据机构的社会性、独立性、自主性,其也是教学质量评价的一个主体。在明确多元主体的前提下,可以按照"校内外"标准将这些评价主体分为校内评价者和校外评价者。其中,校内评价者主要有高职院校的教学管理者、教学督导人员、教师、学生,校外评价者主要包括教育行政部门、行业企业、第三方教育评估与数据机构等相关人员。各评价主体分工协作,共同形成一个"参与式"教学质量评价体系,并在该体系中发挥着各自的、不可替代的作用。

(2) 评价内容

在该教学质量评价体系内,教学质量评价内容分为教学素质、教学技能和教学效果三方面。其中,教学素质从教学基本知识、教学基本能力和教学核心素质三个维度来评价,教学基本知识考察的是教师所储备的与教育教学相关的基本知识(如教育学、教育心理学、其他百科知识等),教学基本能力考察的是教师所具备的教学设计能力、教学组织与管理能力、言语表达能力、逻辑思维能力等,教学核心素质考察的是教师所具有的职业道德素养、专业知识与能力、身心品质与素养等。教学技能从理论课教学技能和实践实训课教学技能两个维度来评价,理论课教学技能的评价主要是针对三类教师——公共基础课程教师、专业集群基础课程教师和专业方向课程教师的教学质量分别进行评价,实践实训教学技能主要考察的是实践课、实训课、毕业实习与毕业设计等的教学质量。教学效果评价主要包括"评教"和"评学"两个方面,评教指的是对教师教学态度、过程及成效的考评,而评学则是针对学生学业进步、学业成就、毕业生质量等进行的考评。

(3)评价方式

在该教学质量评价体系框架下,教学质量评价方式主要有学生评教、教师评价、同行评价、督导评价、第三方评价五大类。其一,学生评教,指的是学生对教师的教学态度、行为、能力等进行的综合评价。在教与学的互动过程中,学生是关键的教学要素,全程参与教学过程,能够最直接感受、了解教师的教学情况,因此要设置学生能够认知、理解、观察的评价项目,采用无记名评教方法,让学生以事实为依据,对教师的教学质量进行客观评价。其二,教师评价,包括教师自评和教师评学两个部分,教师自评主要是教师对自身在教学过程中所表现出来的态度、职业素养、专业能力、教学技能等方面进行全方位的自我评价,这是教师自我反思的有效路径;教师评学则是指教师对学生学习态度、学业进步与成就等方面进行的教学反思与归纳。其三,同行评价,也称教师互评,这一评价方式要在教师相互了解彼此的教学的情况下才能开展,如通过相互听课、教学观察与交流等方式了解同行教师的教学情况,然后据此做出评价。由于时间、精力等的限制以及情感与偏好等因素的影响,该种评价方式具有一定的误差和主观性,因此不能作为主要评价方式,只能作为辅助或参考评价。其四,督导评价,高职院校建立由校内外教育专家、主要教学管理人员、教师等组成的教学督导体制,从教学全过程、教学结果等维度全方位评价教学质量。其五,第三方评价,指的是由第三方机构针对高职院校教学质量开展的评价活动,主要包括教育行政主管部门的教学抽检和第三方教育评估与数据机构的教育数据采集与分析。由于教学质量具有内生性、内发性,因此高职院校应以内部评价为主,外部评价为辅,强调从内部对教学质量进行科学、系统、全面的评价,从内部提高全校师生员工的质量意识,同时积极利用外部评价的监督作用,切实保障教学质量。

（4）反馈机制

对教学质量进行评价不是简单地打分和奖惩，而是要通过这一过程和活动实实在在地保障、提升教学质量。因此，建立完善教学质量评价的反馈机制显得十分重要。教学质量评价的反馈机制可以通过建立评价信息反馈机制、毕业生质量反馈机制等途径来实现。评价信息反馈，指的是在教学质量评价结束之后，对教学质量评价的结果进行分析、总结，提出相应的改进意见和建议，将之反馈给相关部门和教师，进一步根据实际情况做出相应的教学调整和改善。高职院校要针对评价信息反馈建立相应的反馈机制，以使评价信息得以及时、准确地反馈给相关部门和教师，如成立教学质量评价分析办公室。毕业生质量反馈，即是指高职院校从行业、企业（用人单位）收集其毕业生使用情况，包括职业素养、专业技术技能、人际交往能力、问题解决能力等。教学行政主管部门的教学抽检和第三方教育评估与数据机构的教学评价也可以视为高职院校毕业生质量的反馈渠道。针对毕业生质量反馈，高职院校要联动用人单位、教育行政主管部门、第三方教育评估与数据机构，通过问卷调查、数据分析、现场访谈等方式来获得毕业生质量信息，以进一步明确本校技术技能人才培养的质量，探索教学质量提升办法，从而提高技术技能人才培养质量。

第四章
高职教育技术技能人才培养质量提升实践
——基于成都工业职业技术学院的分析

众所周知，任何理论探索与研究，其目的都是为了指导实践，而任何理论也都需要在实践应用中得到检验、论证和完善。纵览前文，可知笔者从分析我国产业发展现状及趋势着手，探寻产业发展的人才需求特征，进而梳理、总结我国高职教育人才培养的能力、成果及存在的问题，并学习、研究了国外高职教育人才培养的典型经验，进一步立足本土实际、参考借鉴优秀经验，从理论上构建了"基于产业链的集群式人才培养模式"，形成了一个完整的人才培养模式体系架构。

为了使用所构建的"基于产业链的集群式人才培养模式"来指导高职教育人才培养实践，并在实践中检验、完善该培养模式，本章将先分析四川省及成都市技术技能人才供求现状，再阐述成都工业职业技术学院对该培养模式的实践应用，从而以成都工业职业技术学院的实践为例对该培养模式进行检验和论证。

第一节 四川省及成都市技术技能人才供求现状分析

为贯彻落实《中国制造2025》，提升制造业竞争力，打造制造业强省，夯实西部经济大省的产业根基，四川省以制造业转型升级和提升核心竞争力为主题，以信息技术与制造业深度融合为主线，在新一代信息技术、航空航天与燃机产业、轨道交通装备、节能环保装备、新能源汽车、新材料、生物医药等产业领域实现突破发展，初步形成以成都经济区为主的电子信息、高端装备制造业基地，以攀西经济区为主的钢铁、钒钛稀土工业基地，以川南经济区为主的盐化工和天然气化工生产基地。其中，成都作为四川省省会、作为西南的重要交通枢纽和政治经济文化中心,具有重要的战略地位和重要性。四川省及成都市的大发展离不开国家、地方政策的大力支持,更离不开大批量高端技术技能人才的支撑。

一、四川省及成都市产业发展及其人才需求

"十二五"期间,四川省转方式、调结构取得实质突破,特色优势产业、战略性新兴产业、高端成长型产业和新兴先导型服务业加快发展,农业现代化稳步推进,科技创新能力提升,新的增长动力孕育壮大。党的十八大报告指出,"以科学发展为主题,以加快转变经济发展方式为主线,是关系我国发展全局的战略抉择。"为实现经济又好又快发展,四川省第十次党代会确立了"三个翻番""五个提升"的战略目标,同步国家在2020年全面建成小康社会的总目标,加速推进工业化进程,加快工业经济发展。同时,四川省第十届委员会第三次会议提出,要大力实施多点多极支撑发展战略、"两化"互动城乡统筹发展战略和创新驱动发展战略"三大发展战略",其主要任务和着力重点之一就是要大力推进工业强省、产业兴省,培育形成一批万亿产业、千亿园区、百亿企业。也就是说,在新形势下,除大力推动产业结构优化升级,不断增强创新能力外,还需要创新产业发展方式,推进产业集聚发展、集群发展。

(一)四川省产业发展整体情况及其人才需求

1. 产业发展整体状况

改革开放以来,四川省经济实现了快速增长,尤其是在西部大开发战略的推动下,四川省发展成为了西部地区的经济大省。到2013年,四川省地区生产总值达到26 260.77亿元,其中第一产业增加值3368.66亿元、第二产业增加值13 472.05亿元,第三产业增加值9420.06亿元,三次产业比重为13:51.7:35.3,三次产业结构升级变动为"二、三、一"格局。这说明以第一产业为主导地位的产业结构已经消失,进而转换为以第二产业为主导地位的产业结构形式。

目前,四川基本形成了以电子信息、装备制造、能源电力、油气化工、钒钛钢铁、饮料食品、现代中药、航空航天、汽车制造、生物工程以及新

材料等为主的"7+3"产业体系,传统产业成为四川经济发展的重要支撑。产业布局总体上形成了以成都平原经济核为中心,东密西疏、南高北低的格局,具体分为成都经济区(包括成都、德阳、绵阳、眉山、资阳5市)、川南经济区(包括宜宾、自贡、泸州、内江、乐山5市)、川东北经济区(包括南充、遂宁、达州、广安、巴中、广元6市)、攀西经济区(包括攀枝花市、凉山州、雅安市3个市州)、川西北生态经济区(包括甘孜、阿坝两个州)五大经济区。

  未来一段时期,是四川经济转型升级,实现由经济大省向经济强省跨越、由总体小康向全面小康跨越的攻坚时期。《四川省国民经济和社会发展第十三个五年规划纲要》提出,"以高端成长型产业和新兴先导型服务业为引领,推动先进制造业加快发展和传统优势产业转型升级,实施加快发展现代服务业行动,大力推进农业现代化,重塑产业发展新优势,再造产业发展新动能,不断提升四川产业核心竞争力。"2014年,四川省委、省政府就已经确定将页岩气、节能环保装备、信息安全、航空与燃机、新能源汽车等产业作为四川省重点突破、率先发展的高端成长型产业。从发展目标上看,信息安全产业领域要围绕信息安全系统产品与应用等四个产业方向,到2017年全省信息安全产业规模将达到550亿元,带动相关制造及软件业突破2200亿元,促进电子信息产业万亿目标的实现;航空与燃机产业领域,到2020年全省航空与燃机产业经济规模将达到1500亿元,形成"一个基地"(成都)、"三个集聚区"(德阳、绵阳、自贡)的发展格局,规划建设30个以上的通用航空机场;新能源汽车产业领域,到2020年全省新能源汽车产业总产值力争突破千亿元大关,产能达30万辆,推广应用新能源汽车10万辆,全省党政机关和公共机构当年购置的新能源汽车,占配备更新总量比例达50%,公共服务领域新购车辆新能源汽车占比力争达到70%;节能环保装备产业领域,产值年均增长15%以上,到2017年总产值将达到1000亿元,到2020年总产值超过1500亿元,培育一批在国内具有较强竞争力和知名度的节能环保装备大型企业集团;页岩气产业领域,在2016年建成页岩气产能每年35亿立方米,页岩气产量将达到25亿立方米以上。

2. 人才需求

根据《2015年第四季度四川省人力资源市场供求情况分析报告》提供的数据和资料,四川省2015年第四季度人力资源市场需求情况呈现以下主要特征:

(1)第一、二产业用人需求占比下降,第三产业用人需求占比上升;建筑业用人需求占比降幅明显,批发和零售业、租赁和商务服务业用人需求占比升幅较大。从三次产业结构来看,全省第一、二、三产业需求人数所占比重依次为4.0%、35.8%和60.2%,第一、二产业人才需求比例较2014年第四季度和2015年第一、二、三季度有所下降,而第三产业的人才需求比例从2014年第四季度以来呈持续增加状态,如图4-1所示。从行业分布来看,69.6%的用人需求集中在制造业(25.8%)、批发和零售业(14.3%)、住宿和餐饮业(10.5%)、居民服务和其他服务业(7.3%)、建筑业(6.2%)、租赁和商务服务业(5.5%)。

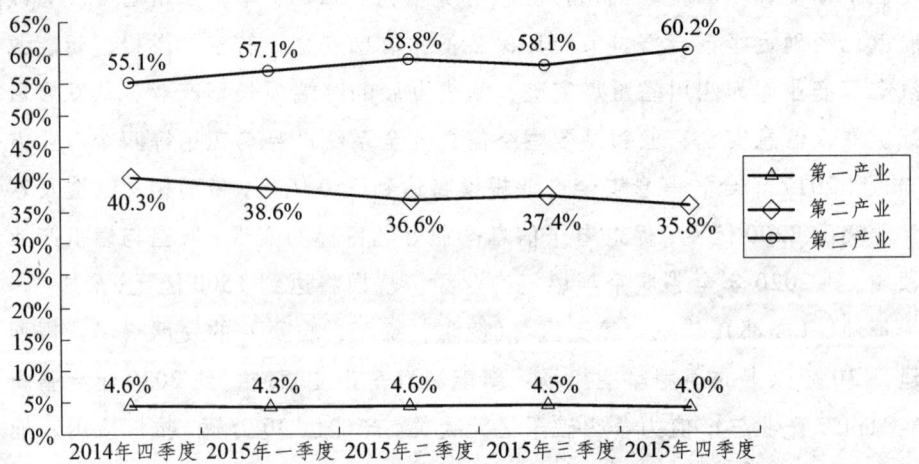

图4-1 四川省2014年第四季度以来第一、二、三产业用人需求占比变化情况

(2)据部分市(州)岗位需求和求职排行榜显示,市场与销售管理人员、财会人员、车工、普通操作工、餐厅服务员、业务员等职业的用人需求缺口较大,而机动车驾驶员、其他行政办公人员、小客车司机、保洁员、秘书、打字员、营业人员、收银员等职业的用人需求较小,如表4-1所示。

表4-1 四川省2015年第四季度全省部分市（州）岗位需求和求职排行榜

市（州）	岗位空缺大于求职人数缺口最大的前三个职业	岗位空缺与求职人数的比	岗位空缺小于求职人数缺口最大的前三个职业	岗位空缺与求职人数的比
成都	普通操作工	3：1	文秘/高级文员	1：2
	市场、销售管理人员	5：1	财务/会计助理	1：2
	保安	4：1	商业会计	1：3
泸州	推销展销人员	2：1	行政事务人员	1：3
	餐厅服务员	2：1	营业人员	1：2
	部门经理及管理人员	3：1	机动车驾驶员	1：3
德阳	推销展销人员	3：1	机动车驾驶员	1：2
	机械冷加工人员	2：1	保管人员	1：2
	饭店服务人员	4：1	财会人员	1：2
绵阳	业务员	3：1	其他行政办公人员	1：4
	金融业务人员	3：1	营业人员、收银员	1：4
	家政服务员	2：1	机动车驾驶员	1：6
广元	财会人员	4：1	部门经理	1：4
	推销展销人员	2：1	其他企业管理人员	1：2
	餐厅服务员	3：1	中餐烹饪人员	1：2
遂宁	餐厅服务人员	2：1	财会人员	1：2
	推销展销人员	3：1	保管人员	1：2
	治安保卫人员	3：1	部门经理	1：2
内江	维修工	3：1	保安	1：5
	驾驶员	3：1	家政服务	1：5
	电工	3：1	清洁工	1：4
乐山	财会人员	4：1	部门经理	1：4
	推销展销人员	2：1	其他企业管理人员	1：2
	餐厅服务员	3：1	机械设备维修工	1：2

续表

市（州）	岗位空缺大于求职人数缺口最大的前三个职业	岗位空缺与求职人数的比	岗位空缺小于求职人数缺口最大的前三个职业	岗位空缺与求职人数的比
宜宾	餐厅服务员	2∶1	机动车驾驶员	1∶2
	推销展销人员	2∶1	治安保卫人员	1∶2
	销售和营销经理	3∶1	保管人员	1∶2
广安	推销员	3∶1	营业员	1∶3
	缝纫工	2∶1	小客车司机	1∶6
	车工	5∶1	保洁员	1∶6
雅安	普通操作工	4∶1	通信营业员	1∶2
	餐饮服务员	2∶1	驾驶员	1∶3
	治安保卫人员	3∶1	仓管员	1∶3
眉山	机械冷加工人员	2∶1	治安保卫人员	1∶2
	保育家庭服务人员	2∶1	银行业务人员	1∶3
	餐厅服务人员、厨工	2∶1	行政事务人员	1∶3
资阳	机械热加工人员	3∶1	行政办公人员	1∶5
	化工产品生产人员	3∶1	技术人员	1∶5
	冷作钣金加工人员	3∶1	秘书、打字员	1∶4

（3）根据用人单位需求专业排名榜显示，在专业需求前20名中，市场营销类、机械类、计算机科学与技术类三大类专业岗位需求最旺盛，分列前三位；而物流管理、艺术与设计类、旅游/酒店类三大类专业岗位需求则最低迷，分列后三位，如表4-2所示。

表4-2　四川省2015年第四季度用人单位需求专业排名榜（前20名）

专业需求排名榜（前20名）			
本季度排名	专业类型	需求人数	所占比重/%
1	市场营销类	1.47万	9.81
2	机械类	1.08万	7.21
3	计算机科学与技术类	1.01万	6.74

续表

专业需求排名榜（前20名）			
本季度排名	专业类型	需求人数	所占比重/%
4	工商管理类	0.98万	6.54
5	电子/电气类	0.84万	5.61
6	生物/化工/制药类	0.82万	5.47
7	经济/金融类	0.81万	5.41
8	土建类	0.78万	5.21
9	医学	0.69万	4.61
10	财会类	0.68万	4.54
11	电子商务	0.60万	4.01
12	教育学类	0.54万	3.60
13	人力资源管理	0.45万	3.00
14	汉语言文学类	0.41万	2.74
15	法学	0.35万	2.34
16	材料类	0.28万	1.87
17	行政管理	0.28万	1.87
18	物流管理	0.22万	1.47
19	艺术与设计类	0.21万	1.40
20	旅游/酒店类	0.18万	1.20
合计		12.68万	84.65

（4）从个人求职意向专业排名看，机械类专业求职人数以微弱优势超越土建类专业，升至榜首，艺术与设计类上升6个名次，位列第10位，而愿意从事市场营销类岗位的求职者人数则明显下降，名次跌到10名之外，具体如表4-3所示。

表4-3　四川省2015年第四季度个人求职意向专业排名榜（前20名）

个人求职意向专业排名榜（前20名）			
本季度排名	专业类型	求职人数	所占比重/%
1	机械类	1.85万	12.56
2	土建类	1.84万	12.49

续表

个人求职意向专业排名榜（前20名）			
本季度排名	专业类型	求职人数	所占比重/%
3	工商管理类	1.54万	10.45
4	计算机科学与技术类	0.98万	6.65
5	电子/电气类	0.96万	6.52
6	财会类	0.76万	5.16
7	经济/金融类	0.68万	4.62
8	教育学类	0.62万	4.21
9	生物/化工/制药类	0.43万	2.92
10	艺术与设计类	0.35万	2.38
11	市场营销类	0.33万	2.24
12	行政管理	0.29万	1.97
13	医学	0.28万	1.90
14	法学	0.17万	1.15
15	汉语言文学类	0.17万	1.15
16	材料类	0.12万	0.81
17	旅游管理	0.12万	0.81
18	人力资源管理	0.11万	0.75
19	电子商务	0.10万	0.68
20	物流管理	0.08万	0.55
合计		11.78万	79.97

（5）从需求排名前20位专业的供求对比情况看，2015年第四季度中需求大于供给的专业岗位12个，供给大于需求的专业岗位8个，平均1.95的求人倍率远高于1.02的总量求人倍率，如表4-4所示。这表明高校毕业生求职困难主要体现在期望与市场需求的结构性矛盾上，这也从侧面说明四川省职业教育人才培养未能很好地对接本区域经济社会和产业发展对人才的期待，人才培养匹配度不够高。

表 4-4 四川省 2015 年第四季度专业供求对比分析情况（前 20 名）

专业需求排名	专业供求对比分析（前 20 名）			
	专业类型	需求人数	求职人数	求人倍率（倍）
1	市场营销类	1.47 万	0.33 万	4.45
2	机械类	1.08 万	1.85 万	0.58
3	计算机科学与技术类	1.01 万	0.98 万	1.03
4	工商管理类	0.98 万	1.54 万	0.64
5	电子/电气类	0.84 万	0.96 万	0.88
6	生物/化工/制药类	0.82 万	0.43 万	1.91
7	经济/金融类	0.81 万	0.68 万	1.19
8	土建类	0.78 万	1.84 万	0.42
9	医　学	0.69 万	0.28 万	2.46
10	财会类	0.68 万	0.76 万	0.89
11	电子商务	0.60 万	0.10 万	6.00
12	教育学类	0.54 万	0.62 万	0.87
13	人力资源管理	0.45 万	0.11 万	4.09
14	汉语言文学类	0.41 万	0.17 万	2.41
15	法　学	0.35 万	0.17 万	2.06
16	材料类	0.28 万	0.12 万	2.33
17	行政管理	0.28 万	0.29 万	0.97
18	物流管理	0.22 万	0.08 万	2.75
19	艺术与设计类	0.21 万	0.35 万	0.60
20	旅游/酒店类	0.18 万	0.07 万	2.57

（二）成都市产业发展布局及其人才需求

1. 成都市产业发展布局

为深入贯彻落实《中国制造 2025》《中国制造 2025 四川行动计划》，

加快推进成都市工业转型升级，实现跨越发展，成都市编制了《成都制造2025规划》，提出未来十年成都市将围绕"量质并举"，分层推进产业梯次发展，突出发展电子信息、汽车（含新能源汽车）、轨道交通、航空航天、石油化工产业，加快发展生物医药、精密机械及智能制造装备、节能环保、新材料、新能源产业，优化发展食品、轻工、建材、冶金产业，通过新技术、新产品、新业态、新模式的突破，找准主攻方向，培育新的增长点，推动产业做大做强，加快转型升级，打造具有国际竞争力、全国辐射力、中西部带动力的产业"航母编队"，绘就定位精准、主业突出、梯次推进、高端集群的"成都制造"全景图，具体如下：

在突出发展产业领域，依托成都市电子信息、汽车、轨道交通、航空航天、石油化工产业良好的基础，充分发挥比较优势，按照"成链发展、集群发展"思路，重点针对产业链和价值链的关键环节，进行强链、补链和扩链，打造一批科技含量高、竞争能力强、辐射带动面广、具有话语权的产业集群，形成产业倍增升级的中坚力量。

在加快发展产业领域，生物医药、精密机械及智能制造装备、节能环保、新材料、新能源等产业将按照"应用主导、重点突破"思路，通过大力推动技术创新，支持商业模式创新和市场应用推广，提升自主创新能力，提升核心竞争力，形成产业倍增升级的新兴力量。

在优化发展产业领域，食品、轻工、建材、冶金产业将按照"转型升级、提质增效"思路，加快推进"互联网+传统产业"行动计划，大力实施质量品牌战略，加快新装备、新材料、新技术、新工艺和新模式的推广应用，实现食品、轻工产业提档升级、提质增效，实现冶金、建材产业节能降耗、转型发展，推动产业向价值链中高端转移，增强国际国内竞争力，形成产业倍增升级的稳固力量。

为全面落实《成都制造2025规划》，成都工业将按照集中、集约、集群要求，坚持走"大园区承载大产业，小园区发展特色产业"之路，进一步优化工业空间布局，着力打造"大创造""大智造"和"大车城"三大工业板块，建设 N 个近郊与远郊区（市）县工业园区，构建"$3+N$"空间布局体系，形成多点支撑格局，如图4-2所示。

（1）三大工业板块。按照"板块式"思维，规划建设工业空间规模在 100 km^2 以上、有充足后备空间支撑、承载重大产业功能和先进制造业集

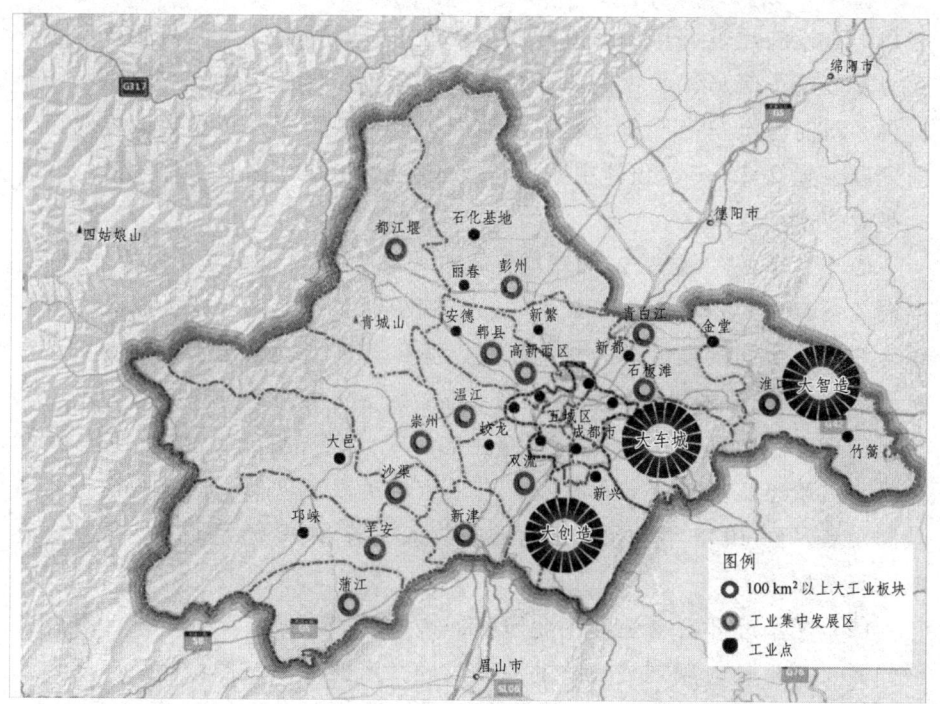

图 4-2 成都"3+N"工业空间布局示意图（来源：《成都制造 2025 规划》）

群发展的"大创造"板块、"大智造"板块和"大车城"板块，并同步推进周边城镇建设，形成产城相融的现代产业新城。到 2025 年，三大工业板块主营业务收入占全市的 50% 左右，未来将承担起全市 80% 以上的工业发展目标。

①"大创造"板块。"大创造"板块是以成都科学城为核心，以发展研发、创新产业及新一代信息技术、生物医药、新材料等高端产业为主，突出科技研发、产业孵化及成果转化的大园区。坚持创新为魂、科技立城，高起点规划、高水平建设成都科学城，构建完整的创新产业链，成为再造一个"产业成都"的核心引擎和西部重要的创新引擎。同时，加快规划建设天府新区南部特色优势产业功能区、成都国际产业合作园。到 2025 年，预计主营业务收入突破 2500 亿元，打造国家级创新创业新高地。

②"大智造"板块。"大智造"板块是以成都工业战略后备区建设为重点，以发展高新技术产业为主，突出智能制造、服务型制造和绿色制造的大园区。坚持"四态合一""产城一体"，做好顶层规划，加快园区基础设

施和配套设施建设，尽快形成产业承载能力，并联动高新区西区和南区，大力发展电子信息、生物医药、精密机械及智能制造装备、节能环保、新材料、新能源汽车等产业，辐射带动周边地区和阿坝州等少数民族地区共同发展。到 2025 年，预计主营业务收入突破 10 000 亿元，打造世界一流的高新技术产业新区。

③"大车城"板块。"大车城"板块是以汽车城为龙头，以发展汽车、高端装备产业为主，突出高端引领、品牌带动和产业融合的大园区。坚持统筹规划、协同发展，着力扩能增效，强化创新能力，大力发展汽车（含新能源汽车）、精密机械及智能制造装备、航天等产业，加快推进国家新型工业化产业示范基地（汽车）、国家生态工业示范园区、中法生态园、龙简工业园、清泉工业点等载体建设，带动市域关联地区做大配套规模，实现共同发展。到 2025 年，预计主营业务收入突破 8000 亿元，打造国际一流的汽车新城。

（2）N 个近郊区与远郊工业园区。按照"独立成市"的要求，在有条件的区（市）县，规划建设一批独立成片、产业清晰、产城相融、规划面积 20 km² 以上的工业集中发展区，作为支撑县域经济发展的主要载体，并提升现有工业点的发展水平，支撑新型城镇化建设。

① 二三圈层工业园区。二三圈层工业园区立足本地产业基础、资源禀赋和比较优势，以工业集中发展区为依托，以小城市和特色镇工业点为补充，加大力度优化存量，着力挖潜提高效益，不断提升产业承载能力，推动卫星城和区域中心城发展。做大做强电子信息、轨道交通、航空航天、石油化工、生物医药、精密机械及智能制造装备、新材料等优势产业及配套产业，加快食品、轻工、建材、冶金等传统特色产业优化发展。加快国家新型工业化产业示范基地（绿色建材）、成都医学城、"蓉欧＋"陆港产业园、中德（蒲江）中小企业合作园、轨道交通产业园、菁蓉大数据创业基地、成都-甘孜工业园等载体建设。同时，在有产业基础和发展条件的区域中心镇和特色镇，利用农村集体建设用地和存量土地，因地制宜地适度发展无污染、低能耗、有市场、易就业的农副产品精深加工和轻工业，支撑新型城镇化建设，打造寿安、羊安、沙渠、淮口、石板滩、丽春等一批各具特色的现代产业新城。到 2025 年，二三圈层工业园区预计主营业务收入突破 20 000 亿元，形成一批主业突出、支撑有力、产城一体的千亿级产业园区。

② 五城区工业园区。五城区工业园区按照"优二强三"要求，充分发挥中心城区金融、人才、物流、商贸的优势，大力发展创意、设计和咨询等生产性服务业，培育发展总部经济和都市工业，实现向高端型、智慧型、生态型综合园区转型升级，为制造业发展提供服务和支撑。到2025年，五城区工业园区预计实现主营业务收入300亿元，成为中西部制造业商贸金融服务高地。

2．人才需求特征

根据成都的经济社会和产业发展现状，结合《2014年中国成都人才市场人才供需状况报告》提供的数据和信息，可知近几年来成都在技术技能人才需求上具有如下特点：

（1）人才供需概况

供需总量：人才需求持续大于供应。从年度求人倍率情况看，2010到2014年间，成都人才市场求人倍率持续上升，依次为0.72、0.92、1.08、1.24和1.68，岗位数和求职人数持续反向变化，呈现出"一增一减"态势。2012年，求人倍率首次突破1后继续上升，如图4-3所示。这反映出成都市人才需求量持续加大，就业形势持续向好。

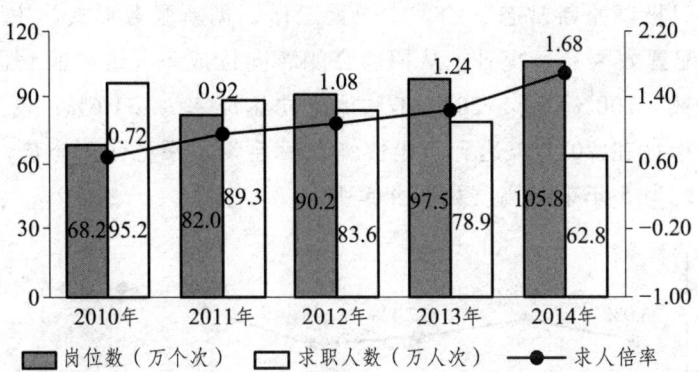

（数据来源：中国成都人才市场现场招聘会和成都人才网全部招聘单位、求职人员）

图4-3 2010—2014年成都人才市场求人倍率情况

信心指数：用人单位招聘感受向好，求职者就业信心增强。2014年，用人单位对招聘形势感到"乐观、较容易招到"的占8.7%，"悲观，很难招到"的占28.8%；求职人员对就业形势感到"乐观，自己能较容易找到工作"的占24.0%，认为"悲观，自己很难找到工作"的占16.4%。从"乐观"与"悲观"占比之差计算的信心指数看,自 2012 年起宏观经济景气下行,供需双方信心开始出现一定程度下滑,于次年降至相对低点后明显回升,2014 年信心指数为 2011 年以来新高,如图 4-4 所示。这说明求职人员信心增强的同时用人单位信心同向上升,从侧面反映出人岗匹配程度有所提高。

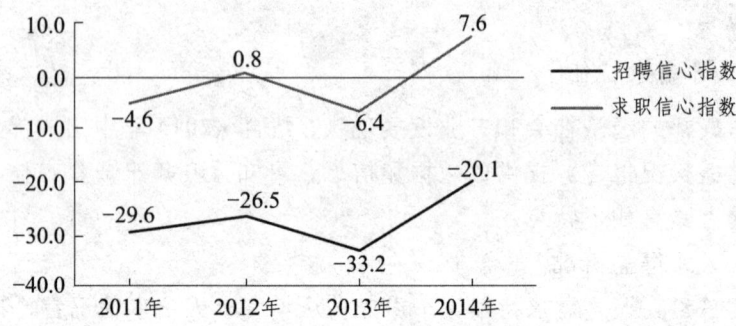

(数据来源:中国成都人才市场现场招聘会和成都人才网抽样调查)

图 4-4 2011—2014 年成都人才市场招聘信心指数和求职信心指数

配置成效:意向达成率走高,人才配置效果提升。2014 年,中国成都人才市场积极调整新常态下的人才配置工作,创新服务形式,主动对接供需双方,配置效果有所提升。从招聘会的意向达成率(达成就业意向人数/收到简历数×100%)看,2014 年总体意向达成率为 31.6%,较上年提高 5.4%;该指标在 2011 年达到阶段性高点后连年呈平稳回落态势,2014 年止跌回升,为 5 年来新高,如图 4-5 所示。

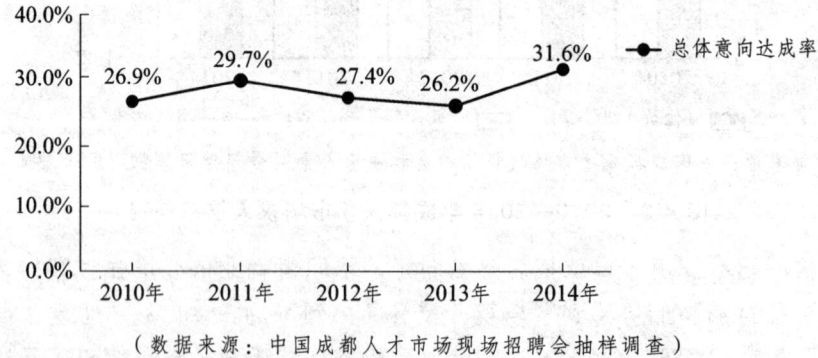

(数据来源:中国成都人才市场现场招聘会抽样调查)

图 4-5 2010—2014 年成都人才市场招聘会意向达成率

（2）招聘需求情况

招聘数量：岗位持续增加，用工规模扩大。从招聘数量看，2010年以来，参加招聘的单位数量稳中略降的同时，提供岗位数却以年均11.3%的幅度增长，一定程度上反映了成都企业招聘需求集中度有所上升，用工规模有所扩大。2014年，成都人才市场平均每家招聘单位发布需求岗位41个/次，较上年增加2个/次，如图4-6所示。

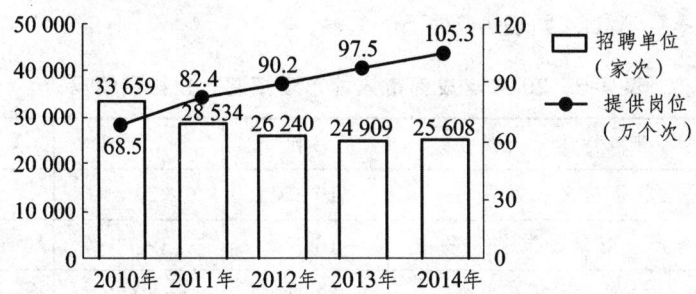

（数据来源：成都人才市场现场招聘会和成都人才网全部招聘单位）

图4-6　2010—2014年成都人才市场招聘单位数和发布岗位数

产业分布：服务业快速发展带动人才需求。从招聘单位所属产业情况看，2014年，第三产业招聘需求最为旺盛，全年累计占比56.3%；第二产业次之，占比40.8%；第一产业占比2.9%，如图4-7所示。随着成都市经济结构的进一步优化升级，服务业增加值占地区生产总值比重已超过五成，服务业在"稳中求进、转型升级"的新常态下，人才需求逐步释放，对就业的贡献明显。

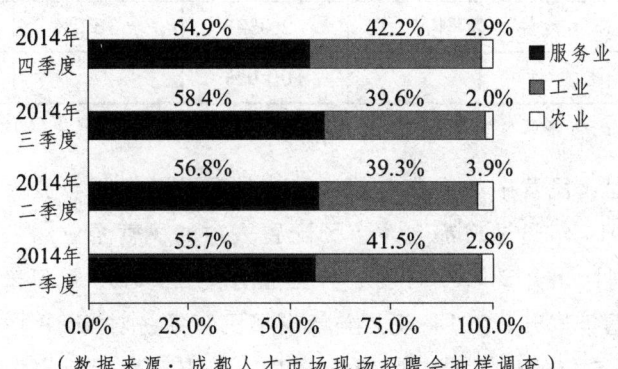

（数据来源：成都人才市场现场招聘会抽样调查）

图4-7　2014年成都人才市场各季度招聘需求产业占比情况

行业分布：电子信息互联网、房产建筑装饰类行业人才需求保持高位。从不同行业的人才招聘情况看，2014年，电子信息、房产类行业用人单位合计达到总数的36.0%，需求保持高位。电子信息等产业转移和高端产业的总体定位成为推动全市经济高速增长的重要因素，连续两年以约20%的占比为年度最大需求行业；房产类行业受天府新区建设等深入推进有所提振，人才需求同比增长近40%，占全年总数的16.7%，需求排名由2013年的第四升至第二，如表4-5所示。

表4-5 2014年成都市人才市场招聘行业排名情况

排序	招聘行业（大类）	所占比重	同比增长	同比排名
1	电子信息、互联网	19.3%	-24.8%	0
2	房产、建筑、装饰、物业	16.7%	39.7%	2
3	咨询、教育、中介	13.1%	17.6%	2
4	消费品、零售、贸易、物流	12.1%	-22.7%	-2
5	生产、加工、制造	11.2%	-22.0%	-2
6	金融、银行、保险	8.5%	31.5%	1
7	卫生、医药、医疗	8.1%	1.9%	-1
8	其他	3.7%	8.7%	2
9	能源、矿产、石油、化工	3.3%	33.3%	2
10	生活类服务业	2.1%	-39.2%	-2
11	广告、传媒、印刷出版	2.0%	-36.0%	-2
	合计	100.0%		

（数据来源：成都市人才市场现场招聘会和成都人才网全部招聘单位）

单位类型：民营中小企业对新增就业的吸纳效应逐年放大。从招聘单位类型看，2014年通过成都人才市场配置人才的民营企业约占招聘单位总数的80%，同比上升2.9%；国企、外企累计约占10%。近年来，成都市民营经济总量逐年攀升，2014年上半年成都民营经济对GDP增长贡献率达50.3%。从近5年的情况看，民营企业对成都市新增就业的贡献逐年小幅放大，如图4-8所示。

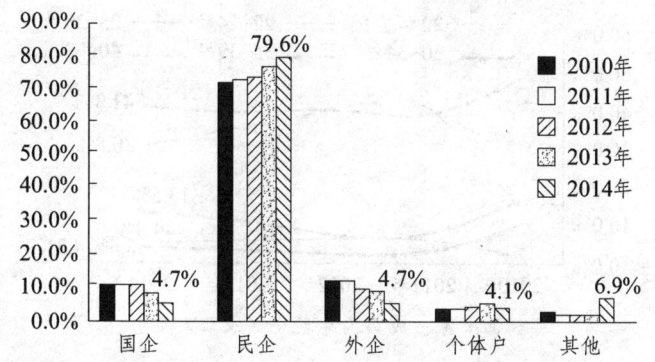

（数据来源：成都市人才市场现场招聘会和成都人才网全部招聘单位）

图 4-8　2010—2014 年成都市人才市场招聘单位类型

（3）人才供给情况

求职数量：求职人员总量不断回落。从求职人员数量情况看，2014年，通过成都人才市场现场和成都人才网求职的各类人才累计 62.8 万人次，同比减少 16.1 万人次，降幅 20.4%，为近 5 年来最低。自 2010 年以来，求职人员年均下降 9.9%，人才供求关系由"买方市场"（招聘方）向"卖方市场"（求职方）转变的趋势初显，如图 4-9 所示。

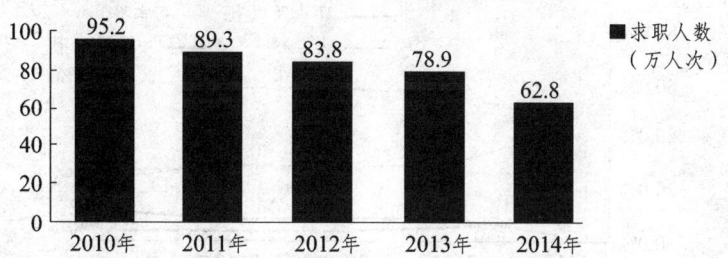

（数据来源：成都市人才市场现场招聘会和成都人才网全部求职人员）

图 4-9　2010—2014 年成都市人才市场求职人数

年龄分布：以高校毕业生为主的青年求职者比例下降。从求职人员年龄结构看，2014 年逾七成求职人员为 30 岁以下青年，平均年龄约 27 岁，其中以高校毕业生为主的 24 岁以下青年求职群体占比为 35.2%，同比减少 6.0%，如图 4-10 所示。在 2014 年高校毕业生总数同比增加的情况下，求职群体占比反而有所下降，并未出现"更难就业潮"现象，表明成都市通过政府主导、社会参与，多渠道多平台促进高校毕业生就业创业的民生工程取得了积极成效。

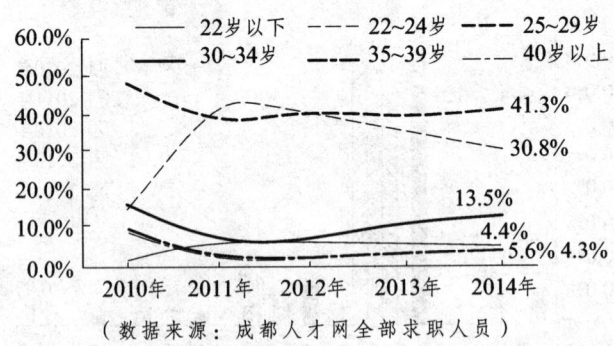

（数据来源：成都人才网全部求职人员）

图 4-10 2010—2014 年成都市人才市场求职者年龄结构

学历分布：本科及以上中高学历求职人才比例增加。从求职者学历分布看，近 5 年来，本科、硕士及以上学历求职者人数逐年增加，而大专和中专及以下学历求职者人数逐年下降。2014 年，硕士及以上学历求职者平均占 11.0%，同比增长 2.6%；本科学历占 61.1%，同比增长 3.5%；大专学历占 24.1%，同比减少 5.6%；中专及以下学历占 3.7%，同比减少 0.7%，如图 4-11 所示。由此可以看出，区域高职教育的人才培养对成都经济社会和产业发展的贡献率呈下降趋势，值得警醒。

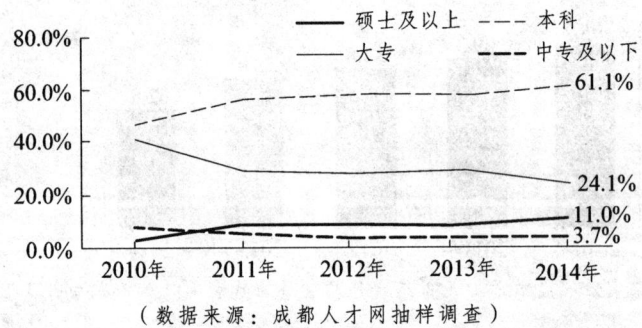

（数据来源：成都人才网抽样调查）

图 4-11 2010—2014 年成都市人才市场求职者学历结构

预期单位：选择外资企业的求职人员比例上升。从求职人员就业预期单位性质看，2014 年，预期为事业单位的求职人员占 8.9%，国有企业占 28.4%，民营企业占 12.3%，外资企业占 20.1%，对单位性质无所谓的占 30.3%。同时，青睐事业单位的求职人员比例自 2011 年来逐年降低的同时，青睐外资企业的求职人员比例逐年上升，创 2010 年以来的新高，如图 4-12 所示。

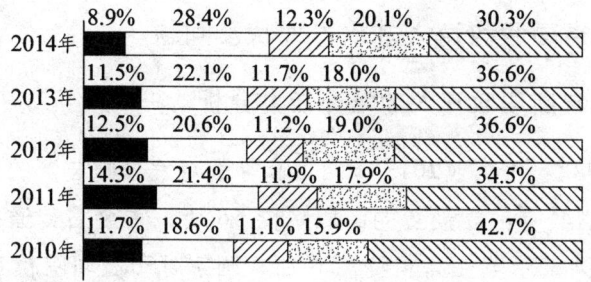

图 4-12 2010—2014 年成都市人才市场求职者预期就业单位

(4) 主要特点

创新机制探索模式促进供需对接。2014 年招聘活动中，成都人才市场主动对接成都市软件、模具、物流等行业协会及成阿工业园区，联合组织产业人才专场招聘活动 16 次，拓展了行业整体性人才配置服务功能。举办中高级人才洽谈会 11 场，服务用人单位 412 家次，求职人员 1.4 万人次，发布需求岗位 1.5 万个次。组织天府新区专场、重点行业专场、紧缺急需专场等多形式招聘会 196 场次，服务用人单位 17 157 家次，求职人员 40.9 万人次，发布需求岗位 73.4 万个次。全年多类别的专场招聘活动积极促进了专项人才需求对接。

高校毕业生就业局面稳定。2014 年求职人员中，具有大专及以上学历的高校毕业生达 545 175 人次，用人单位对于此类人才的岗位需求为 604 229 个次，求人倍率为 1.11，相比上年的 0.71 上升明显。2014 年，成都市高校毕业生就业形势转好，竞争压力并不突出，就业局面总体稳定。随着经济"稳中求进、统筹发展"，成都为来自全国各地的高校毕业生带来了广阔的发展机会。

技能性人才较为紧俏。2014 年人才供需岗位中，用人单位累计发布技能型人才需求岗位 360 724 个次，占总数的 29.1%；而技能型人才供应仅为 13 709 人次，占总数的 2.2%。全年技能型人才需求为供应的 26.3 倍，缺口较大。由于此类人才成长周期较长，培养和供应方面存在一定"短板"，加之部分人才对技能型岗位就业意愿较弱，目前此类人才相对紧缺。

二、四川省高职教育人才培养现状及问题

(一)四川省高职教育人才培养能力分析

高职教育规模：根据《2013年四川高等教育发展报告》的统计，截至2013年，四川省共有独立设置的高职院校56所，占全省普通高等学校的52.5%。其中，国家示范性高职院校6所，国家骨干高职院校5所，省级示范性高职院校14所，省级示范高职培育院校5所。从全省56所高职高专院校的分布地域来看，近70%的高职学院分布于成都、德阳和绵阳三市，其中成都共有27所，区域集中度十分明显。2013年，四川省56所独立设置的高职高专院校共招生134 610人，在校生共385 779人，在校生平均规模6889人（较2012年有所下降），仍然超过全国平均值的17.24%，如表4-6所示。

表4-6 四川省独立设置高职高专院校2013年办学规模统计表

院校分类	院校数	招生数	在校生数	在校生平均数		毕业生人数
		2013年	2013年	2013年	2012年	2013年
合 计	56	134 610	385 779	6889	7099	104 268
公 办	38	103 120	289 321	7614	7434	83 980
民 办	18	31 490	96 458	5359	6190	20 288
国家示范	6	22 208	63 398	10 566	10 219	19 278
国家骨干	5	13 549	40 136	8027	7913	12 121
其他院校	45	98 853	282 245	6272	6543	72 869

高职教育办学条件：截至2013年，四川省高职高专院校总占地面积2289.18万平方米，公办高职高专院校为1815.94万平方米，占总高职高专院校占地面积的79%；教学、科研仪器设备值为266 591.29万元，公办高职高专院校为208 779.78万元，占总高职高专院校教学、科研仪器设备值的78%；图书资料数量为2836.45万册，公办高职高专院校为1951.44万册，占总高职高专院校图书资料数量的69%，如表4-7所示。

表4-7 2013年四川省高职高专院校基本办学条件一览表

院校类别	占地面积/m²	生均占地面积/m²	图书资料/万册	生均图书资料/万册	教学、科研仪器设备/万元	生均教学、科研仪器设备/万元
高职高专院校总量	22 891 758	59	2836.45	74	266 591.29	6911
国家示范	4 574 134	72	411.85	65	66 445.19	10 481
国家骨干	2 081 566	52	272.11	68	31 686.06	7895
公 办	18 159 362	63	1951.44	67	208 779.78	7216
民 办	4 732 396	49	885.01	92	57 811.51	5993

高职教育师资力量：2013年，四川省高职高专院校教师中，专任教师约21 930人，比2012年增加1440人。据《2013四川教育事业统计年鉴》统计，全省高职高专院校中，正高职称898人，校均16人；副高职称4925人，校均88人，副高及以上职称教师占专任教师的比例为26.55%；中级8325人，占专任教师的比例为37.96%；初级6036人，占专任教师的比例为27.52%。较之2012年，四川省高级职称教师数量有一定增长，其中正高级职称教师增加124人、副高级职称教师增加340人，副高级以上职称教师占比提升了0.39%。

（二）四川省高职教育人才培养存在的问题

根据四川省教育厅统计，以2013年毕业生离校后的统计数据为基数，截至2013年8月底，四川省高职高专生就业13.7万余人，就业率为89.3%。尽管这一就业率不能全面反映四川省高职教育的成就与挑战，但却能透过该就业率，结合高职教育的办学现状，窥探、反思四川省高职教育人才培养存在的部分问题。

1．专业设置未能对接地方产业结构

随着经济发展的不断深入，产业结构的调整和升级换代的速度明显加快，新的职业需求不断涌现，部分传统职业逐渐走向衰退或消亡，这需要优质资源共享的管理平台产生制度效应。高职教育作为一种与区域经济社会和产业发展紧密关联的独立教育类型,要切实承担起培养符合区域产业结构调整与转型发展需要的大批量高端技术技能型人才的重任。

发达国家职业教育的发展历史已经表明,只有适应地方经济发展需要的高职教育,才能更加有效地促进地区经济的高速发展。可见,高职教育要谋求发展,就必须很好地满足地区经济发展需求,在人才培养规格、专业建设上充分体现地区产业经济发展的需要,有效服务地方产业转型升级,这是高职教育持续、健康发展的永恒主题。因此,高职院校必须准确定位,明确发展方向,实现专业与产业有效对接,并在专业课程开发上让行业、企业专家和学校教师共同研究课程标准、设计课程内容,为学生提供来源于现场的丰富的课程资源,使课程充分反映行业的新发展、新要求。这是保证人才培养质量的前提,是毕业生顺利就业的必要条件,更是高职院校形成职教特色和人才培养特色的基础。

从统计数据来看,四川省绝大部分高职院校专业布点的趋同度很高,差异化、特色化发展不够,在开设新专业时更多是倾向于"热门专业",有的高职院校甚至开设与其长期形成的办学定位和优势专业特色明显不相关联的新专业,造成基本办学条件、师资和教学质量都无法达到国家的基本要求。另一方面,由于70%的高职院校分布在成都、德阳、绵阳三市,区域集中度明显,这也制约了这些高职院校的专业结构的及时、有效调整。再者,部分高职院校的专业课程设置存在"偏""旧""理论脱离实践"的流弊,难以满足区域经济社会发展和产业转型升级。

2. 人文素质教育课程体系欠缺

在我国,设置人文素质教育课程不仅是高职院校的一项办学任务,也是高职学生成为高素质技能型人才的需要,更是高职教育满足社会发展与我国国际竞争要求的诉求。高职院校若仅仅关注单一的专业教学,强调学生的专业知识掌握,而忽视诸如价值观念、道德水准、意志品格、心理情感等非智力的、非技术性的能力培养,将会造成专门人才"视野不宽、底蕴不厚、动力不足、功力不深、后劲不大、个性不强、品位不高"的缺点,这种状况很难培养出企业所需要的复合应用型人才。

目前,四川省的各高职院校在课程设置方面,倾向于根据自身的人才培养需要开设技能课程、按照国家指令必须开设的公共课程,这几乎构成了学校课程的全部，人文素质教育课程在整个课程体系处于可有可无的边缘位置，更谈不上建立高职人文素质教育课程体系一说。然而，随着四川产业结构的升级，产业结构越来越高级化、知识化、复合化、合理化，职业岗位所要求的素质、技能、能力和专业知识水平越来越高，这就要求高职院校对人才的培养要由原来的岗位技能培训转向综合职业能力培养，以提升学生在工作中的可持续发展能力。因此，四川省应该采取显性课程与隐性课程相结合、必修课程与选修课程相结合等办法，建立高职教育人文素质教育课程体系。

3．校企长效合作机制尚未建成

校企合作是职业教育的特色，如何保障校企合作长效运行，是困惑每所职业院校的难题。纵观当前四川省高职教育的校企合作，大多还是较浅层次的合作，合作中更多是学校热、企业冷的局面。这一方面是因为政府对校企合作组织模式的引导不到位，没有形成一套成熟的思想和理论体系，没有建立权威、完整的准则和规范，推动校企合作的政策、经费不到位，促进校企合作的组织机构和服务机构不健全，故而不能从根本上促进产业发展导向与高职院校人才培养导向之间的互动。另一方面，高职教育人才培养的较长周期性和企业短期内经济效益之间存在着难以调和的矛盾，直接降低了企业合作的积极性。一些企业受传统观念的影响，认为人才培养是职业院校内部的事情，企业只是选拔和使用人才。同时，已开展校企合作的职业院校也大多是迫于外部压力，如政府的规定、主管部门评估、社会舆论、学生就业需要、经费来源等，采取的"应景"式做法，使得校企合作停留在学生实习、聘请兼职教师和员工培训的浅层面。再者，校企双方没有形成长效的利益驱动机制，企业没有把人才培养融入企业的价值链中，只是追求利益最大化，而大部分高职院校更多关注的是行政部门的规定和自身办学需要，且校园文化与企业文化存在较大差异，一定程度上影响了职业教育的人才培养。

4．师资力量难以回应人才培养需求

目前，四川省各高职院校师资队伍规模和结构相差悬殊，最突出的是高级职称教师数量与四川省高职高专的办学规模发展严重不相匹配。根据统计，截止到2013年年底，四川省高职高专院校共有正高职称教师898

人，校均16人，副高职称4925人，校均88人，按院校平均在校生规模计算，平均430名学生才拥有1名正高职称教师，平均78名学生才拥有1名副高职称教师，高级职称教师数量的严重不足已制约了四川省高职高专院校人才培养的质量。同时，由于很多高职院校由以前的中专升格而来，教师的知识能力结构与高职教育要求差距明显，不能适应高职教育的发展。此外，"双师型"教师数量不足，80%的教师很少有企业和工程单位的工作经历，更多的老师是从应届毕业生中招聘的年轻教师，社会参与度低，缺乏实践经验和动手能力。

提高教师素质，建立一支观念新、业务能力强、具有创新意识的"双师型"教师队伍是四川省高职教育可持续发展的一项紧迫任务。高职院校应通过专业教师到企业挂职锻炼和企业专家、能工巧匠到学校兼职任教等多种途径，创建学校与行业、企业教师双向互派、联合培养机制，努力打造结构合理、校企共育共用共管、充满活力的"双师型"教学团队。同时，拓宽"双师型"教师的来源渠道，加大对行业专家、企业骨干等优秀人才的引进，积极引进和聘请校外工程实践经验丰富的兼职教师和企业高级职称人员充实学校的教师队伍，改变学校教师队伍结构，充实高级职称教师数量。

5. 人才培养质量评价有待完善

高职教育人才培养质量评估应该坚持"规范+特色"的有机统一。然而，当前四川省高职高专人才培养工作水平评估采取的是同行互评以及教育界相关人士检查评估的方式，没有社会其他行业、部门人员的参与。这样的评估机制，一方面很难突破教育界的一些固有观念和标准，极易扼杀人才培养中的个性元素，从而强化了高职院校人才培养的趋同性；另一方面，由于没有产业界人士的参与，学校很难及时掌握产业对人才质量规格的要求，不能在人才培养过程中通过体制机制的创新和培养模式的改进迅速给予反应，从而影响人才培养质量。同时，在高职院校内部，一般由教务部门通过教学检查、督学听课、教研活动、毕业生跟踪调查等手段进行教学质量检查、监督、控制管理，管与教的职能未能有效分离，教学质量控制效果全凭办学者自己掌握，缺乏客观性。

第二节 成都工业职业技术学院对基于产业链的集群式人才培养模式的践行

顺应我国产业链发展对培养高素质复合型技术技能人才的时代要求，成都工业职业技术学院（简称成工职院，一所以工科为主的公办全日制高等职业技术学院），坚持"以人为本，铸造未来"的办学理念和"办一流高职，育技能大师"的办学定位，弘扬"大国工匠"精神，秉持"培养具有良好职业道德、职业素养、热爱工业产业，具有鲜明工业文化底蕴，具有与岗位需求相适应的一般人文、社会及自然科学等通识性知识和一定的专业理论知识，有较高专业技能和一定创新创业精神，生产、建设、服务、管理一线的复合型技术技能人才"的人才培养理念，深入探索、实践了基于产业链的集群式人才培养模式。

一、搭建技术技能人才培养随产业集群发展动态调整机制

基于对集群思想、职业教育技术技能人才培养的本质特征的深刻认知，成都工业职业技术学院在探索、实践"基于产业链的集群式人才培养模式"的过程中，深入分析四川省及成都市的产业集群发展情况，结合自身的办学定位和办学特色，集结四川省及成都市教育行政部门、区域内的领军行业企业和其他社会力量，搭建了一个以"理事会"和"成都工业人才促进会"为轴心的技术技能人才培养随产业集群发展动态调整机制，实时随产业集群发展人才需求动态调整技术技能人才培养。

（一）参与主体

1. 成都工业职业技术学院

从系统的角度来看，由于高等院校是一个动态、开放的系统，它与外界社会和环境必然存在"进出口"的相互依赖关系，与社会经济和产业发展具有天然紧密联系的高职院校更是如此。社会经济和产业根据发展需要持续向高职院校提出人才诉求，"进口"人才；而高职院校则通过人才培养活动向社会经济和产业源源不断地输出高素质技术技能人才，"出口"人才。在这一过程中，社会经济和产业得到了其所求的人力资源，满足了发展和

生产需求；高职院校根据其人才培养质量亦得到了相应的回报，如办学资源、公信力、社会影响力等。双方互利共赢、彼此促进。然而，其中有一个先决条件，那就是高职院校所培养的技术技能人才具有"匹配性"，能够达到社会经济和产业发展对人才的期望值，"可用"且"好用"。成都工业职业技术学院正是深刻认知到技术技能人才培养与社会经济和产业发展相匹配、相适应的重要性，充分发挥其技术技能人才培养主阵地和关键执行者的优势，积极集结地方教育行政主管部门、产业集群内核心行业企业和其他社会力量，搭建了一个系统完善的技术技能人才培养随产业集群发展动态调整机制。

在该动态调整机制中，成都工业职业技术学院起着基础性作用，可谓"有它，则立；无它，则殒"。首先，成都工业职业技术学院是该动态调整机制形成的"倡导者"，它决定了该动态调整机制的构建与否，并在"有哪些力量参与、如何搭建、怎么运作、效用怎样等"中处于主要决策者的引领地位。其次，成都工业职业技术学院是该动态调整机制的"主行为者"，它明确该动态调整机制的整个体系架构、运作机制等，并通过自己的努力去整合相关资源和力量来完成搭建过程；同时，成都工业职业技术学院作为一个独立的办学实体，为社会经济和产业发展培养具有适应性的技术技能人才是其根本职责和使命，在该动态调整机制中占据支配性地位。

2. 四川省及成都市教育行政主管部门

教育行政主管部门是职业教育发展的环境建设主体，为职业教育发展提供政策和法律环境保障，规范职业教育育人行为，推动或促进职业教育与区域社会经济和产业发展的融通、耦合。因此，在掌握着职业教育人才培养适应性和匹配性"命脉"的技术技能人才培养随产业集群发展动态调整机制中，地方教育行政主管部门理应发挥其在职业教育中的职能角色，以一个"宏观、中观调控者"的身份介入到技术技能人才培养随产业集群发展动态调整机制中来，从舆论引导、政策支持、信息服务、监督评估等维度来发挥其功能作用。

成都工业职业技术学院充分尊重四川省及成都市教育行政主管部门在职业教育中的主导、引领、宏观管理等职能，并积极吸纳相关人员参与到技术技能人才培养随产业集群发展动态调整机制中来，为学院自身的技术技能人才培养随当地产业集群发展动态调整"建言献策"。这是因为，四川省及成都市教育行政主管部门上承国家政府和教育部对职业教育及其人才培养的宏观指导，下启当地职业院校办学及其人才培养实践，是一个承上启下的人才培养信息流通渠道，掌握了翔实的职业教育发展及其人才培养需求信息，能够在对学院办学及人才培养进行宏观、中观管理与引导的同时提供人才培养需求信息。同时，四川省及成都市教育行政主管部门深谙本区域内社会经济和产业发展及其人才需求情况，能够为学院技术技能人才培养提供具有针对性的指导。

3．产业集群内的核心行业企业

职业院校培养的技术技能人才对接产业集群，实质上是对接产业集群内部关键行业、企业的技术技能人才需求。同时，行业、企业处于技术技能人才培养价值链的终端位置，亦参与了技术技能人才的培养过程，因此将行业、企业纳入技术技能人才培养随产业集群发展动态调整机制极为必要。行业、企业应该在运作过程中建立行业人力资源需求预测和就业状况定期发布制度，并充分发挥其在市场信息、生产科研设备、实训场地等方面的优势，介入、监督并适当地参与调控职业院校的技术技能人才培养[①]，"量体裁衣"，增强职业院校技术技能人才培养的职业匹配度和适应性，进而提高人力资源利用率。

成都工业职业技术学院根据自身的办学方向和特色，积极联动地方产业集群内的领军行业、企业，邀请他们参与到技术技能人才培养随产业集群发展动态调整机制中来，定期发布、更新其技术技能人才需求数量、规格层次、素质要求等，就技术技能人才培养及其调整与成都工业职业技术学院、省市教育行政主管部门等"行为主体"进行商榷和讨论，监督技术技能人才培养及其调整过程，并提供力所能及的支持资源，如资金、行业专家等。

4．其他社会力量

在这里，其他社会力量指的是除了成都工业职业技术学院、省市教育行政主管部门、产业集群内的核心行业企业以外的其他利益相关者和对职业教育人才培养感兴趣的组织和个人，主要包括第三方教育评估与数据机构、科

---

① 杨善江．"产教融合"的院校、企业、政府角色新探——基于"三重螺旋"理论框架[J]．高等农业教育，2014（12）．

研机构、兄弟院校、社会知名人士等，他们是技术技能人才培养随产业集群发展动态调整的参与者、监督者，协助提供、分析技术技能人才供求的信息，就如何随产业集群需求动态调整技术技能人才培养"出谋划策"，并以"旁观者"的姿态监督技术技能人才培养及其调整过程。其中，第三方教育评估与数据机构在该动态调整机制中的作用应得到"百分百"重视，因为第三方教育评估与数据机构是一个独立于政府部门、教育系统的专门从事教育评估的社会组织，具有独立性、价值中立性、客观性，通常"用事实说话"，其所开展的教育评估"源于事实""服务事实"，能够有效地反映真实的情况，以便在技术技能人才培养过程中做出具有针对性的调整与变革。

（二）组织架构

成都工业职业技术学院参照教育部《普通高等学校理事会规程》的相关要求和指导方针，构建政、企、行、校四方协同合作的理事会制度，以此为技术技能人才培养随产业集群发展动态调整提供一个信息服务、咨询渠道。同时，结合办学的职业性和社会性以及同行业企业的紧密联系，联合其他组织机构的力量建立成都工业人才促进会，直接对接地方产业集群需求。然后，进一步联动理事会和成都工业人才促进会，两者优势互补、分工合作、协同并进，形成一个技术技能人才培养随产业集群发展动态调整综合信息平台，无缝连接区域产业集群需求与学院技术技能人才培养，如图4-13所示。

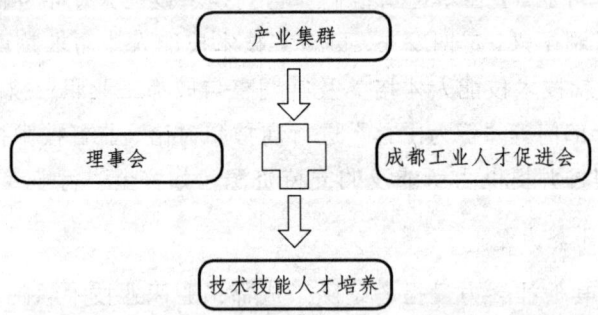

图4-13 成都工业职业技术学院技术技能人才培养随产业集群发展动态调整机制

1. 理事会

2014年9月，教育部发布施行《普通高等学校理事会规程》（试行）（教育部令第 37 号），要求高等院校"建立并完善理事会制度，制定理事会章程，明确理事会在学校治理结构中的作用、职能，增强理事会的代表性和权威性，健全与理事会成员之间的协商、合作机制，为理事会及其成员了解和参与学校相关事务提供条件保障和工作便利"。成都工业职业技术学院根据自身办学定位和办学实际，遵照该《理事会规程》，设立了由政府、行业、企业等人才培养相关方代表组成的理事会制度，制定理事会章程，建立健全议事规程、会议制度，明确各理事单位及成员的地位与作用，使其成为学院现代治理与管理、规范有效运作的一个具有法律效应的咨议、监审组织。由于技术技能人才培养在办学中处于核心地位，成都工业职业技术学院将具有多元社会主体参与的理事会作为其技术技能人才培养及调整的一个咨询、协商、审议与监督机构，不仅增强了学院同社会的联系和合作，还有效提高了技术技能人才培养的针对性、匹配度、实用性。

2．成都工业人才促进会

为贯彻实施成都市政府《关于深入实施"创业天府"行动计划、加快打造西部人才核心聚焦区的若干政策》、"成都人才计划""创新引领、工业强基"等六大行动要求，以创新理念整合社会各类资源，为促进工业发展提供人才支撑，成都工业职业技术学院联合成都信息工程大学、成都市中小企业服务中心、成都职业技术学院、中智四川经济技术合作有限公司、成都市机械商会、成都市电大等单位，于 2016 年筹备建成了成都工业人才促进会，其会员单位囊括了成飞集成科技、成都汽车研究院、四川大学、西南交通大学、电子科技大学、西华大学、成都信息工程大学、成都工业职业技术学院等知名企业和本地高等院校，旨在在政府和高端技术技能人才、行业企业之间发挥桥梁纽带作用，推进成都市工业集聚高端技术技能人才（团队），形成人才竞争比较优势，提升工业企业综合实力与核心竞争力。成都工业人才促进会的职能之一是发挥各组织、机构的协同作用，紧密结合国家、省市"十三五"规划，《成都制造 2025 规划》及成都市电子信息、轨道交通、汽车、石化、航空航天等重点产业，深入成都经济开发区汽车产业园、成都高新技术产业开发区等工业园区、大中型工业企业等，调研行业、企业高端技术技能人才，创新型和管理团队等人才需求情况，根据现实情况提出工业人才引进、培养孵化的建议意见，并制订人才引进、培育孵化、定向培训、政校企融合等计划，促进高端工业技术技能人才的引进和培养，其所服务的对象涉及了包括电子信息、轨道交通、汽车、石化、航空航天、生物医药、新能源、新材料、节能环保、冶金、食品、建材、轻工在内的13个行业。

（三）调整程序

理事会和成都工业人才促进会是整个技术技能人才培养随产业集群发展动态调整机制的核心，协同推进技术技能人才培养动态调整。由于两者的成员由政府、行业企业、高职院校的代表等利益相关者组成，代表着社会、行业企业和办学主体的实际需求，因此能提供产业集群对技术技能人才培养需求的客观数据和信息。成都工业职业技术学院根据得到的人才需求、用人反馈等信息和材料形成分析报告后做出科学调整，切实落实对接产业集群需求，开展人才培养工作。具体调整步骤如下：

首先，深入调研。深入到本区域内的行业、企业、高职院校进行调研，明确当前行业、企业技术技能人才需求的类型、数量、规格、素质要求等，把握本地方高职院校技术技能人才培养的现状（尤其是同类高职院校），全面"知彼"。

其次，分析处理。整理调研获取的相关数据和材料，进行"鞭辟入里"的系统分析，从区域全局整体掌握当前本地方产业、行业、企业发展脉络及其人才需求，全面把握，做好技术技能人才需求预测，形成一个整体性的需求分析报告；以"差异性发展"为理念分析本地方高职院校技术技能人才培养情况，结合自身技术技能人才培养方向和目标定位，"知彼知己"，查漏补缺，调整优化，形成一个校本特色的分析报告。

最后，实时调整。在整体分析报告和校本分析报告的指导下，以"实际需求"为圭臬，以"多方协商"为准则，以"全面论证"为手段，适应性地实时动态调整技术技能人才培养，切实落实对接产业集群需求，培养技术技能人才。

二、对接产业集群组建专业集群

组建专业集群，是成都工业职业技术学院服务四川省及成都市产业集群发展的重要方式。成都工业职业技术学院根据教育部《普通高等学校高职高专教育专业设置管理办法》和四川省教育厅关于专业结构调整的有关意见，按照高职教育教学规律，结合自身工业特色，以科学发展观为统领，以"产业集群+专业集群→产业园区特色分院"为总思路，坚持"服务地方经济、集群发展、动态、产教深度融合、国际化"的原则，围绕四川省及成都市经济发展规划和重点发展产业规划，明确重点服务产业，合理设置并调整优化现有专业，对接产业集群，构建专业集群，旨在通过构建与产业集群发展需求相适应的专业集群，为之培养具有匹配性、适应性、发展性的综合素质较高的复合型技术技能人才。

（一）专业集群建设原则

1. 服务地方经济

专业集群建设不仅是高职院校强化内涵、提升质量的突破点和着力点，是推进教育教学改革的核心环节；还是职业教育与社会对人才需求的桥梁和纽带，是职业教育主动适应经济发展和产业升级的关键环节。因此，服务地方经济是高职院校对接产业集群需求、探索组建专业集群首要考虑的因素，是高职院校开展专业集群建设必须遵守的首要原则。

成都工业职业技术学院，作为一所由成都市人民政府举办、四川省教育厅主管的以工科为主的公办全日制高等职业技术学院，服务当地社会经济和产业发展成为其与生俱来的责任。因此，成都工业职业技术学院坚持立足天府新区及全域成都，面向四川乃至全国，面向生产、建设、管理和服务第一线，服务区域产业转型升级及产业链、产业集群发展，认真贯彻四川省委十届七次全会、成都市委十二届六次全会精神，紧紧围绕成都市"十三五"规划、《成都制造2025》等文件精神，改善技术技能人才培养质量，提升技术技能人才培养的产业集群匹配性和可用性。

2. 集群发展

众所周知，产业集群的内部各行业企业之间具有"核心—配套关系"，各行业、企业在职能、岗位、生产环节等方面又具有"交融性""互补性"，呈现出集聚效应、效率效应、规模效应和扩散效应，其目标是提升整体竞争实力，追求经济回报和利益最大化，集群发展成为产业转型升级、提升竞争力的智慧选择。

在集群思想的引领下，成都工业职业技术学院紧密结合四川省及成都市产业布局，围绕重点发展产业，对接产业集群，构建学院专业群体，实现产业集群与专业集群对应，同时规划形成专业集群综合实训基地，这有利于强化办学特色，形成竞争优势；有利于更好地服务当地产业和企业，为产业发展提供合适的人才。

3．动态调整

由于社会经济和产业发展处于不断的变革、发展之中，其对技术技能人才的需求，无论是规格层次、能力素质，还是数量上，也在不断地变化，具有发展性。"亘古不变"的技术技能人才培养方式、"止步不前"的技术技能人才培养质量不能"一劳永逸"，它只能在一定时期内适应和推动区域社会经济和产业发展，随着时间的递进，其缺陷和不足将日益暴露，直至难以回应、甚至是阻碍区域社会经济和产业发展。可见，高职院校的技术技能人才培养随区域社会经济和产业发展进行动态变革与调整是多么重要。

在践行"基于产业链的集群式人才培养模式"的过程中，成都工业职业技术学院始终关注区域（尤其是本地区）社会经济和产业发展态势，直面产业转型升级，准确预测专业发展走向，对专业建设实施动态管理，建设专业指导委员会，实时制订和调整人才培养方案。

4．产教深度融合

产教深度融合是职业院校技术技能人才培养的必经之路，是职业院校技术技能人才培养质量"立于不败之地"的关键。成都工业职业技术学院在组建专业集群的过程中，坚持产教深度融合原则，积极推进专业集群层面的校企合作机制，将开放合作育人平台建立在专业集群上，以专业集群为基础单元，独立面向产业和行业、面向企业和职业、面向行业主管部门和行业协会；要求每一个专业集群中的每一个专业方向根据所对接的产业，在专业建设中至少确定一家龙头企业，紧密合作，深度开展产教融合；要求专业集群建设要重视市场在人才培养中的导向作用，根据市场需求的变化，与行业、企业共同研讨制订专业教学方案，根据职业岗位技能要求和职业资格标准规范实践教学基本要求，在实训基地建设中突出"生产性"，真正实现教学过程与生产过程对接、课程内容与职业标准对接。

5．国际化

在我国，"以市场换技术"的时代已经过去，"以技术换市场"的时代正在到来，越来越多的行业、企业通过参与国际竞争，迈开了国际发展步伐，开拓了国际市场。在这一大环境下，高职院校应以优势专业（集群）、特色专业（集群）为依托，加强专业（集群）层面的交流与合作，不断拓展国际视野，在本土生长理念的引导下有鉴别地引进和消化国际先进、使用成熟的职业标准、课程与教学体系、数字教学资源等，探索实践与我国行业、企业和产品"走出去"相匹配的专业（集群）建设模式，推动培养具有国际视野、邃晓国际规则的技术技能人才。

在专业集群建设中，成都工业职业技术学院立足国际化视野，坚持国际化理念，开展与国际化大公司、领军企业的合作，推动专业集群高位发展。学院将整合德国、英国、澳大利亚、奥地利、新加坡等国际合作资源，进行内化，制定与国际先进行业标准接轨的职业培训标准、专业（集群）标准和课程标准，共建实训室、实训基地，共享实习场所，建立符合国际标准且行业认可的人才评价体系，开发具有国际水准的课程资源包，并尝试建立专业集群层面的师资交流、学生互换、证书互认等国际合作。

（二）专业集群建设的过程

成都工业职业技术学院的专业集群建设经历了"人才培养定位—调研论证—着手建设"三个步骤。

1．人才培养定位

成都工业职业技术学院坚持弘扬"大国工匠"精神，着力找准人才培养定位、重心下移、对接地方，突出以工业为主，服务成都区域，服务《成都制造2025》，围绕地方优势、特色产业为内核的产业集群，以轨道交通、装备制造为两大主线，规划构建专业集群，以培养"具有良好职业道德、职业素养、热爱工业产业，具有鲜明工业文化底蕴，具有与岗位需求相适应的一般人文、社会及自然科学等通识性知识和一定的专业理论知识，有较高专业技能和一定的创新创业精神，生产、建设、服务、管理一线的高端技术技能型专门人才"，实现技术技能人才培养与产业、企业需求的对接。

2．调研论证

成都工业职业技术学院组织土木工程系、机电工程系、交通运输系、车辆工程系、物流工程系、信息工程系、经济管理系、艺术与设计系8个系开展了深入的调研论证工作，从需求、结构、生源、人才培养质量、就业结构等实证调研的数据中找准专业集群建设定位，并依此调整、优化、组合现有专业，增设新专业或并掉过时专业，在此基础上围绕产业集群需求构建专业集群。其中，需求分析包括国家、地方、产业、行业对高职院校的定位，产业、企业、职业（群）、岗位（群）的技术技能人才需求；结构分析细化到了具体的专业方向、职业和岗位，合理设置相对应的指标点，并在科学视野下开展；生源分析不仅对招生数量进行了分析，还就当地政府、教育行政主管部门、行业企业、家长、学生等对学院的认同度、专业认同度、学历认同度等方面进行了剖析；人才培养质量分析涵盖了对教学活动、教学方法、教学资源、教学管理等的分析；就业结构分析则主要从就业含金量、行业分布、区域分布、雇主分布、地区贡献度等方面展开，全方位调研论证了专业集群建设的必要性、可行性和有效性。

3．着手建设

各教学系根据调研论证的结果，初步形成对接产业集群的专业集群发展规划。为了使专业集群建设更加具有针对性、科学性和有效性，成都工业职业技术学院聘请了政府、行业、企业、高等学校、研究机构等的校外专家组成评审组，分别对专业集群发展规划和专业进行评审。例如，在组建轨道交通专业集群的过程中，聘请了成都铁路局、成都地铁运营有限公司、西南交通大学土木工程学院等的相关专家和专业人士作为评审专业集群发展规划及相应专业方向的评审组；在组建装备制造专业集群的过程中，邀请了成都航空职业技术学院、西南交通大学电气工程学院、新筑股份公司设计研究总院、成都市经信委重大装备处等的相关专家和专业人士担任评审专业集群发展规划及相应专业方向的评审组。根据各位校外专家和专业人士的意见和建议，成都工业职业技术学院对专业集群发展规划进行合理、适当的修订和汇总，形成学院专业集群发展规划方案，有序开始建设工作。

（三）专业集群的整体框架

目前，成都工业职业技术学院已经围绕四川省及成都市中长期产业发展规划，定位工业特色，明确了轨道交通、装备制造、新能源、电子信息、现代物流、建筑与新材料、金融服务七个重点服务产业，并依托这七个产业及其集聚现象，以轨道交通产业和装备制造产业为主服务对象，以其他产业为辅助服务对象，规划形成了轨道交通、装备制造、物流工程、汽车工程、信息工程、建筑工程、财经管理七大专业集群。同时，在专业集群发展较为成熟的前提下，以专业集群为基础，分别在蒲江工业园区、新都工业集中区、青白江工业园区等多个产业园区规划创建轨道交通、装备制造两个龙头分院和物流工程、汽车工程、信息工程、建筑工程、财经管理5个特色分院，一个分院对接一个产业集群，学历教育与非学历教育并举并重，同时选择产业中的国际化企业、领军企业和研究机构等深度合作，产学研一体，服务和引领产业发展。

成都工业职业技术学院"龙头专业集群引领，重点专业、特色专业配套，其他优势专业集群辅助"的具有鲜明二产特色、协调发展的专业集群和"一园一院式"产业园区特色分院布局如图4-14所示。

三、健全课程与教学体系

课程建设与教学是高职院校加强内涵建设的重点，是提高人才培养质量的核心，是一项高难度的系统性工程。成都工业职业技术学院在技术技能人才培养实践中，探索出"学校企业一体化、理论实践一体化、教师师傅一体化、学生员工一体化"的课程与教学理念，并将之贯穿技术技能人才培养工作始末，形成了具有学院特色的模块化课程体系与"大专业＋小方向"的教学模式。

（一）模块化课程体系建设

成都工业职业技术学院将课程作为对接产业集群的切入点，按照"专业理论课程、专技实操课程和人文素质课程共抓"的原则，以"逆推法"为建设方法，探索形成了模块化课程体系。

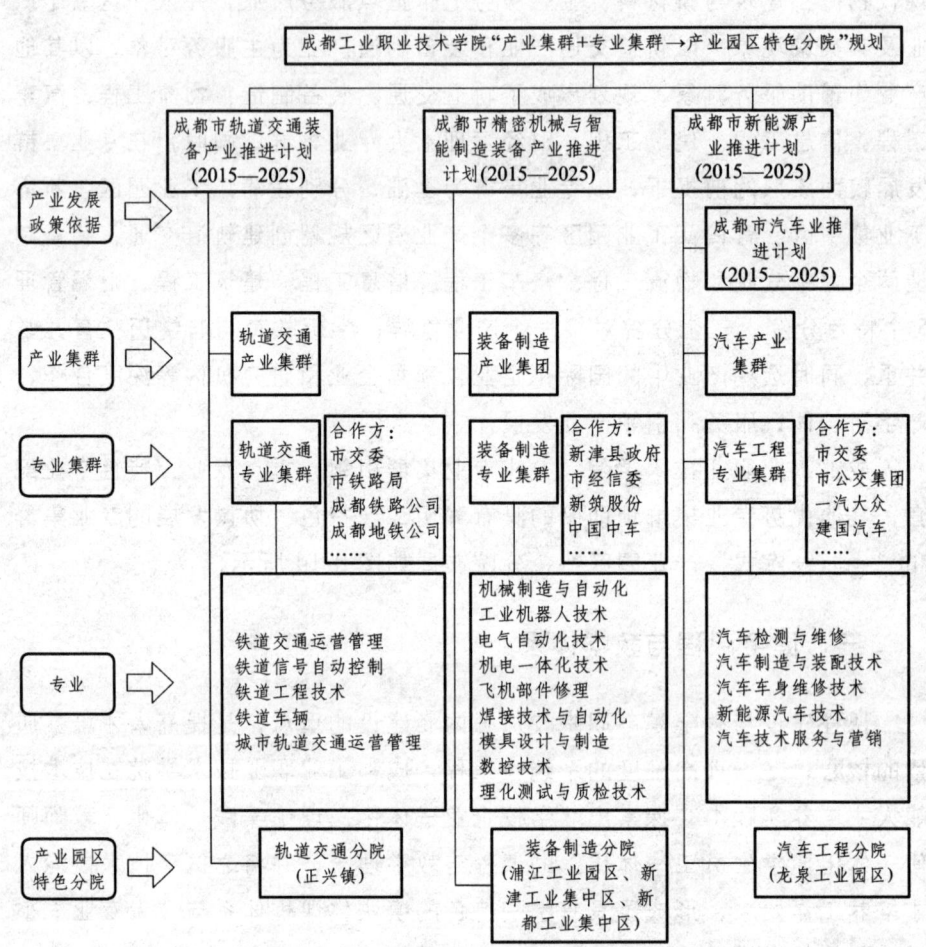

图 4-14 成都工业职业技术学院"产业集群+

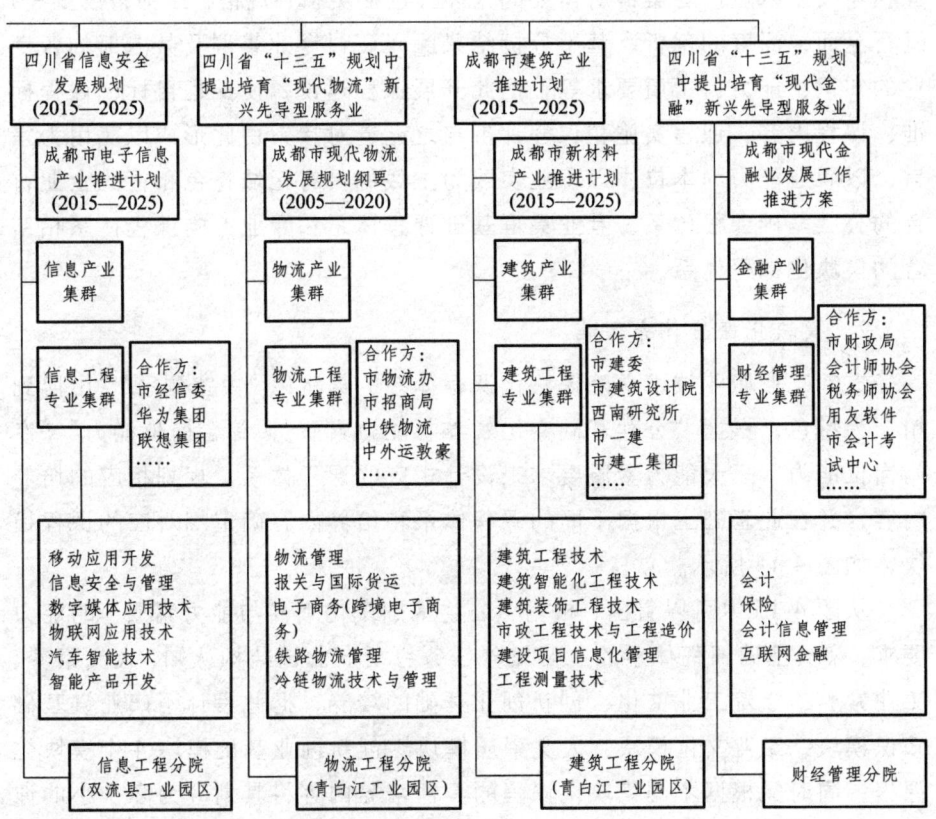

"专业集群→产业园区特色分院"规划

1. 模块化课程体系建设方法

以专业集群为突破口，分析各产业集群对技术技能人才的能力要求，在此基础上采用"逆推法"确定专业集群及其内部各专业的课程内容。具体做法是：首先，统合学院内外资源和力量，建立一个由行业企业专家、学院教师、课程领域的专业学者和研究人员等组成的课程建设团队。其次，课程建设团队对产业集群所需要的人才（包括类型、规格、结构、数量等）进行全面、深度的剖析，基于分析结果深入研讨专业集群及其内部的各专业的知识、能力、素质要求等，据此开展课程建设，使课程目标、课程标准、课程内容、课程实施和课程评价与之无缝对接，由此形成以应用为宗旨、以职业能力为本位、以职业实践为主线的具有区域特色和行业企业特色的公共基础课程体系、专业集群基础课程体系和专业方向课程体系相结合的模块化课程体系。

2. 模块化课程体系架构

成都工业职业技术学院模块化课程体系的架构以"由宽到窄""由博到精"为特色，根据"公共基础文化素养与能力素质""综合岗位能力""专门岗位能力"三大能力素质要求来设计相应的课程体系、规划相应的培养内容，并在此基础上根据不同的课程体系和培养内容确定相对应的课程模块，如图4-15所示。

从图4-15中可以看出，根据"公共基础文化素养与能力素质"的能力要求，公共基础课程体系的主要培养任务包括产业链结构认知、人文素养、工业素养、学院工业文化、创新创业基础的培养，据此设计了产业链基础知识模块、工业文化模块、人文素质模块、创新创业基础模块4个模块化课程，同时又根据不同模块化课程的具体培养内容将其划分为多个小的课程模块；根据"综合岗位能力"的能力要求，专业集群基础课程体系的主要培养任务包括专业集群基础知识、职业基本技能和岗位综合模拟的学习和训练，据此设计了轨道交通专业集群基础模块、装备制造专业集群基础模块、汽车工程专业集群基础模块、信息工程专业集群基础模块、物流工程专业集群基础模块、建筑工程专业集群基础模块和财经管理专业集群基础模块7个专业集群基础模块化课程，同时又根据不同专业集群基础模块化课程的具体培养内容将其划分为多个小的课程模块；根据"专门岗位能力"的能力素质要求,专业方向课程体系的主要培养任务包括通过强调与职业岗位标准的对接,以培养学生就业和创业的能力。据此针对每一个专业方向都设计了不同的课程模块,更加具有针对性地培养、训练学生的技术技能和综合素养。

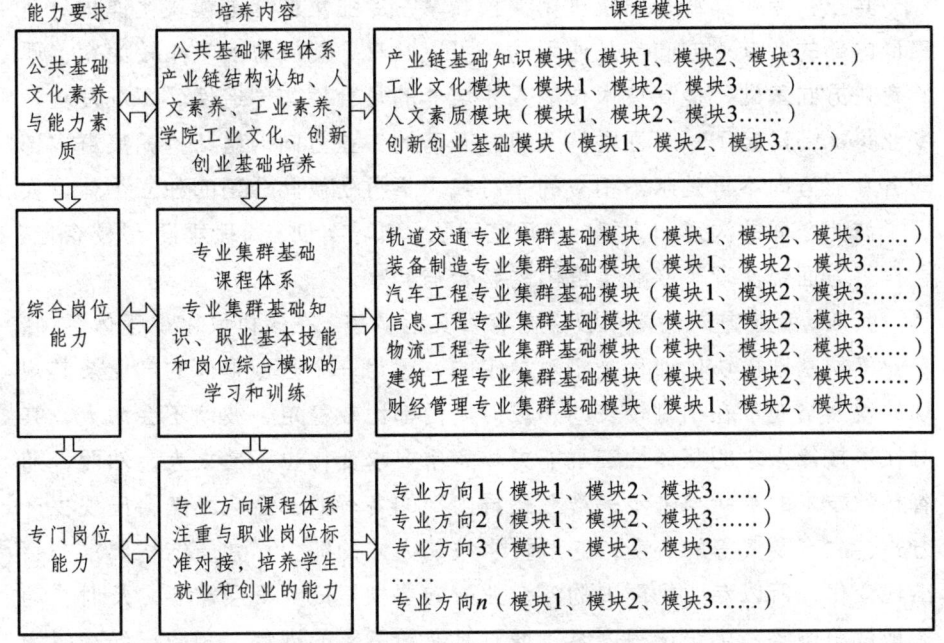

图 4-15 成都工业职业技术学院模块化课程体系架构

3．模块化课程体系的特征

从整体上来看,成都工业职业技术学院所建设的模块化课程体系兼具"统整性"和"碎片性",兼备"理论性"和"实践性",是一种符合职业教育教学规律的可行、有效的课程体系。

其一,公共基础课程体系具有导入性。从公共基础课程体系的培养任务、培养内容和课程设置等来看,它主要是授予学生最基本的行业领域知识和基础的职业道德规范,以培养学生对专业领域的学习兴趣,使学生能够对专业领域学习有一个整体的基本认知和了解,因此可以看成是一种先导性的课程体系。

其二,专业集群内专业面向所有学生开放。在招生阶段,按照专业集群大类进行招生录取,将学生入学初的学习定位在较为宽泛的技术技能领域，从专业集群层面教授给学生广博的、整体性的知识；学生修完贯通专业集群的专业集群基础模块化课程，对专业群内的专业方向（专业）具有一定认知之后，再依据个人条件和兴趣选择具体的专业方向，避免了学生未入校就限定专业方向的盲目性。

其三，专业集群基础模块化课程共享。专业集群基础模块化课程针对集群内部的各专业方向都是通用的，可以共享，能够夯实学生较为宽、厚的专业方向基础，提高技术技能人才培养的复合性和创造性。不难发现，专业集群搭建起了一个互联、互通、互动的专业方向网络结构，集群内部的各专业方向不再是永不相交的平行线、不再是彼此分割的独立个体，实现了彼此之间的沟通和支撑，在师资团队、实习实训、课程建设、"校企地"合作等方面都实现了专业集群内的整合与共享。

其四，专业方向设置和教学内容可灵活调整。在该模块化课程体系中，专业集群基础模块化课程是相对稳定的。因为一个区域整体的产业及其规划的发展与变革在相对较长的一段时期内都比较稳定，波动不会太大，其对技术技能人才的整体性宏观能力和素质要求变化也不会太大。然而，随着科学技术的革新与进步，产业集群内部的各行业、企业必然会出现生产方式、生产要素等的突变，其对技术技能人才的能力和素质结构要求亦会出现变化，所以专业集群内的各专业方向要根据产业发展需要，及时、动态地做出调整，优化课程内容，增设具有新需求的课程，删减已经难以为继的旧课程等，以满足就业导向的高职教育技术技能人才培养要求，使得专业建设能够主动、及时适应市场和产业变化。

（二）"大专业 + 小方向"教学模式建设

结合各产业集群特征及其对技术技能人才的需求、校本专业集群发展规划和模块化课程建设实践，成都工业职业技术学院探索提出并创新性地实施"大专业 + 小方向"教学模式。

1."大专业 + 小方向"教学模式的提出

"大专业 + 小方向"教学模式是成都工业职业技术学院在总结、分析现有教学模式的优势与不足的前提下，基于专业集群建设规划与实践，依托专业集群所构建的模块化课程体系而提出并付诸实践的。

首先,现有教学模式直接从专业层面开展教学,将专业学习分为不同的必修课程,按照课程门类进行教学,其优势是学生能够较为熟练地掌握专业理论知识和动作技能;其不足是学生缺乏对地方整个产业发展、产业链和产业集群的整体认知,对专业集群内与本专业相关联的其他专业"一知半解",对产业集群整体所需的能力和素质缺少必要准备,复合性职业能力难以形成。

其次,成都工业职业技术学院不遗余力建设专业集群的初衷就是根据地方产业集群对技术技能人才的复合性能力与素质要求,通过对接产业集群建设专业集群,全力培养满足产业集群需求的高素质复合性技术技能人才。模块化课程体系则是根据专业集群的特征、技术技能人才培养的能力与素质要求、培养内容等探索构建的,是一种集群式的课程建设方式,主要是为专业集群服务。与此相对应,围绕专业集群和模块化课程体系开展教学成为必然。

2."大专业+小方向"教学模式的内涵与特征

所谓"大专业+小方向"教学模式,指的是按照专业集群进行教学,先教授工业基础知识、产业链和产业集群基本认知、技术技能、人文知识素养、基本职业素养、创新创业精神等专业集群通用的能力与素质,再根据学生的专业兴趣分小方向进行专业方向的课程教学,精细化、固化学生的职业知识、技术技能、职业道德与工业文化素养,培养其社会适应能力、方法能力、创新创业能力,真正做到"一专多能""复合发展"。

整体来看,成都工业职业技术学院所实践的"大专业+小方向"教学模式具有以下特征:

奠定宽基础——"大专业+小方向"教学模式从专业集群这个"大专业"进行基础性知识教学,通过不同的专业集群基础模块课程让学生充分认知专业集群的整体情况及其各专业方向的基本培养内容、培养方式、就业方向等,为学生打下一个比较宽厚的基础,使其具有就业选择的灵活性和可持续发展的后劲,具备终身学习、自我学习和自我拔高的能力。

精炼窄能力——窄能力是在宽基础的基础之上形成和实现的,学生通过"大专业"学习充分了解专业集群内部各专业方向,并根据自身的条件、优势、兴趣等选择一个专业方向进行"窄能力"的学习。所谓"窄能力",

指的是专业能力与素质,与职业岗位相对应。"小方向"教学针对专业方向,通过专业方面的各个模块化课程,进行重点技术技能培训、专项知识授受、岗位职业能力培养,并要求相关企业、高等院校、研究机构、政府机构等参与人才规格、培养目标、课程设置、教学评价等的设计和制订,通过贴近产业、贴近企业的"小方向"专业教学,让学生掌握真技术、真技能,获得真本事、真能力。

(三)生产型实训基地建设

由于职业教育的职业性和社会性,实践知识在技术技能人才培养中至关重要。实训基地作为授受实践知识的主阵地,其建设得到了各高职院校的高度重视。成都工业职业技术学院依据学院整体专业发展建设规划,以"教学功能"和"社会服务功能"为导向,综合考虑合作企业、人才培养模式改革、人才培养方案、课程改革与课程建设、教学模式改革等影响因素,科学、合理规划学院实训基地建设图景,形成了"公共基础与工业文化实训基地、专业集群综合实训基地和创新创业中心相结合,校内实训基地和校外实训基地共建"的具有学院特色的生产型实训基地布局。

1. 生产型实训基地建设的原则

鉴于实训教学在技术技能人才培养中的关键性及对真实生产环境和生产工具的高度依赖,成都工业职业技术学院以"内外联动、共建共享"为原则,着力建设具有学院工业特色的生产型实训基地体系。以上原则具体体现在以下方面:

一是积极联动政、企、行、校、研究机构等校外力量的参与。依托四川省及成都市政府的政策支持并坚持政府主导,联合国内外领军企业,充分发挥其技术转移与应用能力,最大化利用其生产和工作场地,发动行业指导协会积极参与,合理利用其咨询服务功能,集结本地高等院校与研究机构,共享其教育教学资源和人力资源,围绕成都市产业转型升级需要和产业发展规划,坚持"校企地"长效合作,共同建设与地方产业集群、学院专业集群相适应的生产型实训基地。

二是坚持产学研用相结合。增强生产型实训基地建设的开放性、灵活性和适应性,以产品生产和产品创新为终极追求,强化生产型实训基地的

"生产性",生产出具有一定社会价值、经济效益的产业;以高素质复合型技术技能人才培养为根本出发点,强化生产型实训基地的"培育性""孵化性",培养出具备较强实践动手能力和操作能力、具有创新创造精神和能力的高端复合型技术技能人才;以技术研发为提升目标,强化生产性实训基地的"研发能力",研发出能够用于生产实践、提高生产效用的技术设备和产品;以技术转化与应用和人才使用为发展动力,强化生产型实训基地的"科技转化与应用能力、人才使用能力",推动实训基地的良好发展、长足发展和育人用人功能的实现。

2. 生产型实训基地的体系架构

成都工业职业技术学院依托青白江物流园、新津县政府、奥地利WIFI、西南交通大学、中铁二院、成都铁路局等产业园区、地方政府部门、龙头企业、科研院所、高等院校,规划建设了四川省工业文化与传承社科普及基地,由工业博物馆、校史馆、图书馆工业分馆和工业文明体验区组成,其中工业博物馆主要展示世界工业发展史、中国工业发展史、成都工业发展史,校史馆陈列学院的办学历史、展示学院的工业特色,图书馆工业分馆分为第一产业链专业集群阅览区(以轨道交通类、现代物流类专业为主)、第二产业链专业集群阅览区(以装备制造类、汽车工程类、建筑工程类专业为主)和第三产业链专业集群阅览区(以信息技术类、艺术设计类、财经商贸类专业为主),工业文明体验区包括轨道交通类体验区4个(城市轨道交通运营沙盘体验区、城市轨道交通列车模拟驾驶体验区、铁路客运售票体验区、铁路接发列车作业体验区)、装备制造类体验区4个(3D打印体验区、机器人体验区、工艺作品加工体验区、创新创业体验服务区)、汽车工程类体验区7个(世界汽车品牌体验区、发展演变体验区、汽车设计体验区、汽车制造体验区、汽车医院体验区、结构原理体验区、汽车安全体验区)、建筑工程类体验区3个(建筑工业化体验区、工业及建筑材料力学试验体验区、大型工业构件设备测量体验区)、现代物流类体验区4个(自动拣选体验区、未来超市购物体验区、模拟港口作业体验区、现代仓储存取体验区)、信息技术类体验区2个(信息时代厅体验区、信息技术厅体验区)、财经商贸类体验区1个(财经专业文化馆)和生态体验区3个(景观养护管理区、师生劳动体验区、园林苗圃建设区);合作共建了轨道交通专业集群综合实训基地、装备制造专业集群综合实训基地、现代物流专业集群综合实训基地、汽车工程专业集群综合实训基地、建筑工程专业集群综合实训基地、信息工程专业集群综合实训基地、财经管理专业集群综合实训基地等专业集群综合实训基地7个，每个专业集群综合实训基地又包含多个专业方向的实训中心和实验实训室（本章第三节将具体呈现）；合作共建了学生创新创业中心1个，深入推进"企业建在学院，学院植入企业"，同时为学生创新创业提供新平台，实现创新有基础、创业有机会、孵化有条件，有效提升实训基地的整体价值。成都工业职业技术学院生产型实训基地体系架构如图4-16所示。

3．生产型实训基地的特征

生产型实训基地，作为一种既具有教育性质，又具有生产性质的特殊场所，其特征体现在以下方面：

真实性——生产型实训基地的真实性体现在环境和教学内容两个层面。从环境来讲，生产型实训基地展现的是一种真实的生产、操作、服务情境，具有"物"设备和设施，学院按照真实的生产、操作、服务要求来规范学生的实训，在教授教学内容的同时进行实际生产、操作和提供服务，既完成教学任务又通过生产、操作和服务等获得经济效益。从教学内容来讲，生产型实训基地将企业文化嵌入实训过程中来，使教学内容更具有真实感；学院与企业合作提供切实可行的教学内容来落实教学计划，通过真实的生产、操作或服务等来反映教学内容，学生通过学习企业某一特定产品的生产过程、实际操作某一操作过程或实际提供某一项服务完成实训教学内容，既完成了学业又获得了真真切切的职业体验。

生产性——生产性是生产型实训基地赖以存在的前提和价值诉求，只有具备真实的生产环境，具有生产功能，能够向社会提供真实的产品、服务等，才能达到生产性实训的期望成果。学院为学生提供职业技术技能训练的真实岗位，采用多元主体市场化联合运营的手段，用高品质服务回馈社会，使学生在实训过程中生产的产品为社会所用、提供的服务为社会所接受，使实训过程具有生产性或服务性，产生一定的社会效益。同时，根据企业工作制度制定相应的轮班轮岗、工休制度，让学生在真实的环境中掌握岗位（群）的工作性质、任务、职责等，培养学生的职业认同感、岗位责任感和职业素养。

功能多元性——与单纯教学型实训基地相比，生产型实训基地的功能更加多样、更加强大。就学院共建的生产型实训基地来讲，具有生产、服务功能，能够与相关企业、院校等合作承担一定的产品生产和社会服务；具有培育、孵化功能，能够通过实训教学有效训练学生的实践操作能力、动作技术技能、产业文化素养、职业道德素质、创新创造精神和能力等；具有职业培训和技能鉴定功能，能够为行业、企业在职员工提供社会性职业培训和进修学习活动，在地方政府部门等的协助下从事职业技能鉴定工作；同时，还具有一定的技术研发与转化功能，能够联合其他合作企业、高等院校、研究机构等在工业领域内开展一定的产品、技术研究和转化工作。

四、完善支持与保障体系

任何工作的正常、有效开展都离不开基本的人力、物力支持与保障，高职院校的技术技能人才培养亦不例外，它不仅需要强大的师资力量来保证基本的智力需求，需要完善的教学质量保障体系来助推教学质量的维持与提升，而且需要院校层面的管理制度的宏观规制。在践行"基于产业链的集群式人才培养模式"中，成都工业职业技术学院强调加强建设师资队伍、建立健全教学质量保障体系以及在学院层面上探索建设并完善相应的组织管理体系。

（一）师资团队建设

成都工业职业技术学院制订学院中长期师资队伍建设规划，积极打破传统教师聘任与培养的桎梏，以"一个专业集群对应一个教师团队"为基本理念，按照"行业、企业、专业方向"相融合的思路，采用"四方联动、多岗交替、内培外引"师资队伍建设模式，与相关政府部门、企业、行业密切合作，从传播知识、应用知识和创新知识三个层面着手打造"校、政、企、行"四方共担的专兼结合的高水平师资队伍，为技术技能人才培养提供强大的智力支撑。

1．多渠道引进优秀人才

教师是教学过程的主体，是高等院校才人培养的有生力量，吸引、留住优秀教师并使其负起责任对于保障高等教育质量非常必要，成都工业职

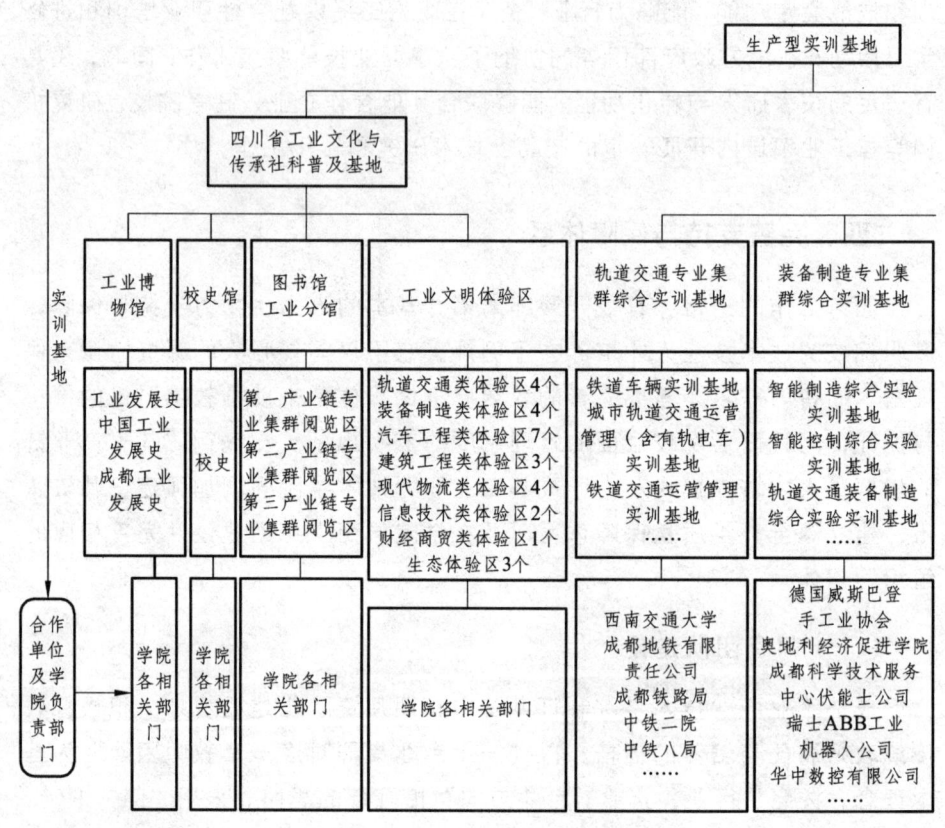

图 4-16 成都工业职业技术学院

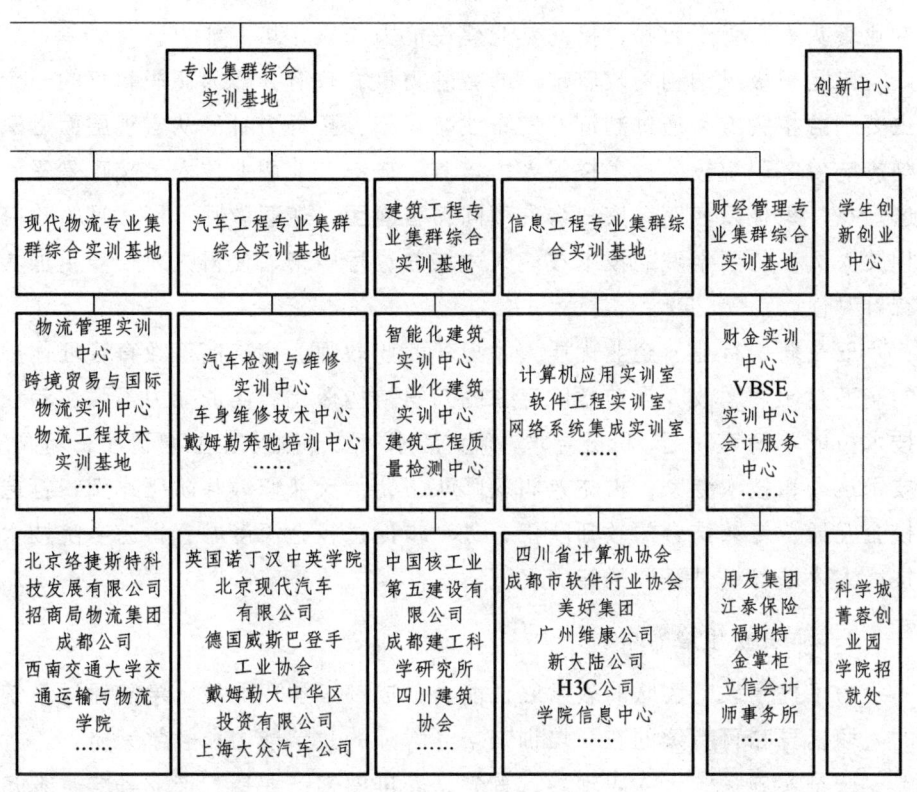

生产型实训基地体系架构

业技术学院采用多种路径和渠道来吸收、培养教师团队，以实现教师团队的复合性和互补性。

一是完善、落实《成都工业职业技术学院人才引进办法》，加大高层次人才引进力度，将引进高层次人才作为解决师资队伍建设存在不足的突破口，突出高端化和专业化，使学院教师结构趋向合理。其主要方式包括：通过高校应届毕业生招聘、社会招聘吸收高学历新教师，为学院师资团队注入新鲜血液；通过吸纳高校和科研机构等的专家、学者、优秀教师引进专业带头人和骨干教师，提高专业建设能力和人才培养能力。

二是积极吸纳相关政府部门的智慧力量。政府，作为高职教育的一个主要利益相关方，通过制订并发布战略规划、指导方针等从宏观层面上深刻影响着高职院校的技术技能人才培养，成都工业职业技术学院正是看到这一点，积极以客座专家、咨询顾问、智囊团、兼职教师等形式吸收政府相关人员参与到学院的技术技能人才培养过程中来，使得人才培养更加具有针对性。

三是聘请行业、企业优质人才担任兼职教师。突破高等教育管理体制的高度封闭性，改变当前学院存在的知识结构僵化、实践能力不强、专业技术技能不精等问题，积极寻求"源头活水"，从行业、企业聘请能工巧匠、技术达人和技术专家，扩充兼职教师队伍，加大兼职教师队伍比例，打造校企互通、专兼结合的教师队伍，进一步促进校企深度融合，为学院技术技能人才培养提供坚实的智力保证。

2．加强教师培养培训

为了提高教师团队的教学胜任能力，成都工业职业技术学院通过系统的入职辅导和可持续的在职培训来培养教师的教学能力和教学素质。

一是实施系统化入职辅导。首先，安排熟知产业链和产业集群基本知识、具有"专业集群"教学经验的综合素质较高的教师承担新入职教师的指导工作，要求指导教师根据新入职教师的个人情况（如受教育程度、教学情况、性格特征等）和入职辅导标准，制订基本的辅导要求、目标及计划；帮助新入职教师明确学习方向，认真观察新任教师的教学、专业发展状况并掌握其进展，为新入职教师创造与其他同行沟通合作的机会；定期总结、分析新入职教师的辅导进展，并据此适当调整辅导要求、目标及计划。其次,邀请相关政府部门人员、行业企业专家及其他社会精英为新入职教师作专题讲座,通过专题式学习与交流让新入职教师更加深刻地认知相关产业和行业的发展及其人才需求、更加明确自己的教学责任和教学方向,并从心理上形成相应的角色认同感。再者,对新入职教师进行严格的定期教学考察,以掌握新入职教师在教学技巧、专业能力、职业素养等方面的阶段性发展;考察过程中及时记录,积极反思与调整,最终使每一位新入职教师都能够达到独立教学的基本要求,并具有自我发展、自我提高的直观能动性和行动。

二是开展可持续在职培训。教师在职培训的目的有二,即提升教学能力和提高专业实践能力。前者主要是培训教师与学生沟通的能力、教学技巧、教学理念与教学情操等;后者则主要是训练教师的动手能力、实践操作能力和知识转化能力等。基于这一认识,成都工业职业技术学院顺应"智能制造""工业 4.0""互联网+"发展趋势,联动行业、企业及其他相关机构与部门构建数字教育资源共建共享体系,为教师提供一个学习、交流、资源共享的综合平台,推动教师自主学习、灵活学习;以"学历教育+非学历教育"与"研修交流+企业实训"的形式,通过学历晋升、培训研修、企业实训、学术交流、国际合作、参与企业技术研发、挂职锻炼等多种方式,提高"双师型"教师比例,提升教师的专业教学能力、实践动手能力和教育教学科研能力,使教师能够同时驾驭学院、企业"两个讲台",能够有效进行知识传播、转化与应用。同时,坚持引导全员教师立德树人、为人师表,紧紧围绕师品、师德、师风,扎实开展主题教育活动和专题讲座,着力提高教师队伍的思想政治素质和职业素养。

(二)教学质量保障体系建设

为保障"基于产业链的集群式人才培养模式"得以有效实施,切实提高技术技能人才培养质量,成都工业职业技术学院以"全面质量管理"为基本原则,规划在三年时间内建立并完善"自我整改、过程评价与社会评价相结合,'二级监控、过程管理、外部评价、持续改进'的具有学院特色的教学质量监控与保障体系",并从整体上探索建立起以"四大系统——教学质量管理系统、教学质量监督系统、教学质量评价系统、教学质量反馈系统"为特征的教学质量保障体系。这四大系统各有其特殊的、体现其本质的功能，彼此之间又具有职能上的重叠和交叉，协同保障学院技术技能人才培养质量。

1. 教学质量管理系统

成都工业职业技术学院紧紧抓住新常态思路下高职教育改革发展的总基调——"提高质量"，坚持"质量是一个系统过程"的理念，从教学质量管理领域入手，依据2006年颁发的《关于全面提高高等职业教育教学质量的若干意见》（教高字〔2006〕16号）、2015年发布的《教育部关于深化职业教育教学改革 全面提高人才培养质量的若干意见》（教职成〔2015〕6号）等文件的精神和指导，建立健全了教学质量管理系统。

首先，完善教学质量管理组织体系。牢牢围绕提高技术技能人才培养质量这一总目标，完善相应的组织机构，将教学质量组织机构分为正式和非正式两种类型，使其能够胜任相应的教学质量管理和监督工作、能够较为有效地监控影响教学质量的各种因素。其中，正式机构包括以教务处为主导的决策领导机构、执行机构、监督机构等；非正式机构包括各个教学系部为提高自身教育教学质量而自发设立的质量管理工作小组、质量监督小组等。

其次，健全教学质量管理工作机制。依据教学质量管理工作的广涉性、复杂性、周期性，健全"科层制"教学质量管理工作机制，同时兼顾教学质量管理的学术性质，明确行政组织和学术组织各自在教学质量管理中的职能、角色以及两者在教学质量管理中的管理行为关系，协调、平衡行政权力与学术权力，让教学质量管理实现专业化和科学化。

再者，创设教学质量管理环境氛围。在全院范围内积极宣传和倡导严谨教学、教书育人之风气，鼓励教师从自身做起，开展自我教学质量管理；激励教学管理者在日常教学质量常规管理工作中不断提升自己的思想素质和工作作风，做到科学管理、民主管理；逐步推动全员学生积极以利益相关者的身份，通过提意见建议的方式参与到教学质量管理中来。

2. 教学质量监督系统

依据教育部2004年颁布的《高职高专院校人才培养工作水平评估指标体系》及《高职高专院校人才培养工作水平评估指标等级标准及内涵》等文件的精神和要求，成都工业职业技术学院结合自身的办学特色，成立了由学院、行业、企业和社会机构等共同组成的学院教学督导机构，把学生的职业道德、职业素养、工业文化素养、技术技能水平、创新创业能力和就业质量作为衡量学校教学质量的重要指标，强化技术技能人才培养全过程的质量监督。

3．教学质量评价系统

成都工业职业技术学院引入第三方专业教育评价机构开展外部教学质量评价，借助第三方力量来客观监督、评价学院的教学质量，其工作机制如下：以数据调研为主要手段，以调研结果为根本依据，根据评价结果在现有培养目标下的达成情况，准确定位学院教育教学建设优势、教学过程中可能存在的问题，在此基础上对问题指标进行持续跟踪，提供可供参考的改进意见；其工作过程分为基础数据准备和数据报告撰写两个阶段。

基础数据准备阶段包括社会需求与培养质量评价（对全体毕业生进行半年后跟踪，了解毕业生的主要流向特点、就业质量、培养评价反馈、能力知识掌握程度等，发现教学和培养过程中的问题以帮助改进）、教学质量管理评价（对教学目标完成度、教学成果与社会需求的匹配程度、在校生的知识接受和理解程度、教师的能力水平等方面进行效果评价）、在校生全程跟踪与评价（对学生整个在校过程中的表现及感受进行连续跟踪，观察学生发展趋势并结合不同年级的状态特点，将由此得到的形成性评价结果反馈到学院的教学培养中去）、教师发展评价（以教师自评数据为主，结合在校生对教学效果的评价，对教师的教学能力、行为规范、心理状态以及院系环境等进行分析，并提出针对性改进建议）和学校基础数据准备（高校提供招生统计表、招生措施及相关宣传资料、学生工作开展资料、培养目标及培养计划相关文件等资料）。

数据报告撰写阶段包括数据报告撰写和数据报告解读，主要工作是汇总、清理、统计分析高校各类基线数据，评估教育教学环节整体水平；归纳、整理、总结高校教学质量建设问题，派专家入校对数据报告进行指标分析和问题论述，并对高校提出的相关问题进行解答。

4．教学质量反馈系统

教学质量反馈系统，是反映高职院校教学质量的一个系统化信息通道，是将教学质量管理、监督、评价等系统得出的教学质量结果或输出信息经收集、分析、处理之后，再输送回输入端并据此调整系统行为的一个系统。成都工业职业技术学院以全面性、客观性、实时性为基本原则，从学生、教师、教学管理职能部门、外界社会四个维度建立了一个"四位一体"的教学质量反馈系统。

从学生来讲，学生是教的对象、学的主体，直接观察、感受教师的教学，对教学状况最有话语权，因此学院非常强调基于学生的教学质量反馈。学院定期举行学生座谈会、学生评教会、教学改善意见建议征集等活动，了解学生对教师的教学态度、教学能力、教学素质等方面的信息，收集学生对课程教学、教学管理、教材建设等方面的意见和建议，并就所反映出来的各种问题给予及时的解决。

从教师来讲，教师是教的主体，直接执行教育教学工作，对教学规律、教学过程和教学效果最为了解。因此，成都工业职业技术学院强调通过教师座谈会、教学研讨会、教师交流与合作、随堂听课等方式，从教师的角度来把握技术技能人才培养方案、课程建设、课程教学、实习实训、教材选用等方面的信息和效果，了解学生的学习状况、学习风气等。

从学院教学管理职能部门来讲，教学管理职能部门是教学质量保障的最常规主体，学院教务处、教学系、教学辅导人员等居于教学第一线，是教学活动的直接组织者、实施者和管理者，也是教学质量保障的直接责任者。成都工业职业技术学院强调通过对教学全过程的指导、组织与协调，进行教学常规管理、教学质量信息收集；鼓励学院教学相关管理干部和领导深入教学第一线，走进课堂、走近教师、走近学生，对"教"与"学"进行事实性的评价，并进行事后总结与反馈，以帮助改善教学质量；通过定期、不定期教学检查和抽查，组织教学考核和学习考试等活动，收集、统整相关教学质量信息，并通过纪要、通告、会议等形式及时将信息反馈给相关教学系和教学单位。

从社会角度来讲，社会是高职院校最终的服务对象，是监督高职院校教育教学、评价高职院校教育教学成果的外部主体，是教学质量反馈信息的一大来源渠道。成都工业职业技术学院通过开通教学质量信息网络反馈平台、跟踪调查毕业生就业情况、引进第三方教育教学质量评价等方式，从社会的角度全面、系统收集学院教学质量反馈信息，总结并分析存在的问题，及时纠集各方力量进行整改。

（三）顶层设计体系建设

为扎实对接产业集群培养适应生产、建设、管理、服务第一线的综合素质较高的复合型技术技能人才，加强对专业集群建设的指导与管理，以建设出满足产业集群发展需求的专业集群，设计出以复合型能力培养为主线的人才培养方案和教学计划，强化"产教学"深入融合、"校企地"长效合作，提升多元主体协同育人的质量，成都工业职业技术学院在各个专业领域探索组建了专业建设指导委员会。

各专业建设指导委员会的成员主要由四川省及成都市教育主管部门在职业教育领域颇有建树的相关人员、职业教育专业学科带头人、学术水平高和教育教学经验丰富的高等院校专家学者、具有相当业务水平和丰富行业工作经验的行业企业专家、研究机构的专业研究员等涵盖了政、企、行、校、研究机构的校外专家组成，负责专业集群及其内设专业的建设指导、评审工作及人才培养研究、指导、咨询、服务工作。同时，为了确保专业集群建设、人才培养方案制订等工作科学规范地开展，制定了专业指导评审制度，切实加强组织领导，建立以提高质量为导向的管理制度和工作机制，把教育资源配置和学院工作重点集中到教学和技术技能人才培养上，完善各项工作制度和工作规范，制定工作标准和管理规范，实现专业建设的科学化和规范化。

五、创新办学体制

办学体制创新，是成都工业职业学院在实践基于产业链的集群式人才培养模式过程中探索多元协同育人机制、激发办学活力、实现治理现代化、提升学院社会公信力的重要手段，其具体举措是探索并实践混合所有制办学制度。

混合所有制办学是21世纪以来我国教育领域一直在摸索的一种合作办学体制。2003年，教育部颁布实施《民办教育促进法》，拉动了越来越多的社会力量投身教育事业，不仅为教育的发展注入了巨额资金，还推动着教育体制机制的改革。就职业教育领域来讲，除了《民办教育促进法》的推动外，政府也是相当鼓励社会力量兴办各级各类职业教育。例如，国务院于2014年颁布实施的《国务院关于加快发展现代职业教育的决定》（国发〔2014〕19号）明确规定，"积极支持各类办学主体通过独资、合资、合作等多种形式举办民办职业教育,探索发展股份制、混合所有制职业院校,允许以资本、知识、技术、管理等要素参与办学并享有相应权利。"教育部于 2015 年印发的《高等职业教育创新发展行动计划(2015—2018)》(教职成〔2015〕9号)提出,"以提高技术技能人才培养质量为主线,以提高高职院校内涵建设水平为抓手,推动国家、地方、学校三级协同,强化政府、行业、企业、学校四方联动,更加注重发挥职业院校改革创新主体作用,更加注重引导社会力量支持兴办职业教育,更加注重推动地方政府履行统筹管理职责,更加注重职教国家制度和政策环境建设,合力推动高职教育创新发展。"这些政府政策文件无不彰显了混合所有制办学在职业教育发展中的重要积极作用,推动职业院校探索并实施混合所有制办学制度不容忽视。

从成都工业职业学院的实践来看,其探索并实施混合所有制办学制度的具体做法是:积极有效地整合政府、行业、企业的政策引领、规划指导、资源技术等优势,依托四川省及成都市产业集群发展,采取混合所有制模式加强"校企地"合作办学,对接产业集群建设专业集群,在产业园区建立特色分院;持续采用"走出去与请进来相结合"的方式,同政府部门、国内外领军行业企业、地方高等院校、中等职业学校等共建"产学研教育"合作基地,举办学历教育的同时又举办非学历教育,大力开展技术教育与应用培训服务;同时,从专业集群设置与专业方向调整、课程体系规划建设与调整、教学计划制订、师资队伍建设、实习实训、学生就业等方面均由校、政、企、行四方共同合作,形成以社会需求为导向,技术技能人才培养主动服务地方行业企业,地方行业企业和政府积极参与的"校企地合作办学长效机制",为区域社会经济和产业发展贡献有生力量。

第三节 成都工业职业技术学院人文社科学院及七大专业集群建设

成都工业职业技术学院在"基于产业链的集群式人才培养模式"总框架的指导下,在践行该人才培养模式的整体设计与布局下,结合学院办学实际和办学特色,着重建设了一个人文社科学院及轨道交通、装备制造、汽车工程、信息工程、物流工程、建筑工程和财经管理七大专业集群。

一、人文社科学院建设

我国社会经济正处于发展变革的"深水区",科学技术正处于升级创新的关键期,这要求技术技能人才要精通专业知识与能力,更要具备较高综合素质。党的十八大报告提出要"努力办好人民满意的教育,全面实施素质教育,加快发展现代职业教育",《国家中长期教育改革和发展规划纲要(2010—2020)》也明确把素质教育提到"教育改革和发展的战略主题"的高度。这对成都工业职业技术学院来说,既是机遇又是挑战。为此,学院依据自身"办一流高职、育大国工匠"的办学定位,结合七大专业集群规划与布局,紧扣"培养高素质复合型技术技能人才"的人才培养目标,建设人文社科学院。

(一)职能与目标

人文社科学院链接轨道交通、装备制造、汽车工程、信息工程、物流工程、建筑工程和财经管理七大专业集群的技术技能人才培养,依托教学(含实践教学)、军训、讲座、社团活动、校园文化建设和体验中心等诸多平台,开展思想政治教育、人文科学教育、身心健康教育、职业素养教育、创新创业教育,重点培养学生的思想政治素质、人文科学素质、身心健康素质、职业素养素质和创新能力素质,加强学生适应社会能力、方法能力、职业道德与工业职业素养、创新创业能力的培养。人文社科学院的职能与具体目标如表4-8所示。

表4-8 人文社科学院的职能与具体目标

职能	具体目标
思想政治教育	培养学生的爱国主义精神,增强民族自豪感;让学生汲取传统道德精华,形成集体主义精神;使学生树立科学的世界观、正确的政治方向与立场、坚定的共产主义信念;培养学生的高尚道德情操和法制观念,激发其爱国主义情感,等等
人文科学教育	使学生具备丰富的人文知识、扎实的科学技术知识,掌握人文方法和科学方法,理解人文思想,树立科学精神,形成良好的人文底蕴,以及具有人文关怀情感

续表

职　能	具体目标
身心健康教育	使学生拥有健康的体格，全面发展的体能，养成良好的卫生习惯和生活规律；使学生具备坚强的意志力、较强的适应环境能力、承受挫折和失败的能力
职业素养教育	使学生具备自我管理与学习能力、人际交往与沟通能力、问题思考与解决能力、组织领导和决策能力、团队协作与执行能力、职业发展与竞争能力，充分发挥自己的潜能，为社会创造更多的价值
创新创业教育	通过引导激发学生的创新意识，通过训练提高学生的创新思维，通过实践锻炼学生的创新能力，通过教育培养学生的创新人格

（二）课程体系建设

任何课程都是科学与人文的统一体，任何深奥的科学知识都包含着固有的人文价值，人文教育中也必然包含着科学的思想。专业课堂教学如果仅仅传授专业知识，就无法实现培养德、智、体、美、劳全面发展的人才。同样，人文教育如果忽略人文与专业知识的契合，也无法达到人文教育的终极目的。因此，成都工业职业技术学院在建设人文社科学院课程体系的过程中，以培养学生的综合素质为目标，根据学院人才培养目标和各专业集群及其各专业领域的培养方向，围绕专业课程安排人文课程，人文课程与专业课程有机结合、相互渗透、相互补充，教授学生专业知识的同时引导学生自我完善、自我实现、自由创造，使学生潜能得到最大限度地开发，知识、能力、素质得到全面提升，个性得到充分发展。

结合人文社科学院的职能与目标，将人文社科学院的课程体系设计为七大系列课程——哲学思想类、文学艺术类、经济管理类、法律道德类、健康心理类、历史文化类和创新创业类。同时，将这七大系列课程分为三个课程板块——公共必修课、限定选修课和任意选修课。其中，公共必修课包括两个部分：一是按照教育部基本要求和学院特色统一开设的课程，二是各专业集群及其内部各专业根据自身人才培养目标自主开设的课程；限定选修课和任意选修课侧重实施素质教育，培养学生的综合素质，并体现学院工业文化素养特色的培养，以促进学生的个性化发展和全面发展。人文社科学院的课程体系如表 4-9 所示。

表 4-9　成都工业职业技术学院人文社科学院课程体系一览表

课程类别	培养目标	课程类型		
		公共必修课	限定选修课	任意选修课
哲学思想类	培养学生科学的"三观"和方法论、爱国主义精神、正确的政治立场、共产主义信念等	毛泽东思想和中国特色社会主义理论体系概论 思想道德修养 形势与政策	（思政部安排开设）	
文学艺术类	培养学生广博的人文知识和人文情怀、较高的审美和鉴赏力、提高学生的艺术情趣	大学语文 国学	应用文写作 艺术欣赏	中国古典诗词 小说赏析 欧美文学名著鉴赏 外国现代文学作品欣赏 演讲与口才 音乐欣赏 绘画 书法 影视欣赏
经济管理类	培养学生正确的、适应市场的经济观念与管理能力		政治经济学 管理学概论	宏观经济学 微观经济学 金融基础知识 企业金融认知

※　第四章　高职教育技术技能人才培养质量提升实践　※　- 199 -

续表

课程类别	培养目标	课程类型		
		公共必修课	限定选修课	任意选修课
法律道德类	培养学生的法律意识、健康的伦理道德、高尚品质和社会交往能力	法律基础		当代政治经济与国际关系 工程法 交通法 交际与礼仪 社交礼仪 大学生与现代社会
健康心理类	培养学生健康的体魄、心理和高尚人格	体育 大学生心理健康		体育项目 社会心理学 心理健康咨询
历史文化类	加强学生对历史文化的认知			中国传统文化 中国古代史 中外名胜古迹
创新创业类	培养学生的创新精神和创造能力，使学生具备适应社会的思想、观念、精神、方法	大学生职业发展与就业指导 创新创业基础		创业实践

注：公共必修课的教学业务管理由相关负责部门负责，教师管理、教学组织、教学实施由人文社科学院同各教学系部共同负责；限定选修课和任意选修课由各专业群基础文化体验中心提出拟开设课程，人文社科学院组织安排教学活动，依靠教学管理系统支撑进行选课、排课、成绩管理和评价，教学由专业课教师完成，同时借助通识课程网络平台完成部分教学任务。

（三）第二课堂建设

第二课堂是对人文社科学院常规课程体系的最必要、最有效补充，起到辅助培养作用，它囊括了各类学生社团活动、竞赛和比赛、讲座和论坛、文艺活动以及校园文化，由人文社科学院统筹。第二课堂可与选修课相结合，实施时间和场地灵活多变。这些活动都是加强人文教育和专业学习相互渗透的有效途径，能够给予学生多层次、多方面、多角度的拓展，对于加深学生的思想深度，提高学生的文化品位、人格修养和科学精神等有很大的助推作用。同时，鼓励学生充分利用图书馆，广泛、深度阅读大量人文社科类书籍和文献资料，用广博的知识武装、提升自己。

成都工业职业技术学院人文社科学院哲学思想类、文学艺术类、经济管理类、法律道德类、健康心理类、历史文化类和创新创业类七大类别人文教育课程相对应的第二课堂如表 4-10 所示。

表 4-10　成都工业职业技术学院人文社科学院第二课堂一览表

课程类别	培养目标	第二课堂
哲学思想类	培养学生科学的"三观"和方法论、爱国主义精神、正确的政治立场、共产主义信念等	党团建设、社会实践活动、校园文化建设、日常学生管理等
文学艺术类	培养学生广博的人文知识和人文情怀、较高的审美观和鉴赏力；提高学生的艺术情趣	慕课及网络平台、校园文化建设、人文讲座、艺术工作坊、大师工作室、学生社团活动等
经济管理类	培养学生正确的、适应市场的经济观念与管理能力	慕课及网络平台、实践训练等
法律道德类	培养学生的法律意识、健康的伦理道德、高尚品质和社会交往能力	慕课及网络平台、法律讲坛、模拟法庭、学生社团活动等
健康心理类	培养学生健康的体魄、心理和高尚的人格	体育教研室、学生会体育部、心理健康中心、学生社团活动、体育项目代表队、各项比赛与联赛等
历史文化类	加强学生对历史文化的认知	展览、专题讲座、学生活动等
创新创业类	培养学生的创新精神和创造能力，使学生具备适应社会的思想、观念、精神、方法	网络平台、创新创业基地、校企合作基地、创新创业比赛等

（四）教学策略设计

教学策略设计是依据教育教学规律和学生学习规律，分层次、分阶段开展人文教育，逐步提升学生的综合素质。第一层（第一阶段）：教授学生必须掌握的内容，进行基本知识、基本理论和基本思想教育，由公共必修课来完成；具体任务是培养学生养成良好的习惯，形成新环境的适应能力，对自己的职业生涯确定远期目标，同时培养学生积极参与体育锻炼与各项活动。第二层（第二阶段）：让学生了解本学科的知识体系，深化理论教育，强化实践活动，并结合本专业集群及所学具体专业掌握相关的思维方式和探究方法，由选修课来完成；具体任务是培养学生良好的道德行为习惯，正确做人、做事的方式，培养学生思考、创新和实践的能力，培养学生健康的心理品质和百折不挠、精益求精的职业精神。第三层（第三阶段）：在先前层面的基础上，围绕学生未来从事的职业，培养其职业行为、诚信行为和勇于担当的行为，同时进行一些跨学科知识的补充学习，让学生得到能力提高、心灵洗礼、人格升华，最终实现全面提升。

（五）教师综合素质提升

《礼记》有言，"善歌者，使人继其声；善教者，使人继其志。"著名教育家苏霍姆林斯基也曾指出，"形象地说学校好比一种精致的乐器，它奏出一种人的和谐的旋律，使之影响到学生的心灵——但要奏出这样的旋律，必须把乐器的音调准，而这种乐器是靠教师、教育者的人格来调音。"可见，"教者善教"对于学生学习的重要性。人文课程教学的关键是要有一批既有学术"功力"又有综合能力与素质"支撑"的学识广博深厚、道德情操高尚、人格魅力强大、艺术涵养深厚的教师，如教师本身就缺乏人文底蕴，就无法谈及提升学生的素质问题。在人文课程教学中，教师发挥至关重要的作用，要让学生听课后，达到灵魂的震撼与洗礼，让学生重新反思，甚至因此产生一生一世的影响，这种强烈的教学反响，也意味着人文教育达到最高境界。因此，学院非常强调通过培养培训、学习进修、实践锻炼、科学研发等路径提升教师的综合素质，通过学术研究奖励、教学绩效奖励等一系列奖励激励政策与措施调动教师提高自身综合素质和开展人文教育教学的积极性、主动性和创造性。

二、轨道交通专业集群建设

成都工业职业技术学院坚持"立足轨道交通运输,服务成都、四川及西南区域"的服务理念,面向区域轨道交通产业发展及其人才需求,以轨道交通专业优势和现有成果为基础,以师资资源和技术支持为支柱,构建轨道交通专业集群,为西南区域轨道交通运输发展提供人才支撑、员工培训和技术服务,为成都经济建设和社会发展提供智力支持和人才保障。

(一)轨道交通产业及其人才需求分析

1. 成都市轨道交通产业发展现状

轨道交通产业是围绕轨道交通而发展起来的集研发设计、新型材料、装备制造、整车生产、运营管理、维修服务为一体的产业组织形式。近年来,随着地铁、城铁、有轨电车等轨道交通的建设加速,成都轨道交通产业已初具规模。目前,成都轨道交通产业在规划布局、技术研发、企业培育、市场拓展等关键环节已准备就绪。根据《成都市城市快速轨道交通建设规划(2013—2020)》《城市轨道交通加速成网建设计划实施方案》的指导要求,成都市要在轨道建设方面"加速成网",形成中心城区织密成网、天府新区基本成网的"两城网"格局,实现轨道交通全域覆盖,确保到2020年成都市地铁(含轻轨)运营里程 500 km、在建里程 150 km;建成运营有轨电车线路 6 条,共计 98 km;形成畅通快捷的市域铁路、地铁、有轨电车、轻轨多制式相互衔接、互为补充的全域轨道交通体系。根据《成都制造 2025 规划》总体要求,成都市牢牢抓住国家大力发展轨道交通等战略性新兴产业的机遇,整合全市资源,以轨道交通新制式和新技术为突破口,培育涵盖轨道交通科研教育、勘察设计、工程总包、装备制造和运营维护等千亿级产业链,重点发展整车制造、配套及机电设备、系统集成、工程及养路机械装备四大领域,力争未来十年内将轨道交通装备制造打造成为成都制造的"新名片",着力建成"行业引领、国际一流"的轨道交通产业基地。成都市轨道交通产业链如图4-17所示。

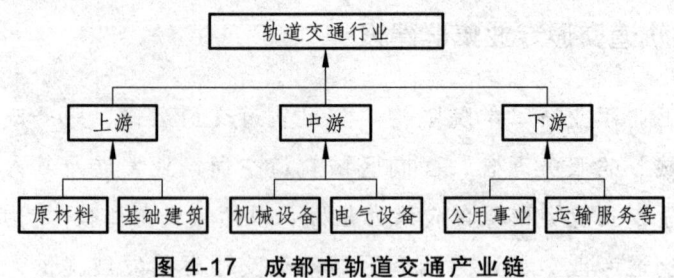

图 4-17 成都市轨道交通产业链

2．区域内轨道交通企业发展现状

（1）成都铁路局

成都铁路局于 1952 年 7 月 1 日正式成立，负责管理 3 个省（直辖市）、2 个地级市（自治州）的国家铁路干线、国家铁路支线和合资铁路，现共管理营业站 559 个、正线延展里程 7811.8 km、营业里程 6154 km。未来，将建设形成"二环十射"铁路网，构建成都对外贯通南北、连接东西、通江达海的铁路运输网络，"基本形成成都市域半小时快铁交通圈，至重庆 1 小时快铁交通圈，至周边省会城市兰州、西安、贵阳等 4 小时快铁交通圈，至环渤海湾、长三角、珠三角地区 8 小时快铁交通圈"。目前，已提出规划了 7 条高标准出川铁路大通道，分别为：成都至达州铁路，达州至万州铁路，万州至湖北利川铁路，成都经天府新站、新机场至宜宾铁路，成都经天府新站、新机场至泸州铁路，成都至格尔木铁路，以及成都至西宁铁路。

（2）四川铁路集团

四川省铁路集团有限公司有 1 个下属直属单位、7 个全资公司、4 个控股公司、3 个参股公司，自营铁路 178 km、合资铁路 510 km，主要负责领导全省地方铁路企业，对国铁、地铁联营体实行行业管理，统一组织全省地方铁路的建设及运营，并代表四川省参加合资铁路的建设和管理。未来 5 年，四川省铁路集团有限公司的铁路运营里程将达到 600 km，货运量达到 3500 多万吨。

（3）铁路工程局

地处成都的大型铁路施工企业有中铁八局、中铁二十三局、中铁二局等，都是超过 1 万人的世界 500 强中国铁建所属中央企业，是集施工、设计、科研、地产、物流等于一体的大型工程总承包企业集团，对施工技能型人才的需求每年大约为 1500 人（按 500 人/单位计算），四川路桥集团、华西集团等地方大型施工企业对施工技能型人才的需求每年大约为1200人，需求量合计2700人/年。

3．人才需求分析与预测

城市轨道交通企业人力资源部门经过调研，发现轨道交通企业新增员工本科及以上学历层次占20%，大专、中专学历层次占80%。根据我国现有城市轨道交通60人/千米的用人标准，仅西部地区约1000 km的城市轨道交通运营里程，未来十年将需要员工70 000余人，年均7000余人。

未来西部铁路网将由1.9万千米扩展到3.5万千米。据统计，每修建1千米铁路需要新增运输岗位职工20人。由此可见，作为铁路运输生产第一线每年需要的应用型技术人才将达近5000人。另外再考虑到自然减员的因素，需补充的铁路运输员工数量将达7000人左右。

（二）轨道交通专业集群建设的策略

1．区域内同类职业院校招生情况分析

笔者统计了四川省、重庆市、贵阳市共7所高职院校2015年在轨道交通专业领域的招生人数，其中四川省共5所，招生总人数为1806人；贵阳市1所，招生人数为304人；重庆市1所，招生人数为404人，具体如表4-11所示。

表4-11 区域内部分高职院校2015年轨道交通专业招生人数

序号	学校名称	2015年轨道交通专业招生人数
1	四川管理职业学院（内江铁路机械学校）	750
2	贵阳职业技术学院	304
3	重庆铁路运输技师学院	404
4	四川建筑职业技术学院	596
5	四川交通职业技术学院	70
6	成都市技师学院	140
7	四川城市职业学院	250

通过对比分析区域内高职院校在轨道交通专业领域的招生情况，结合

区域轨道交通行业发展的人才需求，可知，成都工业职业技术学院在城市轨道交通企业的社会就业市场份额预计为每年700人左右，在铁道交通运输企业的社会就业市场份额预计为每年500人左右。以规模庞大、发展前景良好、充满生机活力的轨道交通行业为依托，构建轨道交通专业集群，密切对接西南地区（尤其是成都区域）内快速发展的轨道交通产业需求，十分必要且发展空间巨大。

2．轨道交通专业集群建设的指导思想与基本原则

（1）指导思想

全面贯彻科学发展观，紧密切合省市重大发展战略，以社会需求为导向，围绕轨道交通全产业链，加强专业建设，深化教学改革，凝练办学特色，提高社会服务能力。以重点专业建设为龙头，带动集群内其他专业同步良性发展。

（2）基本原则

围绕定位，明确目标——始终以科学发展观为指导，紧紧围绕学院的办学定位，坚持以人为本、可持续发展的原则，把握发展机遇，坚持定性与定量相结合，使专业集群建设目标具有可操作性。

突出特色，创新发展——注重分析和研究国家和省市高等职业教育发展战略、发展趋势和有关政策，结合学院及区域社会经济发展的实际需要，创造发展条件，培育办学特色，制订发展措施。

统筹规划，分步实施——立足校情，做到统一规划、分步实施、分层次建设学科专业。合理配置资源，优先发展重点专业，以点带群，以群撑点，适时调整，促进又好又快协调发展。

（三）轨道交通专业集群建设的核心任务

1．专业规划与建设

主动适应轨道交通行业和区域经济发展需要，在现有专业的基础上，围绕轨道交通产业链，紧密对接轨道交通装备制造产业和轨道交通产业，重点建设铁道交通运营管理和铁道工程技术专业，打造城市轨道交通运营管理特色专业，分期分批增设铁路桥梁与隧道工程技术、高速铁路客运乘务等专业，以便更好地为社会和企业服务。轨道交通专业集群内的专业如表4-12所示。

表 4-12 成都工业职业技术学院轨道交通专业集群专业设置情况

序号	专业名称	对接产业
1	铁道交通运营管理	轨道交通产业
2	铁道信号自动控制	轨道交通产业
3	铁道工程技术	轨道交通产业
4	铁道车辆	轨道交通装备制造产业
5	城市轨道交通运营管理	轨道交通产业
6	高速铁路客运乘务	轨道交通产业
7	铁路桥梁与隧道工程技术	轨道交通产业

2．课程与教学资源建设

一是课程体系建设。基于专业集群，按照基本能力—核心能力—综合能力的"能力递增"原则，凝练"铁"字精神，将"通达"这一轨道交通行业的特征性诉求作为对每一位学生的普遍性训导和内置标准，采用"平台＋模块"的模式构建课程体系。"平台"是根据专业群对高等技术应用性人才所必备的共同基础知识和基本技能，以及各专业技术的共性发展和学科特征要求而设置的，由公共基础课和专业集群职业技术基础课组成。"模块"是根据不同的专业（或专门化方向）而设置的，由体现专业（专门化方向）特色的课程组成；每一个模块是以工作任务或工作过程为依据，是围绕某一工作过程必需够用的专业理论与专业技能的综合，是专业能力、方法能力和社会能力训练的综合。通过"平台＋模块"模式课程的培养，使学生具备轨道交通相关职业所需的能力、素质和素养，"做人通达、做事通达、人格健全"，实现可持续发展。轨道交通专业集群课程体系如表 4-13 所示。

表 4-13 成都工业职业技术学院轨道交通专业集群课程体系

课程类型	课程名称
公共基础课程	大学英语
	高等数学
	大学语文
	毛泽东思想和中国特色社会主义理论体系概论
	形势与政策

续表

课程类型	课程名称
公共基础课程	思想道德修养与法律基础
	计算机应用基础
	大学生职业发展与就业指导
	体育及军事理论
	创新创业教育
专业集群基础课程	铁道概论
	制图与 AutoCAD 技术
	电工基础
	运输经济法规
	综合运输概论
	高速铁路概论
	班组管理与企业文化
	礼仪训练
	工程力学
	微机原理与接口技术
专业（方向）课程	铁道交通运营管理专业	铁路行车组织
		铁路行车规章
		铁路货运组织
		铁路客运组织
		铁路行车安全管理
		铁路旅客运输服务
		岗位技能训练
		各种实习
		毕业论文或设计
	铁道信号自动控制专业	车站信号自动控制
		区间信号自动控制
		铁路信号电源

续表

课程类型		课程名称
专业（方向）课程	铁道信号自动控制专业	列车运行控制系统
		调度集中和列车调度指挥系统
		驼峰信号
		铁路信号设计与施工
		岗位技能训练
		各种实习
		毕业论文或设计
	……	……

二是其他教学资源建设。按照校企联合、共建共享、边建边用的原则，以现代信息技术为支撑，建设以企业技术应用为重点，涵盖教学设计、教学实施、教学评价的数字化专业教学资源库，包括专业介绍、人才培养方案、教学环境、网络课程、培训项目、测评系统等内容。编写校本教材，建成 8～10 门具有优秀教学团队、先进教学内容、创新教学模式、优质教学资源以及规范教学管理等特点的精品课程和校本教材。开发虚拟工厂、虚拟车间、虚拟工艺等，作为实践教学和技能训练的有效补充，提高教学效益。搭建校企信息化教学平台，实现企业的生产过程、工作流程等信息实时传送到课堂，实现企业兼职教师在生产现场直接开展专业教学、校企共同完成教学任务。

3．教学改革

参照职业岗位任职要求，引入企业新技术、新标准、新规范，校企共同制订专业人才培养方案，推行任务驱动、项目导向等学做一体的教学模式，把社会主义核心价值体系融入人才培养全过程，提高德育工作的针对性和实效性，强化职业道德和职业精神培养；形成以职业素质为核心的素质教育系统，促进学生知识技能和职业素养的协调、均衡发展。

探索多种形式的实践教学模式，系统设计、实施生产性实训和顶岗实习。实施校企联合实训，为学生在校内提供真实的岗位训练、职场氛围和企业文化；将课堂建在企业职业岗位一线，在实习教学方案设计与实施、指导教师配备、协同管理等方面，与企业密切合作，形成以职业技能为核心的实践教学系统，确保实习实训效果。

4．实验实训基地建设

与成都铁路局、中铁二局、成都地铁、西南交通大学等大型交通类企业和高校合作，建设包含多个专业实训基地的轨道交通综合实训基地，形成集群效应，并将其功能准确定位为技能训练、职业培训、技能鉴定、产品研发与技术服务"四位一体"，不仅给学生提供实训机会，向学校、社会和企业的各类员工、教师提供岗位技能培训和技能鉴定，还可以与企业合作共同研究、开发应用技术，做到产学研相结合。轨道交通专业集群综合实训基地规划如表4-14所示。

5．师资建设

加强教师队伍选拔与培养，使之尽快达到办学水平合格评估要求，建成一支结构合理、师德高尚、治学严谨、造诣深厚、勇于创新的高素质教师队伍。

一是积极争取政策支持，加快引进高职称（正教授）、高学历（博士生）、高水平专业和学科带头人，营造人人积极参与的科研学术氛围，带动专业教师团队的全面发展，提高为企业提供科研服务的能力。

二是加快"双师"结构专业教学团队建设。加大教师培养培训力度，完善专业教师到对口企事业单位定期实习制度，学院和企业联合设立"双师"培训基地，进行教师教学能力和专业技术培训，专任教师每两年到企业锻炼时间累计不少于两个月。将教师参与企业技术应用、新产品开发、社会服务等作为专业技术职务和岗位聘用的重要内容，以此提升"双师"素质，提高教师专业教学水平和实践能力，进而使专业建设紧跟产业发展，学生实践能力培养符合职业岗位要求。

三是加强兼职教师队伍建设。每个专业聘任（聘用）1名及以上具有行业影响力的专家作为专业带头人，专业教学团队中"双师"素质的专业教师达到90%，正式聘任（聘用）的企业兼职教师达到20%，企业兼职教师所承担的专业课学时比例达到20%。

表 4-14　成都工业职业技术学院轨道交通专业集群综合实训基地框架

专业实训基地名称	主要实验实训室名称	类型	主要合作企业	主要功能	状态	实验实训室面积/m²	设备总值、建设资金/万元	建设目标及时间	备注
轨道交通专业集群综合实训基地	铁道车辆实训基地	专业实验实训室	成都地铁有限责任公司、成都市新筑路桥机械股份有限公司	对接铁道车辆专业技术培养车辆检测与检修专业人才	拟建	1200	1000	2019年建成市级重点实验实训室	
	城市轨道交通运营管理（含机电车）实训基地	专业实验实训室	西南交通大学、成都地铁有限责任公司	城市轨道交通运营管理实训	已建	4650	1000	2020年建成省级重点实验实训室	已建成部分1290 m²，增建部分3360 m²
	铁道交通运营管理实训基地	专业实验实训室	西南交通大学、成都铁路局	铁道交通运营专业实训	已建	3790	500	2020年建成省级重点实验实训室	已建成部分1210 m²，增建部分2580 m²
	铁道信号自动控制（城市轨道交通信号控制）实训基地	专业实验实训室	中铁二院、中铁八局、成都铁路局、成都地铁有限公司	铁道信号自动控制、铁道交通运营管理专业实训	已建	1320	800	2019年建成市级重点实验实训室	
	铁道工程技术实训基地	专业实验实训室	西南交通大学、中国中铁、成都铁路局、成都地有限责任公司	铁道工程技术专业实训	已建	2400	1500	2019年建成省级重点实验实训室	力学实验室、土木建筑规划一楼面积不含室外部分

三、装备制造专业集群建设

为更好地对接《成都工业"1313"发展战略实施计划》《成都制造2025规划》，服务成都区域经济，成都工业职业技术学院确立了"先进制造业高端技术技能人才摇篮"的发展目标，围绕轨道交通装备制造产业、智能制造产业和航空航天产业三大产业构建装备制造专业集群。

（一）装备制造产业及其人才需求分析

1. 成都市装备制造三大产业

（1）轨道交通装备制造产业

《成都制造2025规划》明确提出，要抓住国家大力推进轨道交通装备进军国际市场的机遇，结合城市化进程的需求，以轨道交通新制式和新技术为突破口，突出发展先进轨道交通装备，推动轨道交通产业整链集群发展。整车制造领域，引进国际国内一流整车制造企业，重点发展城际动车组、地铁车辆、现代有轨电车、中低速磁悬浮列车等整车制造。配套设备制造和系统集成领域，培育关键系统和重要部件配套企业，研制并应用新制式绿色智能轨道交通系统，提供全寿命周期解决方案。研发设计领域，发挥在蓉科研院校的研发优势，围绕安全、高速、重载、城市轨道交通新制式开展科技创新，组织轨道交通新工艺、新材料、新设备研发，研究关键技术及跨专业系统解决方案，保持国家技术标准规范制定的领先水平，打造世界轨道交通超级实验室。

到2025年，轨道交通全产业链主营业务收入突破2000亿元，年均增长7%，其中装备制造达到1000亿元以上，整车制造能力4000辆以上，成为西南轨道交通装备制造、维修和检测基地，"一带一路"轨道交通装备出口基地。

（2）精密机械及智能制造产业

精密机械及智能制造产业是当前制造业的发展新方向，是制造业由低端制造走向中高端制造的有力抓手。精密机械及智能制造主要包括精密机械、机器人集成应用和关键核心部件、增材制造技术及应用、数字化车间、自动化和智能化成套设备五大模块。精密机械及智能制造装备产业具有产业链长、从业人员数量大、发展势头强、技术更新快等特点。国家围绕精密机械及智能制造出台了大量的支持政策，为智能制造装备产业的发展奠定了坚实基础。整个精密机械及智能制造产业链如图 4-18 所示。

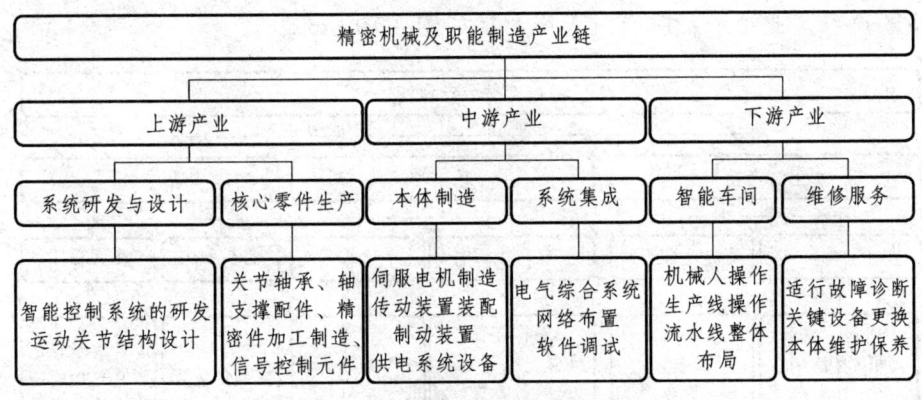

图 4-18　精密机械及智能制造产业链

《成都制造 2025 规划》明确要求，把握制造业智能化、网络化、数字化的发展方向，围绕成都市制造业发展需要和现代生活需求，突出市场应用主导，加快培育发展以高端数控机床、机器人、增材制造等为重点的精密机械及智能制造装备产业。精密机械领域，重点开发应用于电子信息、汽车、轨道交通、航空航天、轻工、冶金等产业的精密、高速、高效、柔性数控机床和基础制造装备及集成制造系统；加快高档数控机床、增材制造等前沿技术和装备的研发，开发高档数控系统、轴承、光栅等主要功能部件。智能制造装备领域，针对离散型工业的需要，大力发展工业机器人等智能制造装备，培育发展控制器、伺服驱动器、高精度减速器等关键零部件，打造数字车间和智能工厂；针对流程工业的需要，引进国内外知名企业，发展智能成套装备和生产线；针对民生产业的需要，定向开发推广具有溯源等功能的自动化、智能化生产线，积极开发医用护理、家居娱乐等服务机器人；针对现代农业发展需要，加快发展农业耕整种植等领域的自动化、智能化农机装备。

到 2025 年，力争实现精密机械及智能制造产业主营业务收入突破 2000 亿元，建成千亿产业集群，建成中西部智能制造装备生产基地和智能化应用示范基地。

（3）航空航天产业

航空航天产业，是国家综合国力的集中体现和重要标志，具有技术水平高、资本密集、产品附加值高、产业辐射带动能力强等特点，属于国家重点发展的战略性新兴产业，是成都工业"1313"发展战略中加快发展层级的重点产业之一。航空航天产业链如图4-19所示。

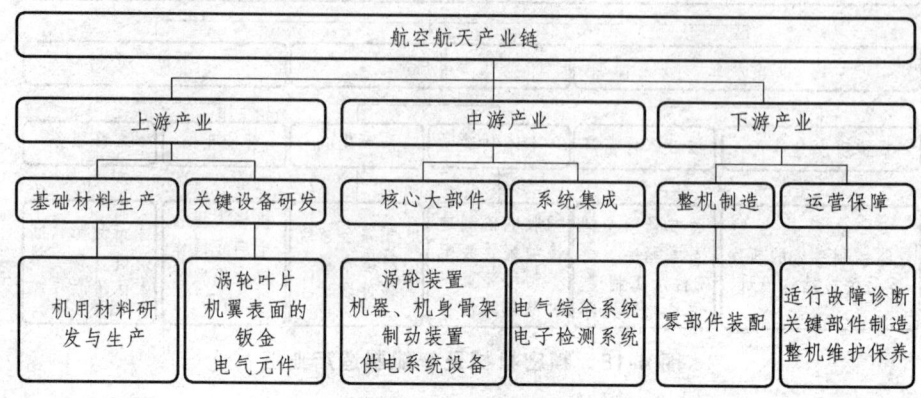

图 4-19 航空航天产业链

《成都制造2025规划》中明确提出，抓住国家推动军民融合发展的战略机遇，充分发挥成都市技术、品牌和人才等优势，突出发展航空航天装备，巩固和提升成都市作为国家航空航天产业重要基地的地位。航空装备领域，拓展国家大型飞机承制领域，实现大型客机机头、航电系统、机载设备设计和制造产业化；积极参与国家航空发动机研制，突破整机和单元体自主设计、试验、制造和修理；引进中小推力航空发动机，开发无人机并拓展商业应用；突破低空空域相关技术，发展通用航空装备、空管设备及机场关联设备。航天装备领域，积极承担国家航天重点型号、重大专项任务，参与国家民用空间系统基础设施建设；加快发展和引进北斗定位、导航等产品和制造企业，促进空间技术应用。

根据《成都市航空航天产业推进计划（2015—2025）》，成都市将以大型客机的机头大部件、喷气公务机、无人机、航空发动机等项目为龙头，培育特色突出、创新能力强、拥有知名品牌的航空航天产业集群，建成我国航空航天产业的主要基地。到2025年，主营业务收入突破1000亿元，年均增长15%，建成国家民用航空航天产业研发、制造和维修基地，成为国际航空航天重要节点城市。

2．成都市装备制造产业人才需求分析

（1）成都市装备制造产业用工现状及未来演变趋势

其一，用工规模持续增长。近年来，成都市工业实现了快速发展，用工规模也持续扩大，从2007年的210万人增长到2013年的293万人，年均增长5.7%，如图4-20所示。

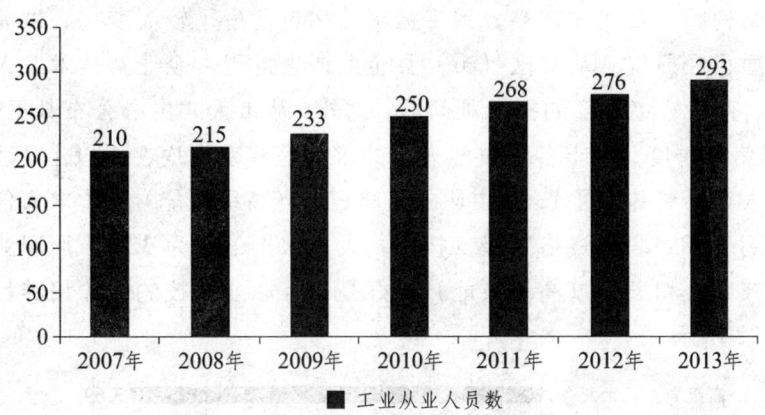

图4-20　成都市公共人力资源市场用工需求增长情况

同时，根据《2015年第三季度四川省人力资源市场供求情况分析报告》提供的数据，在四川省2015年第三季度各行业需求人数中，制造业占绝对的优势，如图4-21所示。

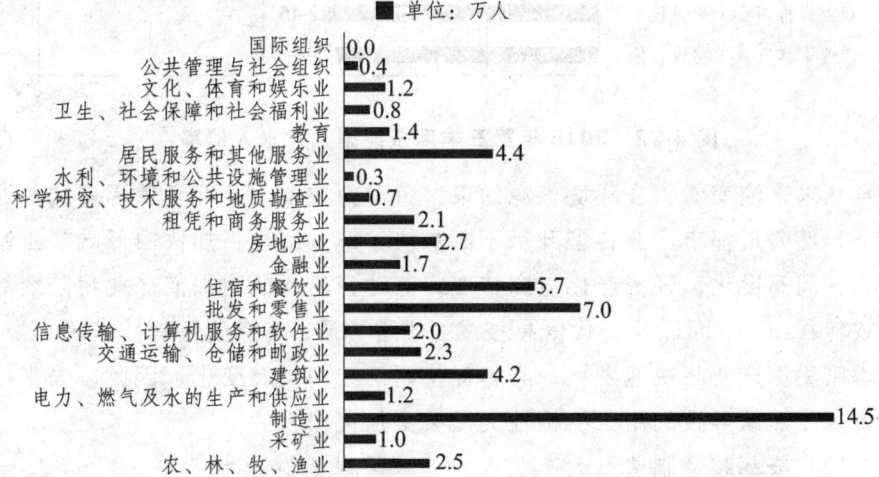

图4-21　四川省2015年第三季度各行业需求人数情况

从未来演变看，成都市工业增速逐步由高速增长向中高速增长转变，发展驱动力逐步由投资驱动为主向创新与投资双轮驱动转变，随着劳动用工成本的不断上升，技术、资本将加快对劳动力的替代，企业"机器换人"的意愿将更加强烈，用工规模仍将保持增长。

其二，用工结构性矛盾已经显现，未来将更加突出。随着近年来成都市产业结构的不断优化调整，用工需求结构也发生了较大变化，供需的结构性矛盾已经显现。从对区（市）县企业调查发现，企业对技术工人的需求较大，存在一定程度的招工难问题。此外，从市人才中心公布数据来看，2015年第三季度，全市各级技能人才的求人倍率变化均在1以上（远高于同期用人市场整体水平），其中职业资格三级（高级技能）人才求人倍率最高，达到3.88；职业资格二级（技师）人才求人倍率为3.26，而职业资格二级（技师）和三级（高级技能）正好是高等职业院校的人才培养目标，如图4-22所示。

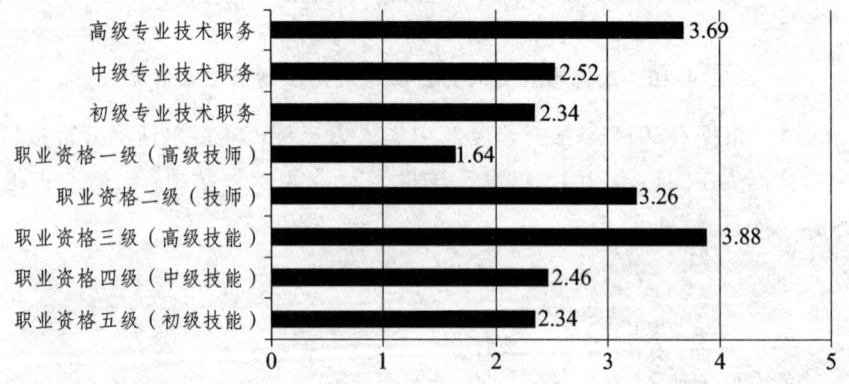

图 4-22　2015年第三季度技能型人才求人倍率

从未来演变看，在环境资源约束、劳动力成本上升等多重因素的倒逼之下，随着成都市产业转型升级不断加快，产业结构将加快由低端加工制造为主向高度化、轻资产化方向转变，劳动密集的低附加值产业将陆续淘汰或转移出去，而以新一代信息技术、轨道交通、航空航天等技术密集型、资本密集型产业将快速发展，必将促使用工结构发展变化。因此，未来技能型人才短缺导致的用工结构性失衡会更加突出。

（2）成都装备制造三大产业人才需求预测

根据表4-15所示的轨道交通装备制造、精密机械及智能制造、航空航天三大产业的规划目标，2015—2017年主营业收入差额为605亿元。根据2014年成都市每万人才产值29.55亿元的标准，可预测2015—2017年轨道交通装备制造、精密机械及智能制造、航空航天三大产业的人才需求缺口为20.48万人。

表4-15 2015—2017年三大产业人才需求缺口预测

序号	产业名称	2015年主营业收入/亿元	2017年主营业收入/亿元	主营业收入差/亿元	人才缺口/万人
1	轨道交通装备制造	100	300	200	6.77
2	精密机械及智能制造	850	1000	150	5.08
3	航空航天	45	300	255	8.63
	合计	995	1600	605	20.48

另据《2014年成都市人才资源状况报告》的相关数据显示，2014年成都市各类人才总量及人才学历分布中，专业技术人才占全市人才总量的38.35%，其中大专学历占46%；技能型人才占全市人才总量的39.6%，其中大专学历占33.5%，如表4-16所示。由此可推知，到2017年轨道交通装备制造、精密机械及智能制造、航空航天三大产业大专学历的专业技术人才缺口为3.61万人，大专学历的技能型人才缺口为2.72万人，大专学历的技术技能型人才缺口合计为6.33万。

表4-16 2014年成都市各类人才总量及人才学历分布

类别	研究生		本科		大专		中专及以下	
	人数	比重/%	人数	比重/%	人数	比重/%	人数	比重/%
党政人才	0.39万	6.39	3.84万	68.21	1.21万	21.49	0.19万	3.37
企业经营管理人才	1.13万	4.50	11.09万	44.00	9.73万	38.62	3.25万	12.88
专业技术人才	5.50万	4.20	61.25万	46.75	60.26万	46.00	4.00万	3.05
技能人才	0.487万	0.36	12.515万	9.25	45.326万	33.50	76.972万	56.89

(3) 成都装备制造产业岗位需求分析

通过对成都装备制造企业的初步现场调研和对中华英才网、智联招聘网、应届生求职招聘网等大型网站进行调研，搜集了大量相关资料，经过进一步归纳汇总出装备制造领域适合于装备制造专业群高职毕业生就业的岗位需求如表4-17所示。可见，装备制造领域的毕业生就业范围还是比较广，而且需求量也相对比较大。

表4-17 装备制造领域适合于装备制造专业群高职毕业生就业的岗位需求

工作岗位	需求比例	岗位说明
装配调试	14%	掌握机械装备的装配原理和调试方法
设备维修与维护	5%	掌握机电设备安全运行、安装调试、维护、技术改造与管理的技能
普通机床操作工（车工、铣工等）	20%	掌握普通机床加工设备的操作、加工工艺的编制等方面的技能
数控机床操作	10%	掌握数控机床加工设备的操作、加工工艺的编制等方面的技能
绘图员	8%	掌握机械制图的国家标准，熟练应用手工和软件完成零件和装配图的绘制和审核
机电产品和设备的营销及售后服务等工作	20%	熟悉机电产品的相关功能原理，掌握现代市场营销策略
质检员	18%	遵守技术文件和质量文件的规定，具有较高的质量意识
焊接加工	5%	掌握不同焊接方法的原理和操作方法

（二）装备制造专业集群建设的策略

1. 区域内同类职业院校招生情况分析

笔者对区域内开设装备制造相关专业的高职院校及其招生规模和对接产业进行了梳理，具体如表4-18所示。

表 4-18 区域内设置装备制造相关专业高职院校及年招生规模

院校名称	专业名称	招生规模/人	合计/人	对应产业
成都纺织高等专科学校	机械设计与制造	55	260	轨道交通装备制造 精密机械及智能制造 航空航天
	机电一体化技术	105		
	电气自动化技术	100		
成都航空职业技术学院	数控技术	120	905	轨道交通装备制造 精密机械及智能制造 航空航天
	数控设备应用与维修	55		
	电气自动化技术	90		
	机电一体化技术	50		
	工业机器人	90		
	飞机制造技术	180		航空航天
	航空机电设备维修	170		
	航空电子设备维修	150		
四川航天职业技术学院	机械设计与制造	150	610	轨道交通装备制造 精密机械及智能制造 航空航天
	数控技术	110		
	机电一体化技术	110		
	精密机械技术	60		
	电气自动化技术	130		
	焊接技术及自动化	50		
四川工程职业技术学院	数控技术	120	896	轨道交通装备制造 精密机械及智能制造 航空航天
	机械制造与自动化	65		
	机械设计与制造	76		
	机械质量管理与检测技术	80		
	焊接技术及自动化	117		
	电气自动化技术	110		
	数控设备应用与维护	90		
	机电一体化技术	137		
	飞机制造技术	101		航空航天

续表

院校名称	专业名称	招生规模/人	合计/人	对应产业
宜宾职业技术学院	精密机械技术	60	545	轨道交通装备制造 精密机械及智能制造 航空航天
	数控技术	105		
	机电一体化技术	230		
	机械制造与自动化	40		
	电气自动化技术	110		
四川职业技术学院	机电一体化技术	110	285	轨道交通装备制造 精密机械及智能制造 航空航天
	电气自动化技术	55		
	机械设计与制造	70		
	数控技术	50		
绵阳职业技术学院	数控技术	50	290	轨道交通装备制造 精密机械及智能制造 航空航天
	生产过程自动化技术	50		
	机电一体化技术	50		
	电气自动化技术	50		
	数控技术	60		
	机械设计与制造	30		
重庆工业职业技术学院	动车制造技术	50	50	轨道交通装备制造
四川西南航空职业学院	航空机电设备维修	326	326	航空航天
合计			4167	

由表4-18可知，目前区域内各高等职业院校的相关专业每年招生规模不足5000人。可见，技术技能型人才缺口很大。总体而言，装备制造专业集群建设既具有现实需求与依据，又符合成都工业职业技术学院的办学定位，而且成都工业职业技术学院还具有较强的师资队伍、较为完善的实验实训条件、丰富的国际教育教学经验，专业集群建设必要且可行。

2. 装备制造专业集群建设的基本思路

针对装备制造产业集群涉及的专业分析，结合天府新区、成都市及四川省的装备制造产业定位与布局，在原有机械制造与自动化、焊接技术与自动化专业基础上，建设工业机器人技术、飞机部件修理等专业，为实现与其他同区域专业相近学院的错位发展，实现以智能制造、精密制造和智能控制等现代制造为方向的高位发展，以工业机器人技术和机械制造与自动化为重点建设专业，以焊接技术与自动化为特色专业，为区域制造产业培养高端技能人才。

（三）装备制造专业集群建设的核心任务

1. 专业规划与建设

扎根区域装备制造产业的发展定位、布局，着重分析装备制造产业集群涉及的各个专业，以与同区域内其他高职院校相近专业错位发展为原则，紧密结合学院自身的办学条件和服务特色，在装备制造专业集群内重点开设如表4-19所示的专业。

表4-19 成都工业职业技术学院装备制造专业集群重点开设专业

序号	专业名称	专业方向	对接产业
1	机械制造与自动化	柔性制造方向 增材制造方向	精密机械及智能制造产业
2	工业机器人技术	智能控制方向	精密机械及智能制造产业
3	电气自动化技术	智能制造智能控制方向	精密机械及智能制造产业
4	机电一体化技术	智能制造设备安装、调试、维护方向	精密机械及智能制造产业
5	飞机部件修理	智能制造方向	航空航天产业
6	焊接技术与自动化	智能制造方向之激光焊接技术方向	轨道交通装备制造产业
7	模具设计与制造	精密制造方向	航空航天产业
8	数控技术	精密制造方向	精密机械及智能制造产业
9	理化测试与质检技术	精密制造产品检测方向	精密机械及智能制造产业

2. 课程与教学资源建设

一是课程体系建设。坚持以市场为导向、以能力为本位，通过校企合作、产教融合，从课程培养目标、课程内容、评价方式等方面进行全面合作，共同开发基于专业集群的课程体系，使装备制造领域专业人才培养更能满足岗位（群）的需要。首先，成立由行业、企业和学校共同组建的装备制造专业集群理事会，在理事会的指导下进行装备制造专业集群课程体系建设。第一，通过聘请行业中具有代表性的企事业（特别是知名企业）专家参加专业建设指导委员会；第二，调研论证，在调研过程中确定市场对各专业人才的层次要求与职业能力标准；第三，寻找"订单"协作单位。把以上三方面进行整合，通过校企共同确定培养目标和方案。另外，针对职业岗位（群），形成岗位（群）工作内容分析表，并将其转化成知识能力，制定课程标准，合理组建课程结构，构建基于工作过程系统化模式的课程体系，突出综合运用知识的鲜明特色，使学生掌握综合不同能力模块的知识和技能，包括专业技术、与技术相关的专业理论、人文知识、与岗位相关的法规要求、与合作相关的人际规则等。装备制造专业集群的课程结构体系由公共基础课程模块、专业集群基础课程模块、专业（方向）课程模块组成，每个模块由若干门课程组成，如表4-20所示。同时，在专业集群课程体系建设过程中强调把握三个融合：① 把国家、省技能大赛内容有机地融入到课程中，有目的、有针对性地展开实训教学，使学生的专业技能培养得到进一步提升；② 把传统的课堂教学与职业岗位模拟融为一体，使之形成工学交替的立体化的专业课程教学；③ 融教、学、做为一体，形成以项目引领和任务驱动的工学结合式课程体系。

表 4-20　成都工业职业技术学院装备制造专业集群课程体系

课程类型	课程名称
公共基础课程	思想道德修养与法律基础
	毛泽东思想和中国特色社会主义理论体系概论
	形势与政策
	体育与健康
	职业生涯与发展规划
	大学生就业指导

续表

课程类型	课程名称
公共基础课程	大学生心理健康教育
	创新创业基础
	军事理论与军事训练
	入学教育
	安全教育
	工业素养课程
	计算机基础
	工程数学
	国学
专业集群基础课程	机械制图（含 AutoCAD）
	工程力学
	互换性与技术测量
	机械设计基础
	金属材料与热处理
	电工与电子技术
	电工电子技术实训
	金工实训
专业（方向）课程 — 机械制造与自动化	机械加工工艺与装备
	数控加工技术
	数控加工技能实训
	机械 CAD/CAM 技术与应用
	液压气动技术
	机床夹具
	夹具设计实训
	传感器与自动检测技术
	数控机床装调与维修
	设备控制与 PLC

续表

课程类型		课程名称
专业（方向）课程	机械制造与自动化	专业知识技能综合训练
		毕业实践
	工业机器人技术	工业机器人技术基础
		工业机器人操作与编程
		工业机器人工作站系统集成
		交流伺服与变频技术
		工业机器人操作与编程实训
		自动化生产线安装调试实训
		毕业实践
	……	……

二是其他教学资料建设。根据各专业人才培养方案和课程教学标准的要求，建立适应专业人才培养所需要的高质量、多层次、结构配套的教学材料体系。① 联合企业专家共同编写专业课程教材。以现代教育理论为指导，以先进的教学方法与先进的教学工具为手段，结合专业特点进行个性化、立体化的教材编写，通过校企合作把企业岗位、岗位群所需的综合职业能力转化为课程所涵盖的知识体系，编写出满足岗位（群）职业综合能力需求、适合当代学生身心发展要求的专业教材。② 打造精品课程。与企业专业技术人员和高校兼职教师一起组建课程开发团队，共同开发和建设专业核心课程的教材和配套的实训体系教材，强调加大实践教学内容，使实践课与文化课程比例达到 5∶5，专业课中实践课达到 70% 以上；在校本教材和特色教材的基础上，力争重点专业完成一门专业核心课程的"十三五"国家规划教材编写。③ 多媒体课件制作。通过产教融合从企业收集装备制造相关的生产装置，生产过程的影像、录音、图片、资料等，制作成具有系统性、真实性的多媒体课件，为学生的自主学习与研究性学习提供更加广阔的空间。

3．实验实训基地建设

加强专业实验实训基础建设，在完善已建实验实训基地的基础上，着重建设 DMG 现代制造中心、工业机器人多媒体仿真实训中心、工业机器人综合实训中心等专业实验实训中心。同时，根据行业发展需要增加与行业生产一线相适应的实验实训功能模块与设备、实训工位数。最终，建成由智能制造综合实验实训基地、智能控制综合实验实训基地、轨道交通装备制造综合实验实训基地构成的设备先进、运行有序、资源充足，足以承担装备制造相关专业实验实训任务的综合实验实训基地。装备制造专业集群的实验实训基地框架如表 4-21 所示。

4．师资建设

通过外引内培，努力建立起一支整体结构优化、学历水平较高、专业素质过硬的创新型教师队伍。

一是加强对现有教师实践能力的培养。有计划地公派专业教师到业务一线"顶岗实践"，鼓励教师考取所教专业相对应或相接近的各种职业资格证书。每年在学生实习期间，安排不少于 4 名教师同时到实习企业担任实训指导老师，全方位熟悉当前企业工作岗位技能，了解企业对装备制造类专业人才的知识、技能和素质的要求。

二是建立一支专兼结合的"双师结构"教学团队。通过聘请行业企业专家、高级技术人员和生产一线技术能手入校作为专业兼职教师，每学年实际参与培养方案修订、课程建设与改革、实习实训指导的企业行业人员在 50 人次以上。建立兼职教师队伍联系与管理机制，保证每学年实质性参与教学活动的企业兼职教师与专业在岗教师人数不低于 1∶2 的比例。

三是加强培养骨干教师和专业带头人。重点培养在装备制造领域有一定学术建树和较大影响力、具备较强的科研教研能力和一定装备制造实践经验的高级职称教师为装备制造专业带头人，使之成为专业发展方向的领军人物；培养具有讲师以上资格并具有双师素质、相当专业理论水平和实践能力的老师为骨干教师，使其能够胜任装备制造专业课程的教学研究、教材修订、教学示范、听课指导等工作。

四、汽车工程专业集群建设

为践行学院"以人为本，铸造未来"的办学理念、"办一流高职，育技能大师"的办学定位，成都工业职业技术学院紧密结合成都市产业布局，以汽车产业链为导向，着力构建特色鲜明、西部领先、国内一流的汽车工程专业集群，培养汽车产业发展所需的实用性人才。

表 4-21 成都工业职业技术学院装备制造专业集群实验实训基地框架

专业集群	实验实训基地名称	实验实训中心名称	主要实验实训室名称	主要合作企业	主要功能及对应课程	状态	实验实训室面积/m²	设备总值、建设资金/万元	建设目标及建设时间
装备制造专业集群	智能制造综合实验实训基地	中德成都巴登威职业教育国际培训中心	—	德国威斯巴登手工业协会	对接机制制造与自动化专业；课程：数控车工、数控铣工	已建	1000	600	
		生产中心	—	—	对接机制制造与自动化专业；课程：数控加工技术	已建	200	200	
		DMG 现代制造中心	—	DMG 公司	对接机制制造与自动化专业；课程：数控铣工、现代制造技术	在建	2100	600	市级重点 2018 年建成
		机械工程实践中心	机械拆装（测绘）实验室	—	对接机制制造与自动化专业；课程：机械制图	已建	100	3	
			机械设计综合实验室	—	对接机制制造与自动化专业；课程：机械设计基础	已建	100	54	
			技术测量实验室	—	对接机制制造与自动化专业；课程：互换性与技术测量	已建	100	15.4	
			机械工程基础实训车间	—	对接机制制造与自动化专业；课程：机械工程认知实践	已建	2100	100	

续表

专业集群	实验实训基地名称	实验实训中心名称	主要实验实训室名称	主要合作企业	主要功能及对应课程	状态	实验实训室面积/m²	设备总值、建设资金/万元	建设目标及建设时间
		工业机器人集体仿真实训中心	—	瑞士ABB工业机器人公司 华中数控有限公司 德国费斯托有限公司	对接工业机器人技术专业； 课程：工业机器人技术基础、工业机器人操作与编程	拟建	100	219	市级重点 2017年建成
			液压气压实验室	瑞士ABB工业机器人公司	对接工业机器人技术专业； 课程：液压与气动技术	已建	100	50	市级重点
		工业机器人综合实训中心	电工电子实验室	瑞士ABB工业机器人公司 华中数控有限公司 德国费斯托有限公司	对接工业机器人技术专业； 课程：电工电子技术、设备控制与PLC	已建	100	88.8	
			工业机器人综合实验室	—	对接工业机器人技术专业； 课程：工业机器人工作站系统集成	拟建	300	835	省级重点 2017年建成
装备制造专业集群	智能控制综合实验实训基地	工业过程演示生产系统	—	瑞士ABB工业机器人公司 德国费斯托有限公司	对接工业机器人技术专业； 课程：机械制造基础	拟建	100	90	2017年建成

续表

专业集群	实验实训基地名称	实验实训中心名称	主要实验实训室名称	主要合作企业	主要功能及对应课程	状态	实验实训室面积/m²	设备总值、建设资金/万元	建设目标及时间
装备制造专业集群	轨道交通装备制造综合实训基地	奥地利成都国际标准焊接中心	—	奥地利经济促进学院 成都科学技术服务中心 成都市气车产业研究院 伏能士公司	对接铁道车辆技术专业；课程：弧焊设备的使用与维护、典型焊接结构生产、气体保护焊工艺设计与实施等	已建	1000	400	2018年建成
		铝合金焊接实训中心	—	伏能士公司 中车集团	对接铁道车辆技术专业；课程：焊接新技术、模具焊接修复技术等	拟建	150	250	2018年建成
		机器人自动化焊接实训中心	—	伏能士公司 中车集团	对接铁道车辆技术专业；课程：自动化焊接技术、焊接机器人操作实训	拟建	300	360	2018年建成
		铁道车辆实训综合中心	—	成都地铁有限责任公司 成都市新筑路桥机械股份有限公司	对接铁道车辆技术专业；课程：铁道车辆概论、铁车检修工艺、车辆制动装置等	拟建	1200	767.35	市级重点 2019年建成

（一）成都市汽车产业及其人才需求分析

1. 成都市汽车产业

汽车工业是国民经济重要的支柱产业，涉及面广、关联度高、消费拉动大。汽车产业经济地位突出，每年的生产总值超过国民经济生产总值的5%，同时在税收、就业、技术升级等方面都影响重大。据统计，每增加1万辆汽车，拉动 GDP 增长 88.82 亿元，钢产量 14.1 吨，生铁 12.3 吨，原油 2.03 万吨，玻璃产量 16.7 箱，合成橡胶 0.1 万吨，轮胎 13.4 万条，公路里程 428.8 km。

汽车产业是成都市工业的支柱产业之一，经过十几年的稳步发展，已具备一定的规模。近年来，成都市汽车产业呈现持续快速增长态势，在国内外影响力不断提高。全市现有规模以上汽车工业企业 139 户，其中，整车及改装车生产企业 17 户，零部件企业 122 户，从业人员超过 8 万人。2014 年，成都市汽车整车和工程机械整机产量累计 90.5 万辆，同比增长 23.3%，其中整车产量 89.7 万辆，占全省整车产量的 71.5%、全市整车产量的 95.2%。整车和整机主营业务收入 1074.5 亿元，同比增长 18.9%，首次迈上千亿台阶。

2. 成都市汽车产业人才需求分析

（1）成都市汽车产业用工现状及未来演变趋势

据"中国市场调查网"统计，假设每户平均 3.5 人，中国大约有 3.7 亿户家庭。按 100 户 60 辆计算的话，中国 10 年后大体会有 2.2 亿辆私家车，是 2015 年的 1.5 倍。《成都汽车产业推进计划（2015—2025）》提出，到 2020 年，建立国家级汽车零部件产品质量检验检测机构，建立和发展零部件协同创新平台；到 2025 年，建成中国西部重要的汽车生产基地和国际汽车城，整车产能规模进入国内汽车城市第一方阵。具体而言：在整车产能及业务收入目标方面，到 2017 年力争整车产能达到 171 万辆，汽车产业主营业务收入突破 2000 亿元；到 2020 年力争整车产能达到 300 万辆，汽车产业主营业务收入突破 3000 亿元；到 2025 年力争整车产能达到 400 万辆，汽车产业主营业务收入突破 6000 亿元，年均增幅 15%，并实现规模以上汽车企业研发投入占主营业务收入比重的 3%。在亿级汽车行业企业培育目标方面，到 2017 年培育 600 亿元企业 1 户、200 亿元企业 1 户、100 亿元企业 1 户；到 2020 年培育 700 亿元企业 1 户、300 亿元企业 2 户、200 亿元企业 1 户、100

亿元企业 1 户；到 2025 年培育 1000 亿元企业 1 户、500 亿元企业 1 户、300 亿元企业 2 户、200 亿元企业 1 户、100 亿元企业 1 户。

（2）汽车产业人才需求预测

截至 2014 年年底，全国机动车维修业 51 万户，其中一类、二类维修企业约 8.5 万家，从业人员 282 万人；四川省机动车维修企业达到约 3 万家，其中一类、二类维修企业约 5000 家。全国机动车维修企业平均每年增加 4.5%，其中一、二类企业平均每年增加 4.47%。据中国人才研究会提供数字显示，"十三五"期间中国汽车技术人才缺口 600 万人，维修人才缺口 100 万人，未来 5 年内汽车人才全面紧缺。

（3）成都市汽车产业岗位需求分析

汽车全产业链主要包括产品研发、零部件生产、汽车制造、销售和服务四个方面。根据高职院校的专业基础条件，其汽车类专业设置主要针对全产业中、下游端服务，即汽车制造、销售和服务，成都工业职业技术学院亦不例外。相应的岗位有装配工、调试工、涂装工、钣金工等汽车制造专业技术岗位和汽车销售、汽车维修（机电维修、车身整形维修）、汽车美容、汽车保险、汽车租赁、汽车金融、二手车置换、汽车文化等销售和服务专业技术岗位。

根据《成都市汽车产业集群发展规划》，到 2018 年，汽车制造和汽车销售与服务领域共需要 52 000 人，到 2020 年需要 103 000 人，到 2025 年需要 220 000 人，如表 4-22 所示。另据成都市公交集团人力资源部的数据统计，成都市公交集团 2015 年共有车辆 12 000 辆，拥有车辆维修人员 2400 名，实际需要维修人员 6000 名，出现了 3600 人的人员缺口；到 2020 年，成都市公交集团将拥有车辆共 22 000 辆，实际需要维修人员 11 000 人，人员缺口达到 8600 人，如表 4-23 所示。

表 4-22 四川汽车产业新增人力资源表　　　　　　　人

年　份	汽车制造	汽车销售与服务	合　计
2018 年	30 000	22 000	52 000
2020 年	65 000	38 000	103 000
2025 年	135 000	85 000	220 000

（数据来源：成都市汽车产业集群发展规划）

表 4-23　成都市公交集团新增人力资源表

年份	现有车辆/辆	现有人车比	现有维修人员/人	规定人车比	实需维修人员/人	人员缺口/人
2015 年	12 000	0.2∶1	2400	0.5∶1	6000	3600
2020 年	22 000		2400	0.5∶1	11 000	8600

（数据来源：成都市公交集团人力资源部）

从表 4-22 和表 4-23 可以看出，成都市汽车制造专业技术岗位每年需要新增 10 000 人以上，汽车销售与服务专业技术岗位每年需要新增 8000 人以上，汽车服务专业技术岗位每年需要新增 1500 人以上。

（二）汽车专业集群建设的策略

1．区域内同类职业院校招生情况分析

笔者通过梳理四川教育厅招生网公布的 2015 年四川省内各高职院校的汽车专业数和招生计划，发现总共的招生计划数为 8338 人，具体如表 4-24 所示。再加上成都市 21 所中职学校汽车专业约 4500 人的招生计划数，所有中高职汽车专业学生招生每年约为 13 000 人，远远不能满足汽车制造、销售和服务产业所需人员（每年约 20 000 人），专业技术人员缺口大。

表 4-24　四川省 2015 年高职院校汽车相关专业招生情况

学校名称	汽车专业个数	年招生计划人数
四川交通职业技术学院	5	700
成都航空职业技术学院	1	100
成都纺织高等专科学校	1	48
四川建筑职业技术学院	2	180
四川职业技术学院	3	100
泸州职业技术学院	4	205
广安职业技术学院	2	113
四川工程职业技术学院	3	213
四川工商职业技术学院	2	117
达州职业技术学院	1	16

续表

学校名称	汽车专业个数	年招生计划人数
四川机电职业技术学院	2	230
四川科技职业学院	3	571
绵阳职业技术学院	2	35
四川信息职业技术学院	3	157
四川航天职业技术学院	4	510
四川化工职业技术学院	3	150
四川华新现代职业学院	2	230
成都职业技术学院	1	50
成都农业科技职业学院	3	240
宜宾职业技术学院	2	345
乐山职业技术学院	1	80
四川托普信息技术职业学院	4	585
内江职业技术学院	3	150
四川城市职业学院	4	650
四川汽车职业技术学院	8	1681
四川三河职业学院	3	217
巴中职业技术学院	2	95
成都工业职业技术学院	2	260
成都工贸职业技术学院	1	120
四川应用技术职业学院	1	190
合　计	78	8338

（数据来源：四川教育厅招生网）

通过调研，发现构建汽车工程专业集群对接成都区域汽车产业，符合成都工业职业技术学院自身的发展定位，且能够有效缓解汽车行业专业技术人才缺口，为成都汽车产业发展提供高技能人才支撑，因此建设该专业集群是必要的。

2．汽车专业集群建设的指导思想与基本原则

（1）指导思想

遵照成都市委市政府"新常态、万亿级、再出发"的工作部署，以及成都市教育"学有良教、品质卓越"的具体要求，结合成都工业职业技术学院自身的工业特色，优化专业结构，突出专业特色，形成"全产业链专业集群建设"总体思路；主动抢抓天府新区建设和产业转型升级的历史机遇，结合实际，科学建设专业，切实找准专业发展方向；坚持立德树人，深入推进产教融合，围绕汽车产业发展定位培养实用性人才，以服务成都经济社会发展为己任，坚持"以学生为本"，不断深化教学改革和提高教育质量，努力将学校建设成为专业设置和成都经济社会发展紧密衔接的典范，为培养有较强创新精神和实践能力的高端技术技能型人才提供稳固的发展平台。

（2）基本原则

立足成都，面向四川乃至全国，面向生产、建设、管理和服务第一线，服务区域汽车产业转型升级，紧扣成都"十三五"规划，服务成都工业2025。紧密结合成都汽车产业布局，产业集群与专业集群对应，构建汽车工程专业集群，同时规划形成专业集群综合实训基地。关注经济社会发展态势，面对产业转型升级，准确预测专业发展走向，对专业建设实施动态管理，建立专业建设指导委员会，实时制订和调整人才培养方案。

（三）汽车专业集群建设的核心任务

1．专业规划与建设

以质量建设为抓手，建设以汽车检测与维修专业为重点专业、汽车制造与装配技术和汽车车身维修技术2个专业为特色专业、新能源汽车技术专业为新兴专业以及汽车技术服务与营销专业为亮点专业的以重点专业、特色专业、新兴专业、亮点专业互为支撑的汽车工程专业集群，并建立与相关专业相配套的人才培养体系、课程体系、师资队伍、校企合作平台。同时，以制度化、流程化、标准化为抓手，建机制、建标准，在专业集群建设的基础上，突出制度、流程、标准在专业建设中的指导作用，优化专业结构,使汽车工程专业集群内的各专业在同类院校中具有明显竞争优势，不断提高专业建设质量和汽车专业领域技术技能人才的培养质量。

2. 课程与教学资源建设

一是课程体系建设。紧扣专业集群人才培养目标，围绕学生人文素养和职业精神的形成、专业知识与技术技能的掌握以及创新创业能力的培养，依托一汽集团、北京现代校企合作项目、成都大型4S集团、成都公交集团等企业，深度调研并组建专业建设指导委员会，校企共同开发行业职业标准，制定行业人才标准，共同制订人才培养方案。同时，对接最新职业标准、行业人才标准、岗位规范、人才培养方案，紧贴岗位实际工作过程，调整课程结构，更新课程内容，形成以工作任务为导向、以工作流程为主线，体现"教、学、做"一体化特色，内含"公共基础课程、专业集群基础课程、专业（方向）课程"三个课程层次的基于工作过程的系统化课程体系，如表4-25所示。其中，公共基础课程由通用性职业素养和人文素养课程、创新创业课程、工业素养课程等组成，引导学生树立正确的人生观、价值观，形成良好的道德修养、人文素养、工业素养，充分体现"立德树人"、体现学生综合素质的培养、体现学院工业素养特色的培养；专业集群基础课程面向专业集群内各专业学生开设，涵盖专业集群的主要技术基础课程，主要体现对本专业集群通用基础知识的统一要求；而专业（方向）课程旨在通过专业化、专门化的课程，培养学生的具体职业岗位知识、能力与素质。

表4-25 成都工业职业技术学院汽车工程专业集群课程体系

课程类型	课程名称
公共基础课程	思想道德修养与法律基础
	毛泽东思想和中国特色社会主义理论体系概论
	形势与政策
	体育与健康
	职业生涯与发展规划
	大学生就业指导
	大学生心理健康教育
	创新创业基础
	军事理论与军事训练
	入学教育
	毕业教育

续表

课程类型		课程名称
公共基础课程		工业文化素养课程
		大学英语
		高等数学
		国 学
		按照学院有关公选课程规定执行
专业集群基础课程		机械制图及 AutoCAD
		汽车电工电子
		汽车文化
		机械基础
		汽车构造与拆装
		汽车维护
专业（方向）课程	汽车检测与维修技术	汽车发动机机械系统检测与维修
		汽车发动机管理系统检测与维修
		汽车电路和电气系统检测与维修
		汽车安全与舒适系统检测与维修
		汽车使用与维护
		汽车传动系统检测与维修
		汽车行驶转向与制动系统检测与维修
		发动机原理与汽车理论
		汽车车载网络技术
		顶岗实习
		维修企业管理
		旧机动车鉴定与评估
		汽车保险与理赔
		汽车营销及配件管理
		新能源汽车技术
		汽车故障诊断与检测技术
		汽车空调检测与维修
		汽车专业英语

续表

课程类型		课程名称
专业（方向）课程	汽车制造与装配技术	机械工程材料及热处理
		互换性与技术测量
		车身制造技术
		汽车制造工艺
		汽车理论
		汽车装配技术
		汽车制造质量管理
		顶岗实习
		维修企业管理
		旧机动车鉴定与评估
		汽车保险与理赔
		汽车营销及配件管理
		新能源汽车技术
	……	……

二是精品课程建设。以精品课程建设为抓手，深化"国内学习，国外认证"的国际化办学特色，紧紧围绕中英 IMI 项目、成都中德威斯巴登现代职业教育中心、中德戴姆勒奔驰、中德巴斯夫汽车修补漆培训中心 4 个国际合作项目开展精品课程建设，并着力打造重点专业的校级精品课程，实现市级精品课程的突破。

三是完善各专业核心课程的教学资源建设。建立形式多样的数字化教学资源库，积极开发基于岗位工作内容、融入国家职业资格标准的专业教学内容和教材，编写 2~3 门核心专业课的适用教材。

3．实验实训基地建设

按照"面向社会、立足岗位、产学结合、注重素质、突出应用、强化实践、培养能力"的指导思想，坚持"基地建设企业化"和"实践教学生产化"原则，与英国诺丁汉中英学院、上海通用汽车有限公司、北京现代汽车有限公司、德国威斯巴登手工业协会等高校、企业、行业协会通力合作,紧跟技术发展,装配先进的生产设备,共建由汽车检测与维修实训中心、车身维修技术中心、戴姆勒奔驰培训中心、汽车产学研生产中心(新能源汽车技术)、北京现代培训中心、上海大众西南培训中心(机电、钣金)组成的汽车工程专业集群综合实训基地,营造真实的生产环境,整体优化实践教学环节。

汽车工程专业集群实验实训基地整体架构如表4-26所示。

4．师资建设

创新机制,完善措施,优化团队结构,通过派遣教师到国内外培训、引进国内外高水平教师、聘请行业企业专家作为兼职教师等途径,打造一支以"专业带头人＋骨干教师＋外籍教师＋行业专家"为主体的结构合理、专兼结合的高素质教师队伍。

一是引进高层次专业技术人才。制定高层次人才的优惠政策,大力吸引具有全国影响力的或硕士研究生以上学历学位或高级职称的人员到校任教,如全国知名专家、正高职称或正高工等专家。

二是打造"双师"素质专业带头人和骨干教师。定期组织英国IMI项目、德国威斯巴登项目、戴姆勒铸星教育项目、北京现代项目、巴斯夫项目、奔腾项目等项目团队开展技术培训,团队成员之间相互取长补短,围绕核心操作技能相互授课,共同进步,成为名副其实的"双师型"教师,达到企业培训讲师水平。同时,面向企业、行业一线招考具有中级以上职称或高级技师以上资格的技术人才,壮大"双师"素质骨干教师队伍。此外,引进应届硕士毕业生,培养成为具有"双师"素质的骨干教师。

三是利用社会资源,采取引进、聘用的方式建立结构合理、相对稳定的兼职教师队伍。不断加大投入,从与专业设置相关行业或企业的工程、技术、管理人员中,选聘既有丰富实践经验又有教学能力的专业技术人员兼课,并制定完善的兼职教师队伍(包括在企业工作现场用于指导顶岗实习学生的兼职教师)的聘任与管理考核制度。

五、信息工程专业集群建设

成都工业职业技术学院按照"以产业链构建专业集群"的总体要求,坚持"面向成都信息产业发展,服务产业转型升级",紧紧围绕成都将重点

表 4-26 成都工业职业技术学院汽车工程专业集群实验实训基地架构

专业集群	实验实训基地名称	主要实验实训室名称	实验室类型	主要合作企业	主要功能	状态	实验实训室面积/m²	设备总值、建设资金/万元	建设目标及建设时间
汽车工程专业集群	汽车工程专业集群综合实训基地	汽车检测与维修实训中心	专业实验实训室	英国诺丁汉大学院、上海通用汽车有限公司、北京现代汽车有限公司、德国威斯巴登手工业协会	对接汽车检测与维修、新能源汽车技术、汽车营销等专业实训	已建	3600	1400	2016年建成市级重点实验实训室
		车身维修技术中心	专业实验实训室	巴斯夫（中国）有限公司、奔腾汽车维修设备制造有限公司	对接汽车车身维修技术专业（涂装、钣金）实训	已建	1400	500	
		戴姆勒奔驰培训中心	专业实验实训室	戴姆勒大中华区投资有限公司	对接戴姆勒奔驰校企合作项目	在建	800	400	
		汽车产学研生产中心（新能源汽车技术）	创新实验实训室		产学研生产中心	拟建	1500	400	2017年建设
		北京现代培训中心	创新实验实训室	北京现代汽车有限公司	师资、学徒、员工培训中心	拟建	1500	400	2018年建设
		上海大众西南培训中心（机电、钣金）	创新实验实训室	上海大众汽车有限公司	师资、学徒、员工培训中心	拟建	3000	500	2018年建设

发展电子信息产业的发展战略，特别是为成都高新区、天府新区作为新一代信息技术产业升级的契机，着力建设办学理念先进、办学条件优良、产教深度融合、人才培养质量高、社会服务能力强的，集信息移动互联技术、安全管理技术、物联网应用技术等为一体的信息工程专业集群，为成都建设"立足西部、辐射全国、影响全球"的信息技术中心提供高素质技术技能人才支撑。

（一）信息工程产业及其人才需求分析

1. 成都市信息工程产业

信息技术产业是运用信息手段和技术，收集、整理、储存、传递信息情报，提供信息服务，并提供相应的信息手段、信息技术等服务的产业。电子信息产业，作为我国经济最具活力、最具创新的行业之一，促进了新兴产业及部门的形成，加速了产业结构的转型。

电子信息产业是四川省及成都市的战略性支柱产业，处于高位求进的关键时期，对于带动省、市工业和现代服务业实现新跨越，推动成都市作为西部经济核心增长极和现代化、国际化大都市建设具有重要的战略意义。未来十年，将是新一代信息技术发展和应用的良好时机。按照《成都制造2025规划纲要》的总体要求，成都市将顺应信息技术发展方向和产业融合创新趋势，坚持"需求牵引、创新驱动、软硬结合、量质并举、跨界融合"的发展道路，以促进信息技术在经济社会各领域的应用为主线，以产业升级、提质增效为目标，充分发挥市场在资源配置中的决定性作用，着力提升信息基础设施、公共服务平台的产业支撑能力，着力构建生产配套、产业协同、互动交融的产业生态体系，推进电子制造与软件服务协同，信息基础设施建设与电子信息产业发展互动，新一代信息技术与工业、服务业融合发展，着力优化信息化应用和信息产业发展环境，加快推进信源（信息内容）、信道（网络和系统）、信宿（应用终端）产业链整合发展，打造特色突出、创新力强、拥有自主知识品牌的电子信息产业集群，推动成都市电子信息产业创新发展，由大变强，促进经济转型和民生改善。

到2025年，成都市全市电子信息产业主营业务收入将突破20 000亿元，成为国际知名的电子信息产品制造基地、中国软件产业基地和智慧城市示范城市。表4-27～4-29分别是成都市电子信息产业2025年企业培育目标体系、创新目标体系和整体目标体系。从成都市电子信息产业到2025

年的目标体系来看，成都电子信息产业的发展潜力和空间都很大。

表 4-27 成都市电子信息产业 2025 年企业培育目标体系

指标	2014 年	2015 年	2017 年	2020 年	2025 年
规模以上企业/户	950	1000	1270	1540	2000
亿元企业/户	403	432	538	680	900
十亿元企业/户	36	42	73	102	177
百亿元企业/户	7	8	15	24	36

表 4-28 成都市电子信息产业 2025 年创新目标体系

	指标	2014 年	2015 年	2017 年	2020 年	2025 年
制造业	规模以上企业全行业研发投入占销售收入的比例/%	—	0.95	1.03	1.26	1.68
	规模以上制造业每亿元主营业务收入有效发明专利数/件		0.44	0.55	0.70	1.10
	电子信息制造业发明专利申请量年均增进/%		10.6	11.2	10	9.8
软件业	软件产品登记/（件/年）	932		1200	1500	2000
	软件著作权/（万件/年）	0.59	0.71	1.2	2.8	10
	市级以上企业技术中心/个	90	113	128	153	194

注：软件企业和集成电路设计企业认定及产品的登记备案行政审批权于 2015 年 3 月取消，另行办法正在研究，故 2015 年软件产品登记目标暂未估算。

2. 成都市信息工程产业人才需求分析

（1）成都市信息工程产业人才需求预测

信息产业正逐步成为高度集约型和知识密集型经济的支柱产业，这些产业涉及软件产业、咨询产业、知识产业、管理产业、教育产业和文化产业等，需要软件开发人才、网络服务人才、信息服务人才、数据管理人才、智慧城市管理人才等多种类型的人才。

从全域四川来看，信息技术产业发展迅猛，尤其是随着"大智移云"等新兴产业的发展，带动了新型人才的需求。同时，随着国家大力提倡"双创"，将产生大量中、小型企业，需要更多具有创新意识和创业能力的人才。然而，

表 4-29 成都市电子信息产业 2025 整体目标体系

年份		2014年		2015年		2017年		2020年		2025年	
		基数/亿元	同比增速/%	目标/亿元	同比增速/%	目标/亿元	年均增速/%	目标/亿元	年均增速/%	目标/亿元	年均增速/%
总体目标		5444	17	5850	7.46	8500	20.5	1250	13.7	2000	9.60
制造业营业收入		3048	16.8	3200	5	4800	16.3	7500	16.2	12 000	13.3
软件业营业收入		2396	17.4	2650	11	3700	16	5000	11	8000	10
软件业务收入		1831	18.2	2000	18.3	2800	15	3800	11	6000	10
制造业	集成电路（含设计与测试）	412	5.1	449	3.6	900	8.2	1450	17	2300	9.7
	智能终端	2151	24.1	2230	3.7	3200	14.2	4300	12.2	6200	10.1
	网络通信	130	15	140	7.7	230	20.9	700	32.4	1300	23.3
	电子元器件	350	7.5	380	8.6	500	12.6	1000	19.1	2000	17.2
	行业电子	105	12.9	120	14.3	170	17.4	500	29.7	1000	22.7
	系统集成与运营	875	4.9	920	5	1000	5	1150	5	1500	6
软件	数字媒体	350	7.9	380	9	650	23	880	11	1280	8
	基础软件	186	11.4	210	13	300	17	450	15	700	9
	工业软件	254	9	279	10	400	16	570	13	1000	12
	软件外包	81	12	92	13.6	150	23	300	26	720	19
新兴信息服务（含互联网）		550	15.4	650	18	1000	22	1200	6	2000	11

现在普遍存在信息技术类专业学生很多找不到对口的工作，但企业又招不到合适人才，需要招募和完全无法满足需求的企业总占比为60%，已经满足全部需求的仅占40%，说明信息技术人才供不应求，而且人才培养方向不准的问题突出。同时，成都市的天府软件园、双流电子信息产业园、成都物联网及新津、龙泉现代制造园区等都需要大量信息技术类中高级人才。

（2）成都市信息工程产业岗位需求分析

根据笔者对四川省及成都市和天府新区信息技术人才岗位需求分析，发现信息技术产业在移动应用开发员、物联网产品二次开发人员、信息安全管理员、软件开发员、网络设备调试员、信息技术产品营销人员等岗位中对高职人才的需求量都比较大，其中移动应用开发人员和物联网产品二次开发人员的需求量均占到了60%，如表4-30所示。

表4-30 信息技术岗位职业能力要求及需求分析

岗位名称	所属方向	高职需求量	岗位职业能力	备注
信息技术产品制造人员	信息产品制造业	10%	综合管理能力、生产岗位设备控制能力	
信息技术产品营销人员	产品营销	25%	产品安装、调试、销售、管理能力	
网络设备调试员	网络技术	25%	局域网搭建与管理能力、网络安全管理能力	
软件开发员	软件	50%	软件开发与代码编写、美工、动画制作	偏传统软件
移动应用开发员	软件	60%	移动设备应用开发与代码编写、美工、动画制作	偏移动设备软件
信息安全管理员	信息安全	55%	信息处理能力、信息安全设备安装与维护能力、信息安全管理策略规划能力、信息安全防范能力	
物联网产品二次开发人员	物联网	60%	产品应用开发	
其他	综合	30%	综合应用能力、文字处理	偏高级文员

（二）信息工程专业集群建设的策略

1．区域内同类职业院校招生情况分析

根据教育部高职专业备案情况统计，目前全国1200多所高职院校中高达80.1%的院校开设了信息技术专业，成为最热门专业。就四川省而言，根据全国职业院校专业设置管理与公共信息服务平台提供的数据，2015年四川省内开办信息技术专业的高职院校共52所，其中地处成都地区的高职院校29所，如表4-31所示。

表4-31 四川省开办信息技术专业高职院校分布

地区	院校数	地区	院校数	地区	院校数	地区	院校数
成都	29	攀枝花	1	广安	1	眉山	1
绵阳	4	巴中	1	广元	1	南充	1
德阳	3	达州	1	乐山	1	内江	1
泸州	3	遂宁	1	雅安	1	宜宾	1
阿坝	1						

就成都市区域内开办信息技术专业的29所高职院校来看，2015年信息技术专业招生人数最多的是四川托普信息技术职业学院，共560人；招生人数最少的是四川师范大学成都学院，共20人。29所高职院校共招生4349人，平均招生人数约为150人，如表4-32所示。这一方面说明信息技术产业在经济社会发展中的战略地位越来越高，得到了广泛的关注和重视；另一方面也说明信息技术产业对高职教育技术技能人才培养具有较强的依赖性，高职院校能够培养信息技术产业发展所需要的人才。

表4-32 成都市开办信息技术专业高职院校2015年招生规模

学校名称	招生人数	学校名称	招生人数
成都东软学院	42	四川华新现代职业学院	50
成都纺织高等专科学校	175	四川交通职业技术学院	180
成都工业学院	40	四川科技职业学院	158
成都航空职业技术学院	250	四川商务职业学院	120
成都农业科技职业学院	163	四川师范大学成都学院	20

续表

学校名称	招生人数	学校名称	招生人数
成都文理学院	60	四川水利职业技术学院	92
成都艺术职业学院	60	四川托普信息技术职业学院	560
电子科技大学成都学院	97	四川文化产业职业学院	134
成都职业技术学院	260	四川文化传媒职业学院	78
民办四川天一学院	58	四川文轩职业学院	340
四川城市职业学院	60	四川现代职业学院	120
四川工商职业技术学院	100	四川艺术职业学院	236
四川管理职业学院	150	四川邮电职业技术学院	146
四川国际标榜职业学院	220	四川长江职业学院	240
四川航天职业技术学院	140		

2．信息工程专业集群建设的主要思路与基本原则

（1）主要思路

基于信息技术发展迅速、应用范围广的特点，在分析信息技术产业构成及其与行业紧密结合这一特点的基础上，构建出信息技术产业链结构模型，并找出信息技术产业链与信息工程专业集群的对应关系。

信息技术产业链的上、中、下游产业如图4-23所示。

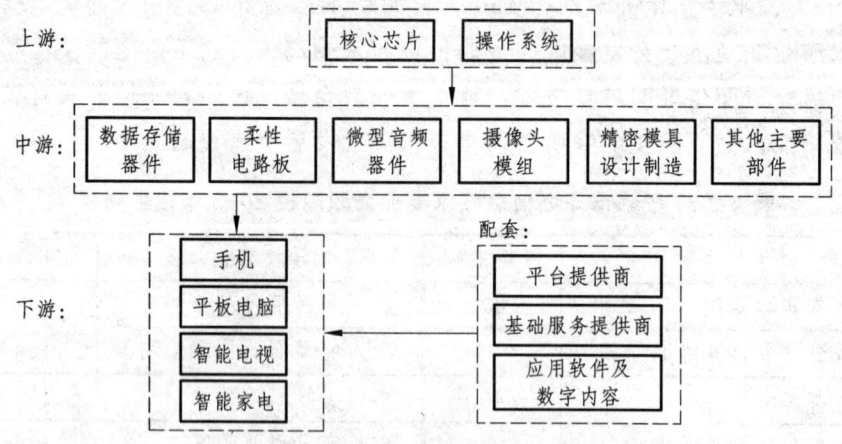

图4-23 信息技术产业链

与上、中、下游的产业相对应,信息技术产业链上有如下职业和岗位:

上游——IT产品核心芯片和信息安全产品开发与设计、动漫创意策划、物联网产品设计、软件分析策划、云计算、大数据系统分析等。

中游——IT产品制造与检测、信息安全产品设置和管理、动漫创意产品设计与制作、物联网产品设置与管理、物联网产品与其他产业的融合技术、软件开发与运用、大数据分析与管理、云计算、云存储运用与管理等。

下游——IT产品维护与维修、网络搭建与管理、IT产品营销、信息安全日常管理、物联网产品应用与管理、动漫作品制作、影视后期处理技术、大数据收集与运用等。

结合学院人才培养定位、已有办学基础和办学优势,坚持"与其他高职院校的专业错位发展"的原则,通过调研论证,从信息技术产业链各相关专业中选择部分专业进行总体规划、分步建设,争取用5~8年时间,完成信息技术专业集群的整体建设,达到"专业做强而精"。

(2)基本原则

根据四川省及成都市信息产业发展现状,结合学院整体发展规划,信息工程专业集群建设按照成熟一个建设一个、建设小而精,并且以信息安全与管理专业为龙头专业,将该专业集群建设成小巧精悍的专业集群,培养毕业即上岗的复合型技术技能人才。

(三)信息工程专业集群建设的核心任务

1. 专业规划与建设

依据教育部最新的《普通高等学校高等职业教育(专科)专业目录(2015年)》,与信息产业相关的专业主要分布在电子信息大类,包括电子信息类、计算机类和通信类,共40个专业。结合学院的办学定位和基础条件,在同其他高职院校错位发展及区位优势的情况下,组建由行业专家、企业技术专家和教学专家共同构成的专业建设工作委员会,以信息技术产业为纽带,融合人才培养链和信息技术产业链,在信息工程专业集群内逐步开设移动应用开发、信息安全与管理、数字媒体应用技术、物联网应用技术、汽车智能技术、智能产品开发六大专业。

2. 课程建设

根据市场需求和本区域内高职院校针对信息技术产业专业的开设情况，确定专业集群的着力点及其内设专业；明确信息技术产业领域的用人标准和学院自身教育教学条件与特色，制订人才培养方案；明晰信息工程专业集群所对应岗位与岗位群的职业标准和能力要求，对接最新职业标准、行业标准，借鉴、引入行业内大型企业的岗位规范，紧贴岗位实际工作过程，建设并完善移动应用开发、信息安全与管理和物联网应用技术专业课程，与相关行业企业分别协商与岗位能力对应的课程。最终，形成"通识教育+信息素养+专业核心+专业方向"四位一体的、以"基础+专长"双核模式为培养特色的系列化课程体系，并实时随信息技术产业的变革与发展调整课程结构、更新课程内容。同时，加强国际交流与合作，探索和奥地利 WIFI 项目、台湾弘光科技大学网络安全项目实施的可行性，推动教学内容的更新和教育教学创新。此外，以数字化资源建设为抓手，建设1~2门院级精品课程和资源库，建设 MOOC 和资源包，逐步完成数字资源建设。信息工程专业集群课程体系如表 4-33 所示。

表 4-33 成都工业职业技术学院信息工程专业集群课程体系

课程类型	课程名称
公共基础课程	思想政治课程
	高等数学（应用数学）
	计算机文化基础
	大学生心理健康与指导
	国防教育
	高等数学
	体 育
	创新创业教育
	大学生职业发展与就业指导
	职业素养与职业道德
	国学（选修）
	礼仪及训练（选修）
	职业方法能力（选修）

续表

课程类型		课程名称
公共基础课程		创意与策划（选修）
		法律基础（选修）
		概率论与数理统计（选修）
		数学实验（选修）
专业集群基础课程		计算机英语
		计算机网络基础
		数据库开发基础
		平面设计及动画设计
		程序设计基础（C语言）
专业（方向）课程	移动应用开发	网络设备配置与管理
		网页制作基础
		C#程序设计基础
		ASP.NET程序设计
		多媒体应用技术
		数据结构
		移动通信网络概论
		软件工程概论
		软件测试工具与方法
		高级数据库系统开发
		Android系统应用开发（方向课）
		IOS系统应用开发（方向课）
		网站建设综合实训
		管理信息系统综合实训
		网络设备调试综合实训
	信息安全与管理	计算机硬件基础
		网络操作系统
		信息安全标准与法规
		数据库原理与应用
		数据结构

续表

课程类型		课程名称
专业（方向）课程	信息安全与管理	信息安全技术
		路由交换机技术
		LINUX操作系统
		防火墙技术
		数据备份与恢复
		计算机反病毒技术
		网络安全工程
		服务器应用配置实训
		信息安全技术
	......	......

3. 教学模式创新

一是与成都国信安基地公司合作，共同建设移动应用、信息安全与管理专业，根据用人需要，开设课程，学院教师与企业项目人员共同完成教学任务，通过"师傅带徒弟、项目经理带团队"的模式，将学生当成员工，订单培养针对性强的学生。

二是与成都市软件行业协会部分较大规模会员单位合作，在前一年半基础课、专业课学习的基础上，根据企业发展方向，将学生分流，实行小班订单培养，完成企业真实项目开发，在学院和企业交替上课。

三是结合国家"双创"政策，采取创新工程室模式培养人才，对有创新意识、创业能力的学生个性化培养，在学校内就可以通过信息技术手段进行创业。学生可以用创新创业成果兑换学分，可以实现工学交替。

4. 实验实训基地建设

按照"内外结合，服务教学"的思路，建设"院内园内共建、教学产出双赢"的信息工程专业集群综合实训基地。围绕课程建设和教学资源建设要求，完善实训基地软硬件条件，努力创造真实的企业生产环境，为教学和实训提供更好条件。在完善已有实训场所的基础上，增加IT创业中心等校内实训室。同时和成都国信安基地公司、天府软件园有关企业共建移动应用开发实训室，与广州唯康集团公司、锐捷成都研究所共建信息安全实训室，与上海企想信息技术有限公司共建智能实居实训中心，与北京新大陆集团共建物联网实训室等，逐步建成信息工程专业集群实训中心。

信息工程专业集群实验实训基地整体架构如表 4-34 所示。

5．师资建设

采取引进、培养、聘用等多种形式，以个人学历进修提升与教研科研实践多渠道并重为指导思想，分层次立体打造，专任教师队伍"内培外引、充实数量、提高质量"，兼职教师队伍"多渠道引进、高标准要求"，建成"能教善研、教学创业两不误"的教师队伍。

第一，引进在本专业、行业有较大影响力的学科领军人才，培养或从同类重点高校中遴选教学名师或行业中有经验的高级工程师，在科研工作和学科建设中发挥引领和支撑作用。

第二，通过科研、课题、培训、企业实践、企业和同类高职院校挂职交流等多途径，着力培养移动开发应用、信息安全与管理、物联网应用技术等专业的学科（专业）带头人和骨干教师。

第三，鼓励教师积极与其他专业（产业、行业）接触，了解并学习其他专业与信息技术融合的新知识、新技术、新工艺，为同其他专业形成合力培养复合型人才打下基础。鼓励教师学历提升和行业实践，要求35岁以下现有教师必须进行学历提升，全部达到硕士学位及以上；新进专业教师必须获得相应职业资格证，"双师型"教师达到100%。

第四，聘请客座教授、企业专业技术人员为兼职教师，开展教师培训、科研指导、学术讲座，进行实践性教学与指导等工作。

六、物流工程专业集群建设

成都工业职业技术学院在《服务业发展"十二五"规划》《物流业发展中长期规划（2014—2020）》等政策文件的指导下，围绕四川省及成都市物流产业的发展规划布局及其人才需求，结合学院自身的办学特色和人才培养定位，面向成都物流产业发展，服务产业转型升级，倾力打造物流工程专业集群，为成都建成"立足西部、辐射全国、影响全球"的西部区域物流中心和面向亚欧经济贸易的物流桥头堡培养优秀的复合型物流技术技能人才。

表 4-34 成都工业职业技术学院信息工程专业集群实训基地整体架构

专业集群	实验实训基地名称	主要实验实训室名称	实验室类型	主要合作企业	主要功能	状态	实验实训室面积/m²	设备总值、建设资金/万元	建设项目标及建设时间
信息工程专业集群	信息工程专业集群综合实训基地	计算机应用实训室1	基础实验实训室	联想公司	承担计算机应用操作的相关课程及实验	已建成	19.25	70	
		计算机应用实训室2	基础实验实训室	联想公司	承担计算机应用操作的相关课程及实验	已建成	20.14	70	
		软件工程实训室	专业实验实训室	DELL公司、巅峰软件公司	承担程序设计、应用开发以及管理的相关课程设备调试与实验	已建成	35.64	70	
		网络系统集成实训室	专业实验实训室	锐捷网络公司、HC3公司、优笨特公司	承担网络系统安装与配置、网络安全防范、网络工程项目设计与实施等专业主干课程的实验	已建成	130	70	
		网络工程实训室	专业实验实训室	锐捷网络公司、HC3公司、优笨特公司	承担网络局域网组建、调试布设、网络操作系统安装、使用和管理的实验	已建成	43.26	70	
		网络技能竞赛及认证实训室	专业实验实训室	思科公司、优笨特公司	承担网络认证资格培训以及技能大赛、网络课外辅导的实验	已建成	40.53	45	
		综合布线实训室	专业实验实训室	广州维康公司	承担网络综合布线设计与实施课程的实验	已建成	51.28	102	
		智能楼宇实训室	专业实验实训室	亚光公司	承担智能楼宇安装与调试课程的实验	已建成	41.25	100	

续表

专业实训基地名称	主要实验实训室名称	实验室类型	主要合作企业	主要功能	状态	实验实训面积/m²	设备总值、建设资金/万元	建设目标及建设时间
信息工程专业集群综合实训基地	智能家居实训室	专业实验实训室	上海企想公司	承担智能家居安装与调试课程的实验	与企业共建	50	70	
	计算机组装维修实训室	专业实验实训室	联想公司	承担计算机组装、操作系统安装、使用及管理的实验	已建成	11.3	80	
	电工实训室	基础实验实训室	自建	承担电工基础课程操作的实验	已建成	14.5	65	
	移动应用开发实训室	专业实验实训室	国信安成都信息产业基地公司	承担移动应用开发项目实验及学生创新工作	正在建设	60	70	市级重点实验室
	信息安全实训室	专业实验实训室	广州维康公司、锐捷网络公司	承担网络信息安全攻防、网络身份认证、全评估与测试、网络信息系统搭建及实验	拟建	180	80	2017年建成
	数据中心实训室	专业实验实训室	H3C公司	承担网络部署与测试、虚拟化与云计算、安全部署与存储管理、数据中心相关课程及实验服务器集群技术等相关课程及实验	拟建	260	100	2018年建成
	IT创业中心	创新实验实训室	自建	作为学生的就业创新实践与实施,网络工程项目规划与维护、数据库管理、网络产品销售、电子商务应用系统开发与推广等服务	拟建	160	60	2017年建成
	物联网实训室	专业实验实训室	新大陆公司	承担物联网设备安装与调试课程的实验	拟建	100	80	2017年建成

(一）物流产业及其人才需求分析

1. 成都市物流产业

物流业是融合运输、仓储、货代、信息等产业的复合型服务业，是支撑国民经济发展的基础性、战略性产业。2014年9月，国务院制订了《物流业发展中长期规划（2014—2020）》，2015年，十八届五中全会又提出了实施"互联网＋"行动计划、实施《中国制造2025》、推进"一带一路"建设等思想，为我国物流业的未来创造了良好的发展前景。

据成都市物流发展办公室提供的信息，近年来成都市物流产业发展提速增效，产业规模和质量显著提高。从全国范围看，作为规划21个物流节点城市之一，成都物流行业正处于"快速提升、追赶东部"的发展阶段。从西部地区看，作为抢建区域物流中心的城市之一，成都市物流行业正处于"聚集要素、积累优势"的发展阶段。作为四川省委、省政府确定的新兴先导型服务业之一，成都市物流行业正处于"战略转型、产业互动"的阶段。到2017年，成都市将基本建成西部区域物流中心；到2020年，全面建成西部区域物流中心，构建起"服务西部、辐射全国、影响全球"的现代物流服务体系。

成都市物流发展水平走在了西部城市前列，物流服务能力经受住了本轮产业西进的实际检验。对外物流通道建设西部领先，开通国际直飞客货运航线36条，开通成都至欧洲（波兰）的中欧班列"蓉欧快铁"和至沿海港口城市的9条铁路货运班列；基本形成"一区两园三口岸"的口岸服务体系，按"一区两园"模式设立了成都高新综合保税区，航空口岸和铁路口岸的联检大楼及口岸作业区建成投用，实现海关、商检等口岸单位联合办公。据了解，成都市物流需求旺盛、发展速度较快。2014年，全市物流业实现增加值768.93亿元，同比增长9.2%，占GDP比重为7.7%，高于全国水平近1个百分点；社会物流总费用1701.04亿元，占GDP比重为16.9%，低于全国水平1.1个百分点。

2．物流产业人才需求分析

(1) 物流产业用工现状及未来演变趋势

从全国范围来看，根据《中国职业教育年鉴（2015）》提供的数据和信息，我国物流领域人才需求量巨大。一方面，我国物流市场庞大，物流固定资产投资加速，对物流操作人才产生了巨大需求。我国物流涉及从业人员约为2000万人，物流业增加值每增加一个百分点，将增加10万个工作岗位。另一方面，现代物流业是劳动密集型和技术密集型相结合的产业，随着信息技术、自动仓储技术、包装技术、装卸搬运技术及相应设备大量在物流活动中的应用，物流业的发展需要大批具有一定文化水平并具备一定技能的物流操作人才。目前，全国每年物流业需求共130万人，而中高职院校毕业生共12万人，占比不足10%，说明全国范围内专业的物流从业人员缺口巨大。我国每年新增加物流从业人员结构如图4-24所示。

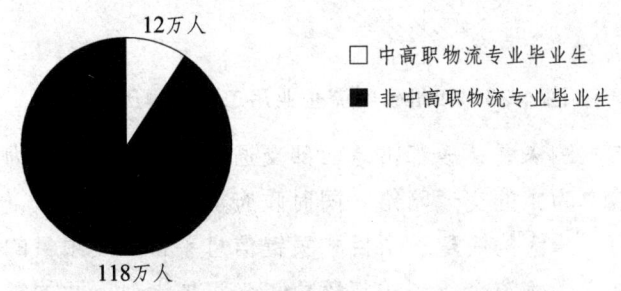

图4-24 全国每年新增加物流从业人员结构

从四川省范围来看，在物流企业人力资源需求方面，近年来物流产业发展迅猛，尤其是随着电子商务等新兴产业的发展，带动了一系列的终端配送需求，随之而来的就是企业大量的招聘需求。需要招募物流人才和完全无法满足需求的企业总占比为75%，已经满足全部需求的仅占15%，说明四川省物流人才供不应求问题突出，如图4-25所示。在物流企业用工需求学历结构方面，根据2014年9月四川省物流公共信息平台《物流企业人力资源及培训需求情况调查》显示，以高中、中专学历为主的企业占比为20%，大专学历为主的企业占比为65%，两项总占比高达85%，以本科生为主的企业占10%，以研究生学历为主的企业仅占5%。说明高职高专层次毕业生广受市场欢迎，如图4-26所示。

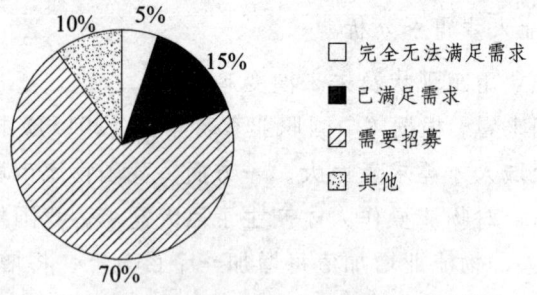

图 4-25 四川省企业人力资源需求状况

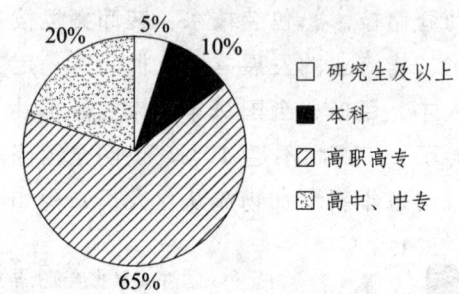

图 4-26 四川省物流企业用工需求学历构成

从成都市范围来看,成都市是西部交通枢纽,已形成较为完善的以铁路、公路、航空为主的交通网络,同时政府加大对物流园区(中心)基础设施建设项目、重大物流建设项目和关键信息平台建设项目的资金扶持,吸引了国内外众多物流企业到成都落户,必将加大对人才的需求。不同业务类型的物流企业,其岗位需求不尽相同。根据市场调查,物流行业的就业企业主要有仓储型企业、运输型企业、货代型企业、电商型企业、生产型企业等,主要就业岗位包括仓储管理人员、质检员、业务专员、运输管理人员、调度员、报关员、外贸业务员、配送员、运营主管、客户关系管理、物流营销人才、国际货运代理人员、发货员、采购专员等,中高职毕业生就业市场广阔。

(二)物流工程专业集群建设的策略

1. 区域内同类职业院校招生情况分析

根据全国职业院校专业设置管理与公共信息服务平台提供的数据显示,2015 年四川省内开办物流专业的高职院校共 43 所,其中地处成都市的高职院校共 21 所,如表 4-35 所示。

表 4-35　四川省开办物流专业的高职院校分布

地区	院校数	地区	院校数	地区	院校数	地区	院校数
成都	21	攀枝花	1	广安	1	眉山	1
绵阳	4	巴中	1	广元	1	南充	1
德阳	3	达州	1	乐山	1	内江	1
泸州	3	遂宁	1	雅安	1	宜宾	1

（来源：全国职业院校专业设置管理与公共信息服务平台）

就成都市区域内开设物流相关专业的 21 所高职院校来看，2015 年物流相关专业共招生 1729 人，平均招生人数约为 83 人，如表 4-36 所示。其中，招生人数超过 100 人的共有 7 所高职院校；招生人数最多的是四川城市职业学院，共 200 人；招生人数最少的是民办四川天一学院，仅为 23 人。根据 2015 年的招生规模测算，成都地区每年为物流产业提供的专业技术技能人才不到 2000 人，难以满足本区域物流产业的发展需求，需要加大人才培养力度。

表 4-36　成都市开办物流专业的高职院校招生规模

学校名称	招生数	学校名称	招生数
四川城市职业学院	200	四川长江职业学院	85
四川工商职业技术学院	50	成都纺织高等专科学校	26
四川航天职业技术学院	110	成都工业学院	50
四川华新现代职业学院	70	成都工业职业技术学院	174
四川交通职业技术学院	150	成都航空职业技术学院	99
四川科技职业学院	100	成都农业科技职业学院	80
四川旅游学院	35	成都师范学院	120
四川商务职业学院	57	成都信息工程学院银杏酒店管理学院	35
四川水利职业技术学院	56	成都职业技术学院	130
四川托普信息技术职业学院	41	民办四川天一学院	23
四川邮电职业技术学院	38	合　计	1729

同时，从开办的专业类别来看，根据全国职业院校专业设置管理与公共信息服务平台提供的数据，成都市，甚至是四川省都没有高职高专院校开设报关与国际货运专业，而全国范围内开办该专业的职业院校共198所；四川省共32所高职高专院校开设了电子商务专业，成都市占15所，且2015年招生规模仅为1432人。由此也可以看出，成都市在物流相关专业技术技能人才的培养规模上还有待进一步扩大。

2．物流工程专业集群建设的基本思路与主要原则

（1）基本思路

基于物流行业的产业特点，即物流业是融合运输、仓储、货代、信息等产业的复合型服务业，在分析物流产业的构成及其与行业紧密结合这一特点的基础上，构建出物流产业链结构模型，并找出物流产业链与物流工程专业集群的对应关系，如图4-27所示。结合学院的人才培养定位、已有办学基础和办学优势，通过调研论证，从物流产业链各相关专业中选择部分专业进行总体规划、分步建设，最终建成物流工程专业集群。

（2）主要原则

一是紧密围绕成都市区域经济发展和物流产业布局建设专业集群，实现专业结构、人才培养目标定位与成都市物流产业结构、产业集群的人才需求特点相适应。

二是结合成都市经济发展重点和趋势，深入物流行业、企业开展专业调研和科学论证，对接物流职业岗位群，明确各专业发展定位与培养目标。

三是立足物流产业构建集群内的专业，各专业在专业背景、课程设置、就业情况等方面联系密切，彼此关联，相互支撑，共同组成专业链，服务于物流产业链的不同环节，推进职业教育的产教融合、物流产业链和教育链的有机融合。

四是把握物流产业发展的未来趋势，充分考虑人才培养的周期，专业布局具有一定的前瞻性，以满足未来物流产业对人才的需求。

（三）物流工程专业集群建设的核心任务

1．专业规划与建设

依据教育部最新的《普通高等学校高等职业教育（专科）专业目录

(2015年)》，结合学院办学定位和基础条件，在已开办的物流管理专业（高职）、电子商务（中职）及相关专业的基础上，逐步开设报关与国际货运、电子商务（跨境电子商务）、铁路物流管理、冷链物流技术与管理4个专业，形成以物流管理专业为专业集群优势专业和龙头专业、报关与国际货运专业为特色专业的物流工程专业集群。同时，在师资、设备、课程建设、教学模式优化等方面重点投入和发展物流管理专业；紧紧围绕成都市打造国际物流枢纽的发展战略建设和发展报关与国际货运专业，培养高端技术技能人才。

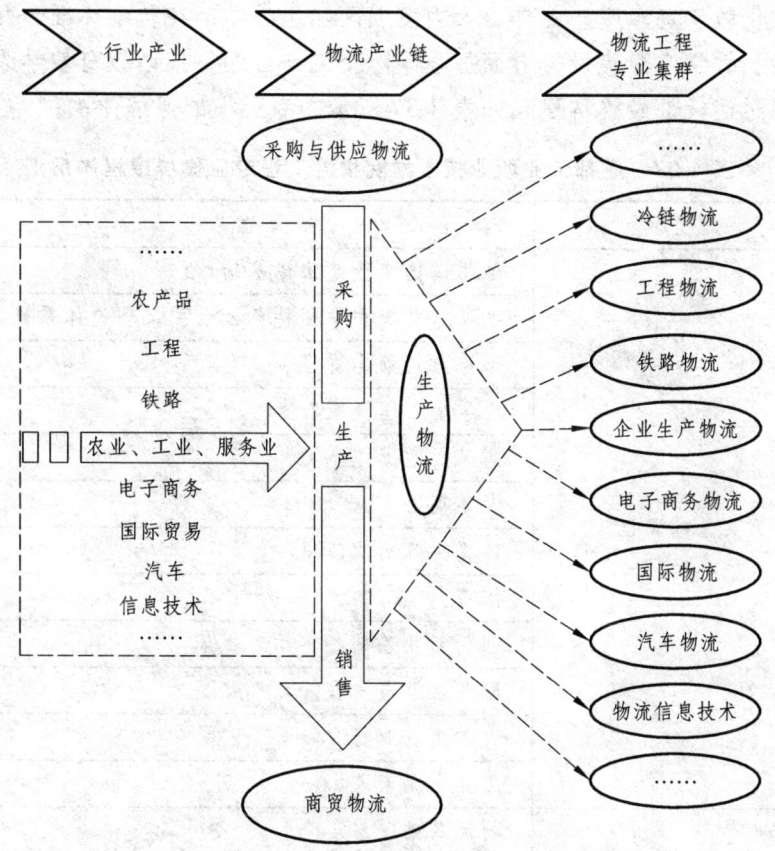

图4-27 物流产业链结构模型及专业集群分析

2．课程建设

聚焦内涵建设，深化课程体系改革，根据企业调研及物流工作过程的调研分析，对接最新职业标准、行业标准和岗位规范，紧贴岗位实际工作过程，围绕学生人文素养和职业精神的形成、专业知识和技术技能的掌握、创业创新能力的培养，调整课程结构，更新课程内容，形成以物流工作任务为导向，以物流工作流程为主线，由"公共基础课程、专业集群基础课程和专业（方向）课程"组成的体现"教、学、做"一体化特色的系列化课程体系。同时，以精品课程建设为抓手，广泛收集课程资源，整理来自行业、企业的相关资料及动态，与专业公司合作，制作专门的精品课程网页，建设1~2门院级精品课程，积极申请省级精品课程，并建立形式多样的数字化教学资源库。此外，大力发展国际化办学，在教学标准开发、课程建设、教学资源建设等方面加强国际交流与合作，推动教育教学改革创新。通过建设，最终构建起如表4-37所示的专业集群课程体系。

表4-37 成都工业职业技术学院物流工程专业集群课程体系

课程类型	课程名称
公共基础课程	思想道德修养与法律基础
	毛泽东思想和中国特色社会主义理论体系概论
	形势与政策（讲座）
	大学生心理健康教育
	高等数学
	大学英语
	计算机基础及应用
	体育
	创新创业基础
	职业生涯与发展规划
	大学生就业指导
	工业文化素养
专业集群基础课程	物流基础
	管理学基础
	物流信息技术应用
	物流设施设备

续表

课程类型		课程名称
专业集群基础课程		经济学基础
		市场营销
		物流地理
		集装箱运输与多式联运
		人因工程
专业（方向）课程	物流管理专业	仓储管理实务
		运输管理实务
		国际物流实务
		配送管理实务
		物流财会基础
		采购与供应管理实务
		物流营销与服务
		物流企业管理实务
		供应链管理
		物流规划
		专业英语
		物流法律法规
		商务谈判
		铁道概论
		铁路货运组织
		电子商务基础与实务
		快递实务
		生产物流管理
		工业工程
		毕业实习
		毕业论文

续表

课程类型		课程名称
专业（方向）课程	报关与国际货运专业	国际贸易基础
		国际物流实务
		商务英语
		外贸单证实务
		报关报检
		国际货运代理
		国际商法
		外贸函电
		供应链管理
		仓储管理实务
		运输管理实务
		外贸运输与保险
		进出口商品编码
		电子商务基础与实务
		国际航空货运代理实务
		毕业实习
		毕业论文
	……	……

该课程体系围绕学生"入业—胜业—创业"能力的形成，分四个阶段来实施：第一阶段，通过思想政治课程、人文素养课程、创新创业课程和基础技术课程的学习，培养学生的人文素养和基本技能，从而初步形成入业能力。第二、三阶段，通过各专业核心课程和不同专业方向课程的学习、岗位综合模拟训练、企业实习实践等，培养并夯实学生的专业核心能力，从而具备胜业能力。第四阶段，通过职业发展与就业指导、创新创业等课

程的学习，创新创业实践活动的开展，企业调研实习，毕业论文撰写等，培养学生的创新创业能力。

3．教学资源建设

结合课程体系建设和校内外实验实训基地，从三个层次打造配套的教学资源：一是素材级资源，完成专业必修课的基本素材收集、整理，包括动画、视频、文本、微课等；二是课程级资源，配合课程素材的收集，完成专业必修课的课程资源建设，包括课程介绍、课程标准等，以及课程配套的电子教案、多媒体课件；三是专业级资源，加强专业建设，利用自身发展，收集并参与各级标准的制定与各类培训，积累相关的专业标准、行业标准、培训资料、资格认证等资源。同时，不断购买和积累专业图书、期刊以及教学与科研必需的中外文数据库，充分满足教学和科研需求。此外，积极跟踪国内外技术发展及产业趋势，重视吸收国内外优质的教育资源，结合我国国情进行本土化的开发，兼具国际化视野和本土化特点，逐步建立国际互认的专业课程乃至教学标准，有计划、有重点地引进或共同开发一批先进的职业教育课程或教材，自主开发本土化教材。

4．实验实训基地建设

专业集群建设中对实训环境的打造势必能更好地对接行业、产业需求。坚持校企合作共建实习实训基地的思路，在现有物流相关专业实验实训设施的基础上，联合高校，引进大型投资集团和龙头企业合作共建，拓展、完善现有专业实训室功能，建成包括物流管理实训中心、跨境贸易与国际物流实训中心、物流工程技术实验实训中心三大功能模块的现代物流工程专业集群综合实训基地。同时，联合成都市综合保税区、成都市铁路口岸、eBay、速卖通、成都市国际商贸城等行业企业建设校外实践基地，将实训实习基地建设成为集生产、教学、实训、科研于一体的协同创新平台。

物流工程专业集群实验实训基地整体架构如表4-38所示。

5．师资建设

采取引进、培养、聘用、进修等多种形式，以个人学历进修提升、教研科研实践等多渠道并重为指导思想，专任教师队伍"内培外引、充实数量、提高质量"，兼职教师队伍"多渠道引进、高标准要求"，最终建设一

表 4-38 成都工业职业技术学院物流工程专业集群实验实训基地整体架构

专业集群	实验实训基地名称	实验实训中心名称	主要实验实训室名称	主要合作企业	主要功能及对应课程	状态	实验实训室面积/m²	设备总值、建设资金/万元	建设目标及建设时间
物流工程专业集群	现代物流专业工程集群综合实训基地	物流管理实验实训中心	现代物流文化中心	北京络捷斯特科技发展有限公司、招商局物流集团成都公司、一汽物流、国际物流	完成专业集群所有专业的基础实训，主要服务于物流类专业人才培养改革。对应课程："物流概论""仓储管理""采购与供应管理""供应链管理""物流信息技术""物流企业运营管理"	已建	1900	350	市级重点实验室，计划2016年申报，2018年建成
			物流文化展示厅			已建	105	76	
			沙盘推演实训室			已建	83	17	
			4D模拟实训室			已建	160	72	
			运输楼模拟实训室			已建	391	60	
			仓储模拟实训室			已建	596	120	
			叉车实训场			已建	210	105	
			物流信息化机房			已建	500	100	
			智能信息化专业教室			在建	120	100	
			ERP沙盘推演实训室			拟建	100	60	
		跨境贸易与国际物流实训中心	国际货代实训室	莱伯乐投资集团、锦海捷亚国际货代有限公司	对接报关与国际货代专业、服务于该专业的人才培养与课程改革。对应课程："国际贸易实务""外贸函电""报关实务""电子商务概论""国际货代实务"等专业课程及实训	已建	120	80	校级实训室，计划2017年建成
			电子商务实训室			已建	100	70	
			报关报检流程实训大厅			拟建	300	100	
			国际贸易实践演练室			拟建	300	150	

续表

专业集群	实验实训基地名称	实验实训中心名称	主要实验实训室名称	主要合作企业	主要功能及对应课程	状态	实验实训面积/m²	设备总值、建设资金/万元	建设目标及时间
物流工程专业集群	现代物流工程专业集群实训基地	冷链物流实训中心	物流技术实训室	北京络捷斯特科技发展有限公司等	对接冷链物流技术与管理专业的人才培养与课程改革。对应课程："冷链物流实务""食品冷链技术管理""冷链物流运营管理"等专业课程及实训课程服务于该专业	已建	110	65	校级实训室，计划2018年建成
			物联网溯源实训室			已建	125	85	
			供应链溯源实训室			在建	150	100	
			冷链物流仓储与配送实训室			在建	200	100	
			冷链物流技术实训室			拟建	100	60	
			冷链运输与配送实训室			拟建	100	70	
		物流技术装备检测中心		西南交通大学交通运输与物流学院	为物流技术装备的检测、运用提供服务	拟建	100	20	2017年建成
		物流大数据研究中心		北京络捷斯特科技发展有限公司	对企业大数据进行采集、分析、咨询决策提供服务	在建	100	20	2016年建成

支创新意识强、教学理念与教学手段新颖、实践能力强、科研水平与社会服务能力强、教育教学综合能力全面的结构合理、素质优良的专、兼职教学团队。

一是引进在物流业相应专业、行业有较大影响力的学科领军人才，培养或从同类重点高校中遴选教学名师，在科研工作和学科建设中发挥引领和支撑作用。

二是通过科研、课题、培训、企业实践、企业和同类院校挂职交流等多途径，着力培养各规划专业的学科（专业）带头人和骨干教师。

三是鼓励教师进行学历提升，要求专业教师必须获得相应职业资格。

四是聘请客座教授、企业专业技术人员为兼职教师，开展教师培训、科研指导、学术讲座，进行实践性教学与指导等工作。

七、建筑工程专业集群建设

成都工业职业技术学院基于本区域内建筑产业发展规划布局和应用型技能人才需求，在四川省人民政府《关于促进建筑业转型升级加快发展的意见》等政策文件的引领下，结合自身办学特色和基础，建设建筑工程专业集群，面向建筑、装饰、安装、市政、路桥、监理、咨询等工程公司及相关企事业单位需要的高素质技能型人才，着力人才培养工作。

（一）建筑产业及其人才需求分析

1. 成都市建筑产业

建筑业是国民经济的重要产业之一，是关系到"居者有其屋"这一民生民计的重点行业。在十八届五中全会公布的"十三五规划建议"中，有包括"户籍人口城镇化率加快提高""推进城乡发展一体化，开辟农村广阔发展空间""拓展基础设施建设空间，实施重大公共设施和基础设施工程"等经济建设主要目标；有"形成人与自然和谐发展现代化建设新格局"的建设理念；有围绕"一带一路"推进基础设施互联互通和国际大通道建设，共同建设国际经济合作走廊"的战略布局。这些论述背后所涉及的基础设施建设、城镇化建设和绿色设施建造，将是我国在"十三五"期间建设行业持续发展的动力和方向。

依据四川省统计局 2014 年发布的统计年鉴数据显示，四川省建筑业全年完成产值 7177.41 亿元，其中成都的建筑业总产值达 3657.07 亿元，占全省建筑业总产值的 51%；全省建筑业企业产值超过 50 亿元的县（市、区）增加到 41 个，超 100 亿元的县（市、区）增加到 17 个，超过 500 亿元的达到 2 个，分别是成都市金牛区和成都市高新区。据成都市统计局发布的数据显示，成都市 2015 年前三季度的房地产开发投资完成 1855.8 亿元，增长 13.8%；天府新区项目投资（天府新区成都片区部分）944.6 亿元，增长 3.4%。调研还显示，成都市正积极推进建筑产业现代化工作，2015 年起从保障房试点全面扩展到一般商品住宅、市政设施、公建配套等多个领域，至 2020 年将实现装配式建筑总面积累计超过 1000 万平方米；成都还将全面推进 BIM 信息化技术应用及现场机械化施工，按照建成全产业链的发展定位，培育一批以 BIM 信息化技术为核心的建筑产业现代化设计集团、规模以上生产企业、施工龙头企业，并形成产业集群。

2. 成都市建筑产业人才需求分析

（1）成都市建筑产业人才需求预测

依据四川省统计局发布的数据，成都地区建筑企业总量及从业人员均超全省建筑企业总量及从业人员的 1/3，按照四川省《关于促进建筑业转型升级加快发展的意见》，建筑业从业人员在 2020 年将达到 600 万人（见图 4-28），每年人力资源缺口巨大。同时，在四川省天府新区建设规划中，成都片区的城镇建设用地规模将达 650 平方千米，以"再造产业成都"为目标，未来的新区建设将需要大量的建筑类人才。

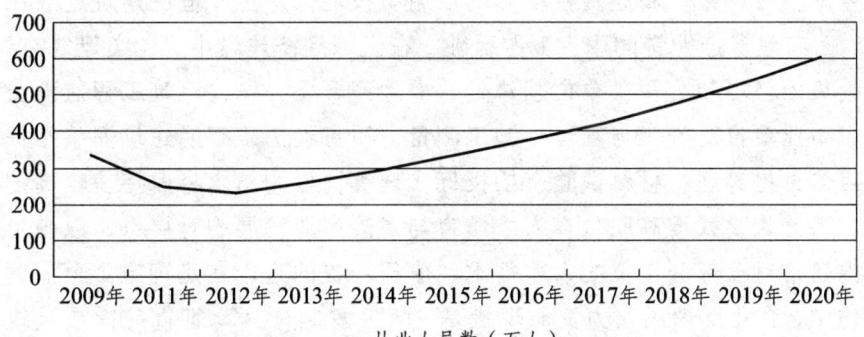

图 4-28 四川省建筑业从业人员需求趋势图

依据中国住宅产业促进中心发布的报告显示,建筑业人力资源已先于中国社会的老龄化,建筑业的老龄化已经出现,这是由于我国人口红利逐步消失,在工业化、城镇化的进程中,新生代农村人口择业观发生变化,减少了建筑业年轻劳动力的供给。而加速推进建筑工业化、技术现代化、施工专业化、产品标准化,改善建筑产品的生产环境,提高生产率和技术含量,培养高素质的技能人才,逐步减少用工总量和施工作业难度是解决"用工荒"问题的大方向。

(2) 成都市建筑产业岗位需求分析

从2015年四川省人社厅发布的人力资源市场前三季度需求报告中显示,前三季度通过人力资源市场登记的土建类高校毕业生的需求人数均列总需求人数的前列,如表4-39所示。

表4-39 四川省2015年建筑业人力资源市场需求情况表

时间	高校毕业生需求人数	土建类岗位需求比例	土建类岗位需求人数
2015年第一季度	12.06万	10.45%	1.26万
2015年第二季度	11.92万	8.72%	1.04万
2015年第三季度	16.09	5.85%	0.94万

(来源:四川省人才交流中心)

依据最新发布的《建筑产业化发展纲要》及四川省人民政府《关于促进建筑业转型升级加快发展的意见》,建筑业转型升级将对现有人才结构的需要做相应调整,高职院校培养的应用型技能人才也应适应建筑产业化需求,面向建筑产业链的中、下游行业。在区域经济建设中,各类建筑公司、建设集团、安装公司、单位基建处、房地产开发公司、建筑工程监理公司等企事业单位对施工与管理、施工测量、质量检测、智能建筑安装维护、项目信息化管理、材料试验、招投标代理等岗位的需求将保持在较高的水平。因此,要找准高职教育人才培育与建筑产业发展的对接点,以满足区域内建设行业部分岗位的人才需求。值得一提的是,在建筑施工企业调研走访中,企业反馈的人力资源现状是"两头多中间少",即高等院校建筑专业毕业的有较高专业理论素质的人才多,施工要求较低的水泥工、钢筋工、木工等一线人员多,而能现场指导施工、参与施工、监督和控制工程质量服务一线的施工技术人员少。可见,建筑企业最受欢迎的是有良好职业精神、懂建筑技术又懂定额概预算、会施工放样又会指导现场施工、懂技术又会经营管理的具有综合素质的技能人才,而这些需求与高职院校的人才培养目标是一致的。

(二) 建筑工程专业集群建设的策略

1. 区域内同类职业院校招生情况分析

经调研,四川省2015年全省招收建筑类专业的高职院校共有72所,但其中成规模、专业群完善的学院并不多,整体呈现出"一枝独秀"的特点,除四川建筑职业技术学院建筑类专业(按部颁专业目录内建筑类专业)共27个、年招生超过3000人外,其他院校中建筑专业数超过6个的不到10所、招生人数超过600的仅有4所。具体如图4-29和表4-40所示。

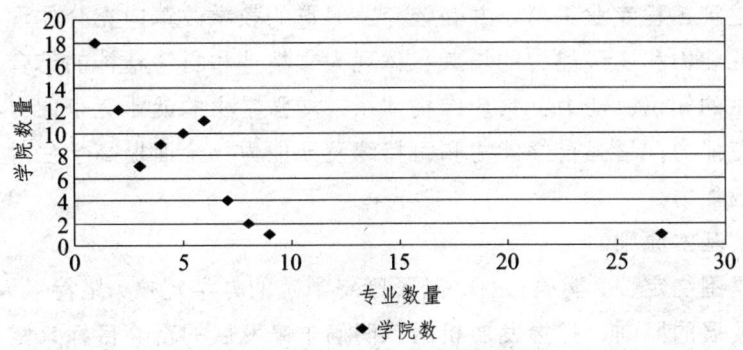

图4-29 四川省高职高专院校建筑类专业设置散点分布图

表4-40 四川省部分院校2015年建筑类专业招生计划表

学校名称	建筑类专业个数	年招生计划人数
四川省建筑职业技术学院	27	3129
四川城市职业学院	9	1760
四川三河职业技术学院	7	966
四川交通职业技术学院	8	800
西南交通大学希望学院	7	623
四川工程职业技术学院	6	585
四川长江职业学院	6	500

续表

学校名称	建筑类专业个数	年招生计划人数
泸州职业技术学院	5	430
成都工业职业技术学院	3	410
成都职业技术学院	5	380
成都航空职业技术学院	6	377
广安职业技术学院	8	298

2．建筑工程专业集群建设的指导思想与基本原则

（1）指导思想

遵循高等职业技术教育和人才市场的规律，紧紧围绕学院"办一流高职、育技能大师"的办学定位，用新时期的人才观、质量观、教学观来指导构建建筑工程专业集群，并在该专业集群的教学改革中充分体现创新能力、创业能力和实践能力的培养，体现人文精神和科学精神的结合，合理构筑学生的知识、能力、素质结构体系，增强学生的就业竞争能力和职业变换适应能力，增强自学能力和可持续发展能力，全面提高学生对经济市场的适应能力。

（2）基本原则

一是围绕定位，明确目标。紧紧围绕学院的办学定位，坚持以人为本、可持续发展的原则，把握发展机遇，明确未来发展的奋斗目标，坚持定性与定量相结合，使目标具有可考核性和可操作性。

二是立足产业，创新发展。结合学校及区域社会经济发展的实际需要，创造发展条件，培育专业特色，制订发展措施。

三是突出重点，协调发展。既要坚持"有所为、有所不为"，合理配置资源，优先发展重点龙头专业，又要注重相关专业建设，以点带群，以群撑点，适时调整，促进又好又快协调发展。

（三）建筑工程专业集群建设的核心任务

1．专业规划与建设

建筑工程产业链以面向建筑工程全生命周期服务为主线，包括规划设计、施工生产、运行维护三个阶段，涵盖设计、施工、监理、安装、生产、

验收、维护、运营等相关业务。在国家大力推行建筑产业化的背景下，标准化、模式化施工将成为主流，与其相适应的产业链中、下游人才需求也会随着相关企业的转型升级而增加，因此学院结合自身办学实际，面向建筑工程产业链中、下游构建建筑工程专业集群。具体做法是，组建由行业协会、企业专家、教师代表参加的专业群建设专家指导委员会，每个专业寻找核心合作企业，专业设置与调整、教学计划制订、师资队伍建设、实习实训、学生就业等均由专家指导、校企合作。在专业集群内发展建筑工程技术专业、建筑智能化工程技术专业、建筑装饰工程技术专业、建设市政工程技术与工程造价专业、建设项目信息化管理专业、工程测量技术专业，并以建筑工程技术专业为龙头专业带动其他专业的建设与发展，对接建筑工程产业链中、下游产业，大力培养高素质的建筑工程类技术技能型人才，带动成都市建筑工程类专业建设，为省、市建筑行业提供高素质人才支撑。

2．课程建设

坚持课程建设与建筑产业深度对接、课程内容与职业标准和岗位要求对接，并将理论知识学习、实践能力培养、综合素质塑造三者紧密结合起来，专业集群内各专业以岗位职业要求为主要依据，按照由简单到综合、由易到难、分级别开发的原则构建体现工学结合特色的课程体系（见表4-41)，通过课程群的底层共享，中层分立，高层互选，凸显专业群的适应性，发挥专业群的集群优势。同时，对专业集群的课程内涵进行分析，制订专业集群课程体系改革实施方案，修订完善课程目标、课程标准、课程内容等，以保证专业集群的基本规格和全面发展的共性要求与不同专业（方向）人才特色培养间相互协调。

表 4-41 成都工业职业技术学院建筑工程专业集群课程体系

课程类型	课程名称
公共基础课程	思想道德修养与法律基础
	毛泽东思想和中国特色社会主义理论体系概论
	形势与政策
	体育与健康
	职业生涯与发展规划

续表

课程类型		课程名称
公共基础课程		大学生就业指导
		大学生心理健康教育
		创新创业基础
		军事理论与军事训练
		大学英语
		国学
		建筑应用文
		高等数学
		概率与统计
专业集群基础课程		建筑制图
		建筑 AutoCAD
专业（方向）课程	建筑工程技术专业	房屋建筑学
		建筑材料
		建筑工程施工测量
		建筑力学与结构
		地基与基础工程施工
		主体结构工程施工
		屋面工程与装饰装修工程施工
		钢结构工程施工
		建筑工程施工组织与管理
		建筑工程计量与计价
		工程招投标与合同管理
		建设工程监理概论
		物业管理概论
		建设工程资料管理
		高层建筑施工
		建筑法规
		绿色建筑工程施工

续表

课程类型		课程名称
专业（方向）课程	建筑工程技术专业	建筑抗震基础知识
		BIM 基础
		建筑设备与识图
	建筑装饰工程技术专业	美术
		构成
		建筑装饰材料
		建筑装饰设备
		室内设计
		室内软装饰设计
		建筑装饰构造与施工
		效果图电脑制作
		建筑装饰施工测量放线
		建筑装饰工程施工组织
		装饰工程计量与计价
		工程项目管理
		建设法规
		工程招投标与合同管理
		建筑装饰工程安全管理
		建筑装饰工程资料管理
		建筑史与设计作品欣赏
		建筑绘画
		建筑与景观设计
		设计思维创意
	……	……

该课程体系依据培养目标及教育教学规律，将人才培养分为基本能力培养阶段、综合能力培养阶段和顶岗实习阶段三个阶段。其中，第一个阶段以基本能力培养为目标，用四个学期完成基础理论和实践教学，采用传

统课堂教学与理论实践一体化教学相结合的培养方式；第二个阶段以培养综合实务能力为目标，在校内用一个学期的时间，通过具体工程项目综合实训与实务模拟，使学生了解项目运作整个过程，提高他们对知识的应用能力；第三个阶段是顶岗实训，通过在实际岗位工作一个学期，让学生熟悉工作环境，进一步提高其知识应用的能力和解决问题的能力。

3．教材建设

为达成专业集群的人才培养目标，以深化课程体系和教学内容改革为重点，着力培养学生的创新能力和实践能力，通过加强组织领导与团队协作，建设一批既能反映建筑行业先进技术水平又符合学院人才培养目标的适用性强、质量高的教材。一是鼓励教师积极参与规划教材编写，编制适用的实训手册。二是结合教学方法与手段改革，推进数字化资源建设，在已完成的建筑工程施工方面的12门数字化资源的基础上，拓展数字化资源与网络课程开发，逐步完成集群内通用的专业基础课的数字化资源建设。三是专业集群内各专业在教材选用中加强管理，规范选用程序，大力推荐使用教育部规划教材及各级优秀教材，并依据行业发展，加强教材更新，缩短使用周期。

4．实验实训基地建设

建筑工程专业集群建设目标是依据专业集群教学要求，建设成具有相对稳定的专业实践教学环境，具有一定先进性的配套基础设施，在规范性管理模式运行下，理论教学和技术发展能同步结合，在区域范围内教育效益、经济效益和社会效益明显的实训基地。通过与专业集群同步建设，把实训基地建设成为高职教育培养应用型人才的教学基地，通过认识实训、专项实训、综合实训等方式培养学生的技能训练，使其具备适应岗位所需的能力；把实训基地建设成为"教、学、研、培一体"的多功能基地，通过与企业协作，把行业新技术、新材料、新工艺反馈到实训基地，同时发挥基地内设施设备的功能，开拓为社会提供技能鉴定、技能等级考核、材料检验检测、劳务培训、课题研究、产品开发等社会服务功能。

依据专业规划、企业调研及实训基地现状，建筑工程专业集群拟对现有的实验实训基地进行功能调整，优化建筑信息技术实训中心和建筑设备实训中心，与奥的斯电梯管理公司合作，增设"OTIS电梯培训中心"，建成"智能化建筑实训心";通过功能调整,工种实训车间、绿色建筑技术实训车间、建筑装饰工程综合实训车间、建筑安装工程综合实训车间、施工现场真实情景体验实训中心整合为"工业化建筑实训中心";优化、整合各建材实验室,建成"建筑工程质量检测中心",以满足建筑产业化专门人才的技能培养。

建筑工程专业集群实验实训基地整体架构具体如表4-42所示。

5. 师资建设

根据专业集群发展需要,通过企业锻炼、校外引进、行业企业聘请、国内外培训、承担应用技术研发课题等途径,建成一支教育理念先进、专业知识扎实、教学水平高、实践教学能力强、具备施工企业工作经历、课程开发和教学设计与实施能力强、结构合理、专兼职结合的专业师资队伍。

一是专业带头人引进和培养。根据学校专业带头人培养与管理制度,从成都建工集团等企业聘请企业技术专家作为专业带头人,同时,对校内的专业带头人进行专门培养,通过企业锻炼、国内外培训、承担应用技术课题等途径,使其迅速成长。将专业带头人培养成既能把握专业建设与改革发展方向,保持专业建设的领先水平,又能把握行业和职业发展方向;既有高水平课程开发和教学能力,又有较强实践能力的国内同类院校知名专家。

二是骨干教师培养。通过送培、主持或参与应用技术课题等途径,培养骨干教师。使其既具有实际工作经历,又具有较强高职教育课程开发和教学设计能力,还具有一定技术创新与应用能力,且实践教学能力强。一是建立职业教育理论培训制度。现有专任教师是在学科化教育体制下成长起来的,比较缺乏职业教育的新理念和能力,难以实施好职业教育基于工作工程的教学工作。通过定期举办职业教育理论培训,提高专任教师基于工作过程的教学设计与实施能力,使之迅速成为合格的职业院校专任教师。在建设期间选派教师到国内职教先进院校学习职业教育经验,掌握最新职业教育理论,提高课程开发和教学水平。二是建立企业实践锻炼制度。每年轮流选派专任教师脱产到建筑企业进行实践锻炼,鼓励其余专任教师半脱产到建筑企业实践锻炼,3~5年内使得该专业90%的专任教师具备企业工作经历。

表 4-42 成都工业职业技术学院建筑工程专业集群实验实训基地整体架构

专业集群	实验实训基地名称	实验实训中心名称	主要实验实训室名称	主要合作企业	主要功能及对应课程	状态	实验实训室面积/m²	设备总值、建设资金/万元	建设目标及建设时间
建筑工程专业集群	建筑工程专业集群综合实训基地	智能化建筑实训中心	OTIS电梯培训中心	奥的斯电梯管理（上海）有限公司	能与合作企业开展电梯维修方向订单培养教学及培训。主要适用于建筑工程技术专业（电梯扶向）智能化工程课程实训	拟建	1000	200	市级2016年建成投入使用
			建筑信息技术实训中心	广联达软件股份有限公司	能进行BIM应用实训、建筑施工仿真实训。主要适用于建筑类各专业的AutoCAD、信息化管理、计量与计价、工程项目管理、招投标等课程实训	已建	900	450	市级计划2017年建成
			建筑设备实训中心	成都市勘察测绘研究院	主要适用于各建筑类专业的实验实训设备、建筑测量等课程	已建	1020	275	市级计划2018年建成
		工业化建筑实训中心	工种实训车间	中国核工业第五建设有限公司、成都工建第一建筑工程公司	主要适用于建筑工程技术专业、建筑工程技术专业、建筑装饰工程技术等建筑类专业进行各工种岗位证书的培训	拟建	1800	400	市级计划2019年建成
			绿色建筑技术实训车间	成都建工工业化公司	主要适用于建筑工程技术专业、建筑工程技术专业、建筑装饰工程技术等建筑类专业；能进行建筑绿色施工、建筑物理等课程的实验实训	拟建	500	300	市级计划2019年建成

续表

专业集群	实验实训基地名称	实验实训中心名称	主要实验实训室名称	主要合作企业	主要功能及对应课程	状态	实验实训室面积/m²	设备总值、建设资金/万元	建设目标及时间
建筑工程专业集群	建筑工程专业集群综合实训基地	工业化建筑实训中心	建筑装饰工程综合实训车间	成都建筑装饰协会	主要面向建筑工程技术专业、建筑装饰施工、建筑装饰设计等课程实训	拟建	600	300	市级计划2019年建成
			建筑安装工程综合实训车间	四川省建筑业协会	主要适用于建筑工程技术等专业、建筑设备安装、建筑工程施工等课程实训	拟建	600	300	市级计划2019年建成
			施工现场真实情景体验实训中心	成都市建工集团	主要适用于建筑类各专业、能完成智能化建筑设计、建筑识图、建筑构造、建筑工程安全等课程的实训教学	拟建	1500	700	市级计划2019年建成
		建筑工程质量检测中心	力学实验室、土工实验室、水泥实验室、砂浆实验室、防水实验室	成都市建工科学研究院	能进行建材实验和检测实训，能面向社会承担质量检测业务，可完成建筑材料与检测课程的实训	已建	1100	146	市级计划2018年建成
			建材标准养护室、建材检测分析室			拟建	200	30	市级计划2018年建成

三是"双师"素质专任教师队伍建设。严把专任教师队伍进口关。建立健全专任教师队伍的管理、培养、考核、评估制度和骨干教师的选拔培养制度,形成激励机制。采用培训、培养和自主学习的方式,提升专任教师的教学水平、综合职业素养、应用技术开发服务能力和创新能力,使"双师"素质教师比例逐年递增,在3年内达到80%以上。

四是兼职教师队伍建设。建立健全"校企互动"的"双师"结构师资队伍培养模式和兼职教师动态管理体制,按照学院的兼职教师管理办法,与四川省建筑业协会和各大建筑企业紧密合作,从生产一线聘请既有实践经验又能胜任教学任务的兼职教师和培训师傅,其中包括四川省知名的建筑技术专家和能工巧匠,逐步建成兼职教师库。对兼职教师定期进行高职教育理论培训,提高兼职教师的教学能力,能承担本专业主要实践技能课程的教学任务,能参与专业建设、课程建设,尤其是引领工学结合课程开发,使本专业的师资队伍成为真正"双师"结构的教学团队。

八、财经管理专业集群建设

成都工业职业技术学院基于本区域内金融产业发展规划布局及其应用型技能人才需求,在四川省"十三五"规划中提出的培育"现代金融"新兴先导型服务业、《成都市现代金融业发展工作推进方案》等政策的指导下,结合自身办学特色和基础,以会计服务与金融服务产业链为引领,按照"专业基础相通、技术领域相近、职业岗位相关、教学资源共享"的基本要求,建设财经管理专业集群,培养面向"现代金融"新兴先导型服务业及社会管理领域的服务四川(成都)经济发展的财会、金融类技术技能型人才。

(一)财经产业及其人才需求分析

1. 成都市金融产业

随着成都市打造西部经济核心增长极的有力推进,金融产业(主要为会计产业和金融保险业)持续快速发展。2014年,成都金融中心综合竞争力排名中西部第一、全国第八,全市辖内金融机构人民币存贷款余额、全市证券交易额、保费收入和境内外上市公司数量均名列中西部第一,为进一步加快发展奠定了良好基础。《成都市国民经济和社会发展第十三个五年规划纲要》中指出,加快建设西部金融机构集聚中心、金融创新和市场交易中心、金融服务中心,重点打造"资本市场、财富管理、离岸中心、创投融资、新型金融"五大核心竞争力,完善区域金融体系。建设多层次资本市场,积极争取国际国内金融机构进驻成都,打造影响全国、面向世界的区域性国际资本市场。加强财富管理组织、市场、服务和监管等体系建设,加快形成面向中西部的财富管理基地。积极扩大离岸存款、贷款和贸易结算等各类离岸金融业务,培育发展中国西部离岸金融中心。支持西部股权投资基金基地建设,打造中国西部创投融资中心,在全国创新创业要素交易体系中提升成都战略支点地位。大力发展面向互联网的金融创新业态,支持民间资本依法设立各类金融机构,积极发展普惠金融,规范民间融资,引进金融后台、服务外包等金融配套产业,构建全国新型金融先行区。

(1) 会计产业。随着"互联网+"及中国经济转型发展,以会计师事务所为主体,代理记账、咨询、培训、会计外包等公司和会计信息系统平台提供商组成的会计服务产业链已经基本形成,如图 4-30 所示。

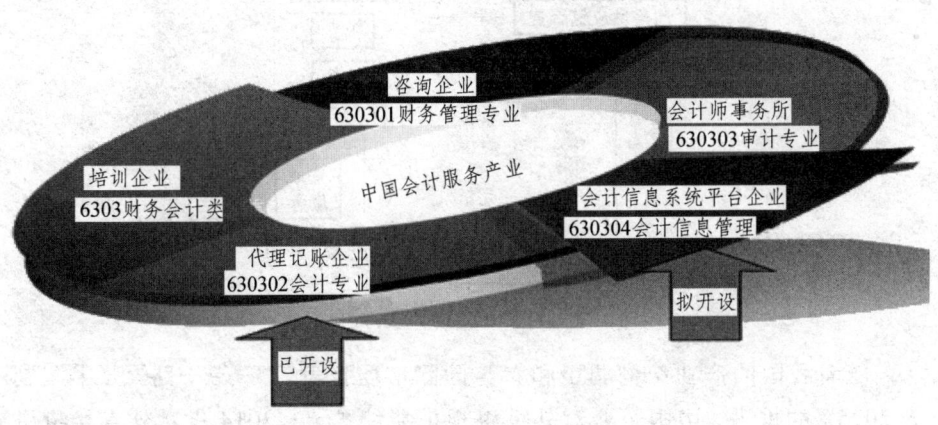

图 4-30 会计服务产业链

根据 2015 年度四川省人力资源市场供求情况分析,全省人才需求九成以上集中在二、三产业,而第三产业需求增速较快。二、三产业正是毕业生就业的主要去向,这为会计、会计信息管理专业毕业生提供了广阔的就业舞台,如图 4-31 所示。

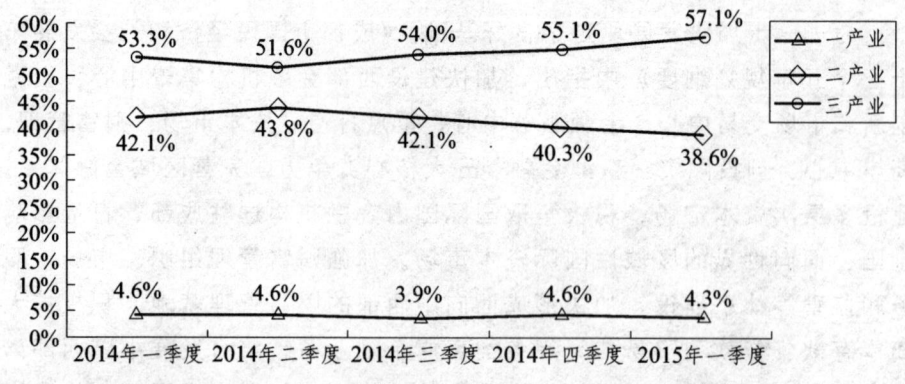

图 4-31 2014年以来第一、二、三产业需求比重情况变化

(2) 金融保险产业。我国金融业已形成了由银行、保险、证券、互联网金融企业等主体构成的,为客户提供资金融通、投资管理、风险管理、信用中介等服务的现代金融服务产业链,如图 4-32 所示。

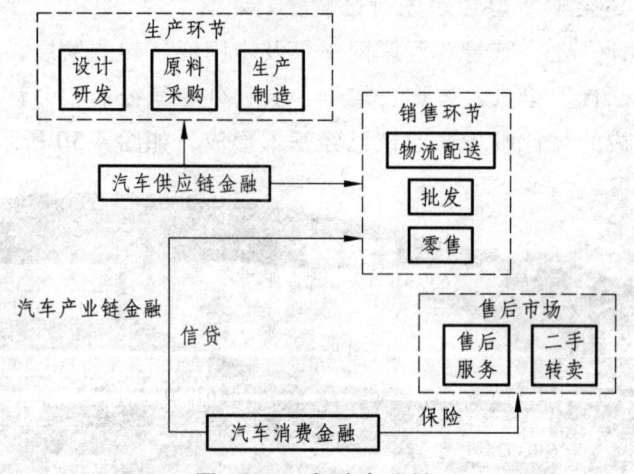

图 4-32 金融产业链

随着我国的产业结构调整和参与国际市场竞争,"一带一路"、《中国制造 2025》的推进,中国企业对外投资规模持续扩大,2014 年对外直接投资超过 1400 亿美元,未来十年预计达到 1.25 万亿美元至 2 万亿美元。由于很多中国企业对海外投资过程中的各种风险缺乏了解,缺乏风险管控的意识和手段,遭受了不同程度的经济损失,这表明金融保险专业人才的缺乏,势必催生我国金融保险行业专业人才培养的快速增长。据中国就业研究所公布的数据,金融保险是我国就业形式较好的十大行业之一。

2．成都市财经产业人才需求分析

（1）成都财经产业人才需求预测

根据麦可思-中国 2013 届大学毕业生社会需求调查显示，在招聘数量居前 10 位的专业中，财务会计类处于第二位（见表 4-43）。另据应届生毕业考试网调查显示，2015 年十大最好就业前景专业排行榜中经济类（含财会、金融类专业）专业需求热度不减，位列第十。

表 4-43 2013 届大学毕业生社会需求情况

高职高专专业名称	就业率/%
学前教育	97.5
会计	93.7
机械制造与自动化	93.7
石油化工生产技术	93.6
营销与策划	93.6
电气自动化技术	93.2
机电一体化技术	93.1
汽车检测与维修技术	92.9
汽车运用技术	92.8
道路桥梁工程技术	92.7

① 会计人才需求分析。根据《会计行业中长期人才发展规划（2010—2020）》，到 2020 年，我国各类别高、中、初级会计人才比例达到 10：40：50，到 2020 年应新增会计人员数 400 万，其中 360 万应具有大专以上学历。当今信息时代，财务信息管理已是企业信息化管理的重点和核心。随着电子发票、会计电子档案的推出与应用，会计职业领域已从传统的记账、算账、报账为主，向网络化、信息化管理方向发展，其职能拓展到会计信息化管理、投融资决策、财务价值管理、公司战略规划、公司治理以及财务管理的移动办公、远程控制等信息管理领域，这急需既懂财务、信息系统又懂管理的复合型人才，即主要需求大专及以上的学历。从学历来看，四川省会计注册人数为 100 万，其中成都市注册 16 万人，但大专及以上学历的不足 50%。另据四川信用网的统计资料显示，截止到 2014 年 12

月31日，四川省共有各类企业单位1 691 304家，需要的财会人员至少为300万人。四川省具有会计从业资格的人员仅100万人。成都市中小企业有103万家，随着"双创"的开展，中小企业特别是小微企业呈现大量增长，按新增企业比例11%计算，每年需净增3万人左右的财会人员。

② 金融保险人才需求分析。成都金融城建设，金融人才需求增大。成都市政府颁布《成都市现代金融业发展工作推进方案》，提出将成都建成"西部金融机构集聚中心、金融创新和市场交易中心、金融服务中心"，成为西部地区金融机构实力最强的城市。成都大量的中小企业担保公司、小额贷款公司、融资租赁公司、私募基金公司、企业内金融、"互联网+""金融+"企业呈井喷式增长，金融人才需求呈现不断上升趋势。保险强国的国家战略部署使得保险业驶入发展的快车道，"新国十条"明确提出我国要从"保险大国向保险强国转变"，2020年，全国保险深度（保费收入/国内生产总值）将达到5%（四川3.7%），保险密度（保费收入/总人口）将达到3500元/人（四川1300元/人），保险经纪市场份额（2014年）为7.3%（国际为60%以上），可见四川省的保险行业仍然有巨大的发展空间。截至2015年9月，成都共有保险公司（分公司）80余家，包括中国人寿、中国平安、太平洋保险等。成都市已成为中西部地区金融机构种类最齐全、数量最多的城市；我国保险中介市场占比将增长至60%以上，保费空间在3万亿元以上。仅以江泰保险经纪公司一家企业未来的发展规划来看，在未来五年内，公司人才需求约为200万人（江泰公司与国际保险业巨头强强联合，陆续成立再保险经纪公司、精算服务公司、江泰财富管理公司，建立了"江泰国际合作联盟""江泰国内共享联盟""江泰全球救援联盟"，未来还将成立江泰保险服务公司，开设线上10万家、线下100万家"店铺"，仅此项目，预计未来就需要300万~500万员工）。

（2）成都财经产业岗位需求分析

从用人单位的分布来看，目前财经专业人才需求主要集中在有限责任公司、私营企业和个体工商企业等中小企业，中小企业正是高等职业院校会计专业毕业生就业的主要企业类型，如图4-33所示。

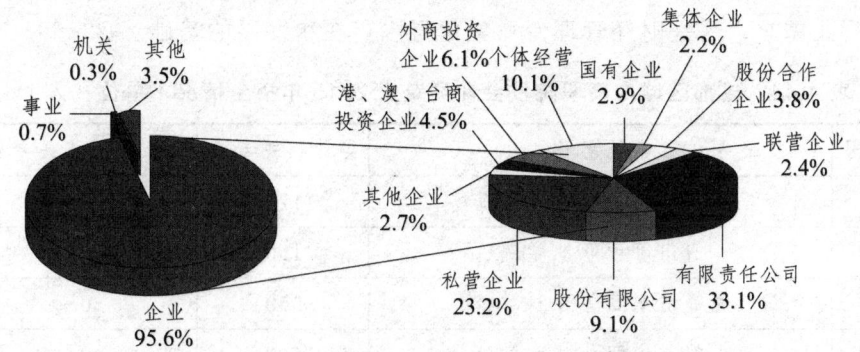

图 4-33 按用人单位性质分组的财经专业人才需求人数

经过调研成都市财政局、成都市经信委、中小企业局及行业协会和市场抽样调查,成都市中小企业及金融保险业对财经专业人才的岗位需求如下:

① 会计专业岗位需求。会计作为一项管理活动,不仅从事会计岗位,也可从事其他各管理岗位,尤其是综合管理岗位。会计的初始岗位:出纳岗位、会计岗位、会计信息管理岗位、财务管理岗位、审计岗位;发展岗位:会计主管岗位、财务经理岗位、会计信息管理岗位;拓展岗位:资金管理岗位、投资理财岗位、财务管理咨询岗位、审计或评估助理岗位、会计或税务鉴证岗位。

② 金融保险岗位需求。银行岗位:大堂经理岗,客户经理岗,信用卡推广员岗,综合柜员岗,银行会计部门出纳、会计等岗位;保险企业岗位:保险公司营销员岗,保险客户服务岗、核保业务岗、理赔业务岗、理财咨询服务岗、业务主管岗,保险组训讲师岗、保险代理人、保险经纪人、风险咨询服务岗等岗位;其他金融企业岗位:投资理财顾问岗,证券业务客户经理岗、资金管理岗,资产评估岗,资产管理岗,财务分析岗,现金出纳岗;拓展岗位:大型企业集团项目建设的保险管理、风险管理、精算、市场战略、高级经营管理等岗位。

(二)财经管理专业集群建设的策略

1. 区域内同类职业院校招生情况分析

笔者梳理了成都区域内高职院校会计类、金融保险类相关专业在2015年的招生情况,具体如表4-44所示。根据统计数据可知,高等职业院校财经商贸类专业的毕业生有着良好的就业前景,而且毕业生的数量远不能满足行业需求，这是财经管理专业集群得以存在和发展的基础。

表 4-44　成都区域内高职院校会计类专业 2015 年招生情况（单位：人）

序号	学校名称	会计相关专业	金融保险相关专业
1	四川水利职业技术学院	120	0
2	四川管理职业学院	150	50
3	成都纺织高等专科学校	350	0
4	成都航空职业技术学院	500	0
5	四川商务职业学院	300	100
6	四川工商职业技术学院	750	0
7	四川交通职业技术学院	569	0
8	成都职业技术学院	1000	200
9	成都艺术职业学院	120	0
10	四川文化产业职业学院	200	0
11	民办四川天一学院	1000	120
12	成都农业科技职业学院	453	0
13	四川财经职业学院	510	225
14	成都工业职业技术学院	230	0
15	四川邮电职业技术学院	170	0
16	四川托普信息技术职业学院	700	45
17	四川现代职业学院	610	90
18	四川文化传媒职业学院	60	0
19	四川科技职业学院	492	0
20	四川华新现代职业学院	350	130
21	四川城市职业学院	400	200
22	四川国际标榜职业学院	1060	50
23	四川文轩职业学院	780	130
24	成都技师学院（四川工贸职业技术学院）	240	0

2. 财经管理专业集群建设的原则与思路

(1) 基本思路

基于金融行业的产业特点，在分析金融产业构成及其与行业紧密结合这一特点的基础上，构建出金融产业链结构模型，明确区域重点发展的会计行业和金融保险行业，并找出金融产业链与财经管理专业集群的对应关系。结合学院的人才培养定位、已有办学基础和办学优势，通过调研论证，从与会计服务、金融服务产业链相关的各专业中选择部分专业进行总体规划、分步建设，最终建成财经管理专业集群。

(2) 主要原则

一是紧密围绕成都市区域经济发展和金融产业布局建设专业集群，实现专业结构、人才培养目标定位与区域金融产业结构、产业集群的人才需求特点相适应。

二是结合区域经济发展重点和趋势，深入金融行业、企业开展专业调研和科学论证，对接金融职业岗位群，明确各专业发展定位与培养目标。

三是立足金融产业构建集群内的专业，各专业在专业背景、课程设置、就业情况等方面联系密切，彼此关联，相互支撑，共同组成专业链，服务于金融产业链的不同环节，推进职业教育的产教融合、金融产业链和教育链的有机融合。

四是把握金融产业发展的未来趋势，充分考虑人才培养的周期，专业布局具有一定的前瞻性，以满足未来产业对人才的需求。

(三) 财经管理专业集群建设的核心任务

1. 专业规划与建设

结合区域经济发展规划和学院办学基础条件，以产业链为引领，与成都市财政部门、保监局、会计师事务所、中小企业服务中心、江泰保险经纪公司等政府部门和企业深入合作，成立包括行业专家、企业会计专家和校内"双师型"教师在内的专业建设指导委员会，指导专业建设与改革，监察、督询各专业教育教学工作。在财经管理专业集群内进一步发展会计专业，逐步建设保险专业、会计信息管理专业和互联网金融专业，并重点发展会计信息管理专业、特色发展保险专业专业，最终建成一个既适应地方经济发展需要又具有服务地方经济社会能力、可持续发展能力的财会金融类专业集群。

2．课程建设

以"政、行、企、校合作"和工学结合为出发点和落脚点，通过学校和企业的双向互动和长期合作，充分利用学校和企业两种教育环境和教育资源，从分析岗位所需的知识、技能和工作态度入手，把财会金融类企业的实际生产、管理、经营、服务工作活动作为课程核心，特别是建设完善与岗位职业能力相适应的实践教学课程，基于工作过程系统化开发构建职业基础课、职业能力支撑课、职业核心能力课、职业拓展课程等学习领域，并将人文素养和职业素质教育嵌入人才培养方案，建立旨在培养学生人文素养、专业技能、创新能力和职业精神的课程体系，促进职业技能培养与职业精神养成相融合。财经管理专业集群的课程体系如表 4-45 所示。

表 4-45　成都工业职业技术学院财经管理专业集群课程体系

课程类型	课程名称
公共基础课程	体　育
	大学生职业发展与就业指导
	计算机基础
	经济学
	应用文写作
	国　学
	创新与创业教育
	思想道德与法律基础
	数　学
	英　语
	军事理论
专业集群基础课程	经济学基础
	统计基础
	经济法基础
	管理学基础
	会计基础

续表

课程类型		课程名称
专业（方向）课程	会计	会计基础
		财经法规与会计职业道德
		财务会计与实务
		会计信息系统
		税费计算与申报
		成本核算与分析
		财务成本管理
		会计综合实训
		会计分岗实训
		财务报告编制与分析
	保险	保险基础
		金融基础
		财产保险实务
		人身保险实务
		保险销售实务
		保险采购实务
		保险职业礼仪与训练
		保险客户服务与管理
		风险识别与管理
		保险业务综合实训
	……	……

3．教学资源建设

一是围绕专业建设的两条核心主线——校企合作"双主体"协同育人和混合式教学方式改革，充分利用现代信息化教学技术，依托深度校企合作的基础上，开展教材建设与开发工作。充分利用会计文化体验馆的实践教学，运用校企合作开发《会计文化》校本会计专业基础通识教材；与北京络捷斯特科技发展股份有限公司进行校企深度合作，联合开发一门线上线下的会计专业立体化教材；校企合作研发编撰CAMT《出纳》手工实训（线上线下）立体教材，并力争在省内外推广使用；组织财经集团骨干教师研发、编撰中职CAMT《财务会计》手工实训（线上线下）立体教材，并力争在省内外推广使用；依托"江泰项目"，校企合作编写（修订）一门金融保险专业江泰核心课程实训教材（手册）。

二是以专业为单位建立专业教学资源库，利用数字化网络为专业教学提供各类学习资源，包括课程标准、电子教材、教学课件、典型案例、行业政策法规资料、职业考证信息等。同时，及时融入行业、企业发展的新制度、新法规、新业务、新产品、新做法，结合专业发展的新趋势、人才市场需求的新变化、企事业用人单位的新特点及时进行教学资源与教学素材的调整、补充、更新，以满足市场化财会金融类专业人才的特定需求。

4．实验实训基地建设

对接职业岗位标准，校企合作共建多个功能相异的实验实训室，整合形成包括财金实训中心、VBSE实验中心、会计服务中心和金融保险服务中心等在内的科学化、规范化、精细化实验实训中心，并不断完善。同时，结合学院工科特色，重在创新，从培养工科学生的创新意识、创新思维及商科知识和培训企业员工管理、财务管理及风险管理等知识入手，建成跨专业综合实训室；结合学院"产业园＋特色分院"实训基地建设思路，在科技园、工业园创设会计服务、金融保险服务校外实训中心。财经管理专业集群的实验实训基地具有教学设计多维度、教学任务全仿真、多种教学模式相融合、多层次测评系统、实时了解教学进度等属性，不仅能够满足学院学生的实验实训需求，还可以组织"企业员工培训""农村劳动力转移培训""再就业培训"等多种形式的社会职业技术培训，承接会计考试工作，主办会计技能大赛，参与全国数字化资源共建共享建设、CAMT高职课程改革等项目，以及为省内中高职学校会计等专业师资培训提供场所。

财经管理专业集群的实验实训基地整体架构如表4-46所示。

5．师资建设

通过不同层次和类别的专兼职教师聘用、培养培训，建成一支国家级标准的高职（高专）优秀教学团队。一是采用"培训进修""学术科研""下

表 4-46 成都工业职业技术学院财经管理专业集群实验实训基地整体架构

专业集群	实验实训基地名称	实验实训中心名称	主要实验实训室名称	主要合作企业	主要功能及对应课程	状态	实验实训室面积/m²	设备总值、建设资金/万元	建设目标及建设时间
财经管理专业集群	工管创业人才孵化基地	财金实训中心	财金基本技能实训室、会计分岗实训室、会计综合实训室	新道、网中思、福思特、北京掌柜、会伴学	财金基本技能实训室主要功能：主要用于满足会计信息管理、金融、保险专业学生点钞、翻打传票五笔录入等财金基本技能实训的要求，达到行业人才需求标准。对应课程："会计技能""计算机基础"。会计分岗实训室主要功能：分别完成存货核算岗位、职工薪酬核算岗位、固定资产核算岗位等模拟实训。对应课程："财务主管""出纳实务"。会计综合实训室主要功能：搭建一个真实企业平台，用来仿真企业环境、仿真企业流程、模拟职能岗位"纳税实务""财务会计""成本会计"等	拟建	2820	468	建设重点：校级建设实训室。建设进度：2016年建设完成财金基本技能实训室1、2、会计分岗实训室1、2、3、4、会计综合实训室1、2；2017年建设完成会计综合实训室3
			会计信息化实训室、会计信息管理实训室	畅捷通、北京掌柜、金伴学	会计信息化实训室主要功能：(1)能够完成生产管理、应收应付、存货核算、账务处理、销售管理、工资管理和商品流通企业的采购管理、销售管理、固定资产、出纳管理等实训项目。(2)能够完成会计电算化测试及成绩处理等工作任务。(3)能够完成报表与分析、出纳会计证书考试任务，满足互联网时代下的会计专业化需求。对应课程："会计信息化""网络会计""MIS"	拟建	1360	280.84	建设重点：校级建设实训室。建设进度：2016年建设完成会计信息实训室1、2，2017年建设完成会计信息实训室3、4

续表

专业群	实验实训基地名称	实训实验中心名称	主要实验实训室名称	主要合作企业	主要功能及对应课程	状态	实验实训室面积/m²	设备总值、建设资金/万元	建设目标及建设时间
财经管理专业集群	工管结合创业人才育成基地	财金实训中心	保险业务实训室、新商科经纪实训室、投资理财实训室	江泰保险	保险业务实训室主要功能：主要用于满足金融服务业、财产保险业、人身保险相关专业学生保险教学实训，掌握保险业务流程，以及人身保险、财产保险业务理赔等技巧。对应课程："保险基础""人身保险实务""财产保险实务"。保险经纪业务实训室主要功能：通过仿真软件，模拟保险经纪公司业务流程并进行实训操作。对应课程："风险识别""保险经营管理""保险产品解读实务"。投资理财实训室主要功能：让学生接触包括单品种金融商品投资、组合投资、证券投资实务"个人理财"等。	拟建	1360	113	建设目标：校级重点实训室建设进度：2016年建设完成保险业务实训室；2017年续建完成保险经纪公司业务实训室，形成保险实训室；2018年建设完成投资理财实训室，续建并完成保险业务实训室
		VBSE实训中心	会计、金融文化体验中心、新商科ERP沙盘运营中心、企业ERP认知沙盘跨专业综合实训中心	新道、网中网、福思特ERP公司、北京伴学	会计、金融文化体验中心功能：传承会计、金融物质文化、金融制度文化、会计、金融精神文化，培养学生职业道德和价值取向。对应课程："基础会计""金融基础"。ERP沙盘运营中心功能：模拟企业运营的关键环节，通过模拟企业的经营，提升学生在分析市场、制订战略、营销策划、组织生产、财务管理等一系列活动的综合能力。对应课程："ERP沙盘认知""企业ERP管理"。企业ERP应用与管理跨专业综合实训中心功能：从实商社会的角度出发搭建一个仿真的经济环境，通过模拟典型企业的典型业务（非部门和岗位）模拟，全业务流程与单据模	拟建	2000	582.1	建设目标：市级重点实验室；计划建设进度：2016年建成ERP沙盘实训室1；2017年建成创新创业实训室、ERP沙盘实训室，创建认知实训室；2018年续建并完成实训综合实训室

续表

专业集群	实验实训基地名称	实验实训中心名称	主要实验实训室名称	主要合作企业	主要功能及对应课程	状态	实验实训室面积/m²	设备总值、建设资金/万元	建设目标及建设时间
财经管理专业集群	工管结合创业人才育成基地	VBSE实训中心	会计、金融文化体验中心、新商战沙盘运营中心、企业ERP认知沙盘、跨专业综合实训中心	新道、网中网、福思特公司、北京伴学	拟,让学习者通过角色扮演、协作工作、在线互动、线下接触的方式体验综合能力和素质的养成。具体训练项目包括(内置虚拟工厂和企业,信息化,生产、供应、营销、财务、行政、人力资源、战略等核心业务);(1)制造业虚拟仿真系统、政府采购、社保虚拟仿真平台等、包括工商、税务、政府采购、社保虚拟仿真系统、商业银行柜台业务等核心业务;(2)银行业虚拟仿真系统、公共服务中心(包括创新创业、政务服务核心业务等);(3)商贸流通业虚拟仿真系统、财务共享中心。对应课程:"市场营销""创新创业""商业银行柜台业务""运营、渠道、企业管理、企业创业。	拟建	2000	582.1	校级重点建设实训室。建设进度:2016年开建会计考证培训中心,2017年续建会计考证培训中心综合实训室
		会计服务中心	会计考证培训实训室	新道、北京伴学	功能:满足财经类学生会计从业资格考试师考证需求。对应课程:"基础会计""会计电算化""经济法基础"。	拟建	180	80	校级重点建设实训室。建设进度:2017年开建会计考证培训中心,会计考证培训中心综合实训室
	服务与培训基地		中小企业代理服务中心、中小企业现代管理培训中心	用友集团、金蝶软件、金掌柜、立信会计师事务所	会计代理服务中心主要功能:满足地方经济发展对会计人才的需求,包括会计核算、财务管理、纳税申报、工商服务等,实现服务区域经济的人才培养目标;中小企业现代管理培训中心主要功能:实现财务会计""财务管理""纳税实务"对应课程:"企业管理"。	拟建	360	73.93	校级重点建设实训室。建设进度:2017年建成中小企业会计代理服务中心、中小企业现代管理培训中心信息

续表

专业集群	实验实训基地名称	实验实训中心名称	主要实验实训室名称	主要合作企业	主要功能及对应课程	状态	实验实训室面积/m²	设备建设资金/万元	建设目标及建设时间
财经管理专业集群	服务与培训基地	会计服务中心	中小企业会计管理培训中心、中小企业现代会计信息管理培训中心	用友集团、金蝶软件、金掌柜、立信会计师事务所	现代信息管理培训中心主要功能：坚持学历教育与培训并举，开放办学及对区域产业发展对会计信息化处理、信息管理、ERP应用的人才培养需求。满足"互联网+"下的会计实务培训。对应课程："财务会计信息化""管理会计实务""会计信息系统"	拟建	360	73.93	建设目标：校级重点建设实训室。建设进度：2017年建成中小企业会计代理服务中心、中小企业现代会计信息管理培训
		金融保险服务中心	保险采购与谈判实训室、票务服务实训室、商务谈判实训室	江泰保险、成都金控	模拟银行仿真实训室主要功能：在仿真环境中，进行银行客户接待、咨询、业务操作技能等模拟训练、业务技能教育实训、银行或其他企业培训及集团培训。配合相关软件亦可进行银行柜前培训，为银行提供金融机构提供银行业务人员员工培训。商务谈判实训室为成都商业集团企业培训及商务礼仪实训，商务谈判模拟功能，让参与者熟悉商务谈判的流程，真实地感受到商务谈判的气氛，并可对合作企业进行员工培训，不仅可为专业学生提供商务谈判、商务礼仪训练等课程或项目的实训场所	拟建	360	180	建设目标：校级重点建设实训室。建设进度：2016年建成实训室1，2017年建成商务谈判室、商务谈判室2
合计							8440	1777.87	

说明：（1）ERP沙盘实训室、形体室、跨专业实训室、中小企业综合实训室、会计代理服务中心、商务谈判室、保险经纪公司业务实训室、保险采购与谈判实训室地面为木地板；

（2）其余为静电地板；

（3）合作企业或企业的大致需求：会计分岗实训室、会计综合实训室、中小企业ERP认知沙盘、新商战沙盘运营中心、企业ERP综合实训中心、中小企业会计代理服务中心、中小企业现代信息管理服务中心均应配备满足软件运行要求的硬件设备（服务器、交换机等）

企业实践"等方式,培养学科带头人和专业骨干教师,提升和完善专、兼职教师队伍的业务素质和能力水平。二是通过"内培外引""学历提升"等路径,进一步提高硕士、博士和"双师型"教师比例,尽快补齐专业带头人缺乏短板。三是建立兼职教师库动态更新机制,聘请企业、行业中的财会、金融专家和行家作为学校的兼职教师(以专业技术人员和高技能人才为主),形成稳固的校企互通师资队伍。

参考文献

[1] 傅伟. 高等职业教育人才培养模式探究[M]. 重庆：西南师范大学出版社，2014.

[2] 顾明远. 教育大词典（第一卷）[M]. 上海：上海教育出版社，1990.

[3] 黄尧. 职业教育学[M]. 北京：高等教育出版社，2009.

[4] 黄藤. 国外高层次应用技术型人才培养模式研究[M]. 上海：华东师范大学出版社，2015.

[5] 李继延，等. 中外职业教育体系建设与制度改革比较研究[M]. 上海：复旦大学出版社，2014.

[6] 刘福军，成文章. 高等职业教育人才培养模式[M]. 北京：科学出版社，2007.

[7] 芮明杰，王小沙. 2015中国产业发展年度分析报告——供给改革的视角[M]. 上海：上海财经大学出版社，2016.

[8] 于富增. 国际高等教育发展与改革比较[M]. 北京：北京大学出版社，1999.

[9] 张楚廷. 教学论纲[M]. 北京：高等教育出版社，1999.

[10] 赵绪福. 产业链视角下中国农业纺织原料发展研究[M]. 武汉：武汉大学出版社，2006.

[11] 翟轰. 高等职业技术教育概述[M]. 西安：西安电子科技大学出版社，2002.

[12] 陈云霞. 高等职业教育人才培养模式研究[D]. 兰州：兰州大学，2010.

[13] 蒋国俊. 产业链理论及稳定机制研究[D]. 成都：西南财经大学，2004.

[14] 刘贵富. 产业链基本理论研究[D]. 长春：吉林大学，2006.

[15] 刘卉. 湖北省产业结构调整对人才需求的研究[D]. 武汉：武汉理工大学，2007.

[16] 王英. 中德高等职业教育发展：比较与借鉴[D]. 武汉：武汉理工大学，2008.

[17] 叶晓平. 高等职业技术教育人才培养模式研究[D]. 西安：西安建筑科技大学，2007.

[18] 薄建柱，刘志国. 我国企业创新型人才需求研究[J]. 人民论坛，2011（23）.

[19] 程琳.我国产业集群对人才需求的特征及挑战[J].税务与经济,2008(4).

[20] 陈光曙,穆晓霞.论高职教育工学结合人才培养模式的构建要素[J].经济研究导刊,2009(30).

[21] 房靖博,赵欣.荷兰应用技术大学招生制度及启示[J].职业教育研究,2015(4).

[22] 曹斌,姚莹,李志方.校企合作订单式人才培养模式的探索和实践[J].黑龙江畜牧兽医(科技版),2010(11).

[23] 邓志良.借鉴瑞士高职教育经验提升院校社会服务能力[J].中国高等教育,2010(6).

[24] 董泽芳.高校人才培养模式的概念界定与要素解析[J].大学教育科学,2012(3).

[25] 冯向东.推行学分制:教学制度与观念的深刻变革[J].高等教育研究,2003(6).

[26] 龚勤林.论产业链延伸与统筹区域发展[J].理论探讨,2004(3).

[27] 龚勤林.论产业链构建与城乡统筹发展[J].经济学家,2004(3).

[28] 管弦.国外高职教育卓越发展的典型经验——以美国、德国、瑞士、澳大利亚、新加坡为例[J].教育学术月刊,2015(8).

[29] 姜大源.高等职业教育:来自瑞士的创新与启示[J].中国职业技术教育,2011(4).

[30] 姜大源.论面向未来的职业教育专业建设方略[J].中国职业技术教育,2002(5).

[31] 姜大源.论职业教育专业的职业属性[J].职业技术教育(教科版),2002(22).

[32] 李海宗,陈磊.德国职业教育衔接模式对我国的启示[J].中国高教研究,2012(9).

[33] 李心芹,李仕明,兰永.产业链结构类型研究[J].电子科技大学学报,2004(4).

[34] 李万立.旅游产业链与中国旅游产业竞争力[J].经济师,2005(3).

[35] 李晓军.德国双元制课程特点及启示[J].上海机电学院学报,2005(1).

[36] 卢明华,李国平,杨小兵.从产业链角度论中国电子信息产业发展[J].中国科技论坛,2004(4).

[37] 卢文涛，李树德.高等职业教育模块化课程体系再探讨[J]. 当代教育论坛，2010（8）.

[38] 廖哲勋. 论中小学课程结构的改革[J]. 教育研究，1999（7）.

[39] 吕星宇,李岚. 发展差异：教学组织形式改革的应然选择[J]. 辽宁教育研究，2007（11）.

[40] 刘贵富. 产业链与供应链、产业集群的区别与联系[J]. 学术交流，2010（12）.

[41] 刘瑞娜. 中国产业结构的现状考察和优化思路[J]. 改革研究，2016（3）.

[42] 刘家枢，高红梅，赵昕. 适应区域产业集群要求的高职专业集群发展对策思考[J]. 现代教育管理，2011（4）.

[43] 梁金印. 对人才培养模式构建的几点思考[J]. 北京机械工程学院学报，2002（1）.

[44] 罗丹. 德国企业参与职业教育的动力机制研究——基于"双元制"职业教育模式的分析[J]. 职业技术教育，2012（34）.

[45] 芮明杰，刘明宇. 产业链整合理论述评[J]. 产业经济研究，2006（3）.

[46] 冉庆国. 产业集群与产业链的关系研究[J]. 学术与探索，2009（3）.

[47] 王建初，刘铭东. 德国高等职业技术教育的师资队伍建设[J]. 比较教育研究，2005（9）.

[48] 王瑛. 瑞士高等职业教育的成功经验及其对我国的启示[J]. 黑龙江高教研究，2007（5）.

[49] 王光文. 创新与提升之路——瑞士高等职业教育发展的启示[J]. 中国职业技术教育，2010（2）.

[50] 魏晓峰，张敏珠，顾月琴. 德国"双元制"职业教育模式的特点及启示[J]. 国家行政学院学报，2010（1）.

[51] 魏庆葆. 高职高专教育产学结合人才培养模式与机制的探讨[J]. 包装工程，2003（23）.

[52] 文辅相. 21世纪的高等教育目标：高科技水平与高文化素养[J]. 高等教育研究，1999（3）.

[53] 吴倩，滕刚，任侃侠. 高职教育教学质量评价体系的建构[J]. 职业教育研究，2007（5）.

[54] 夏正江. 论课程观的转型及其对新课改的影响[J]. 课程·教材·教法，2005（3）.

[55] 杨杏芳，朱曼. 我国高等教育本科人才培养目标改革的总方向——科学、文化、人生、创造四位一体[J]. 贵州师范大学学报（社会科学版），2003（2）.

[56] 杨光. 坚持市场性与公益性的统一——试论高等职业教育专业建设的价值取向[J]. 教育研究，2004（12）.

[57] 杨水根. 产业链、产业集群与产业集群竞争力内在机理探讨——以湖南省工程机械产业集群为例[J]. 改革与战略，2011（3）.

[58] 杨善江. "产教融合"的院校、企业、政府角色新探——基于"三重螺旋"理论框架[J]. 高等农业教育，2014（12）.

[59] 张亚杭，等. 二十一世纪高职教育人才培养模式及教学改革研究[J]. 机械职业教育，2004（增刊）.

[60] 张兆青. 对瑞士高职教育特点的分析与借鉴[J]. 职教论坛，2011（32）.

[61] 赵昕，张峰. 基于产业集群的职业教育专业集群基本内涵与特征[J]. 职业技术教育，2013（4）：37.

[62] 钟书华. 创新集群：概念、特征及理论意义[J]. 科学学研究，2008（1）：178.

[63] 周建松，唐林伟. 高职教育人才培养目标的历史演变与科学定位——兼论培养高适应性职业化专业人才[J]. 中国高教研究，2013（2）.

[64] 辞海编辑委员会. 辞海[Z]. 上海：上海辞书出版社，2000.

[65] 国务院《关于大力发展职业技术教育的决定》，1991年10月.

[66] 国务院. 国务院批转《国家教育委员会关于改革和发展成人教育的决定》的通知[Z]. 中华人民共和国国务院公报，1987-04-19.

[67] 国务院. 国务院关于大力发展职业技术教育的决定[Z]. 江西教育（转载），1992（1）.

[68] 国家高等职业教育发展规划（2011—2015年）（征求意见稿），2010年9月13日.

[69] 和讯新闻. 我国产业发展趋势判断与对策建议[EB/OL]. http://news.hexun.com/2016-02-04/182184888.html.

[70] 教育部. 教育部关于全面提高高等职业教育教学质量的若干意见[EB/OL]. http://www.moe.gov.cn/s78/A08/moe_745/tnull_19288.html（2016-4-27）.

[71] 教育部. 国务院关于大力发展职业教育的决定[EB/OL]. http://www.moe.edu.cn/publicfiles/business/htmlfiles/moe/moe_1778/200710/27730.html（2016-4-27）.

[72] 教育部.教育部关于全面提高高等职业教育教学质量的若干意见[EB/OL]. http://www.moe.gov.cn/s78/A08/moe_745/tnull_19288.html (2016-4-27).

[73] 刘松林,马庆发.改革开放以来我国高职人才培养目标发展回顾[C].《教育史研究》创刊二十周年暨中国教育史研究六十年学术研讨会,2009.

[74] 数据来源:"高等职业学校专业设置备案结果"网站, http://www.zyyxzy.cn/index.shtml.

[75] 数据来源:教育部中外合作办学监督工作平台,http://www.crs.jsj.edu.cn/index.php/default/index/sort/1008.

[76] 王忠宏."十三五"我国产业发展的五大变化[EB/OL]. http://views.ce.cn/view/ent/201411/03/t20141103_3832194.shtml.

[77] 中国教育科学研究院课题组.欧洲应用技术大学国别研究报告[R].2013,12:10.

[78] MARSHALL A. Principles of Economics[M]. London: Macmillan, 1920.

[79] Federal Ministry of Education and Research. Report on Vocational Education and Training 2014[R]. Federal Ministry of Education and Research, 2014.

[80] Federal Ministry of Education and Research. Report on Vocational Education and Training 2015[R]. Federal Ministry of Education and Research, 2015.

[81] Federal Ministry of Education and Research. Reform of Vocational Education and Training in Germany: The 2005 Vocational Training Act[R]. Federal Ministry of Education and Research, 2005.

[82] Government of India, Ministry of Human Resource Development. National Vocational Education Qualifications Framework (NVEQF) [R/OL]. http://mhrd.gov.in/sites/upload_files/mhrd/files/EXECUTIVE%20RDER.pdf.

[83] MITCHELL J, et al.. Quality is the key: Critical issues in teaching, learning and assessment in vocational education and training[R]. NCVER, 2006.

[84] HOECKEL K, SCHWARTZ R. Learning for Jobs--OECD Reviews of Vocational Education and Training: Germany[R]. OECD, 2010.

[85] Ministry of Education, Culture and Science. The Value of Knowledge: Strategic Agenda for Higher Education and Research 2015-2025[Z]. Ministry of Education, Culture and Science, 2015.

[86] Ministry of Education, Culture and Science. Key Figures 2008-2012:

Education, Culture and Science[R]. Ministry of Education, Culture and Science, 2013.

[87] MARS M. Vocational education and training in the Netherlands (Short description) [R]. CEDEFOP, 2004.

[88] GROLLMANN P. The Quality of Vocational Teachers: Teacher Education, Institutional Roles and Professional Reality[J]. European Educational Research Journal, 2008 (4).

[89] GONON P. Challenges in the Swiss Vocational Education and Training-system[C]. BWP, 2005.

[90] Skills Australia. Creating a future direction for Australian vocational education and training (a discussing paper on the future of the VET system) [R]. Skills Australia, 2010.

[91] Skills Australia. Skills for Prosperity: A Roadmap for Vocational Education and Training[R]. Skills Australia, 2011.

[92] HOF S, STRUPLER M, WOLTER S C. Career Changers in Teaching Job: A Case Study Based on the Swiss Vocational Education System[C]. IZA, 2011.